国家社会科学基金西部项目（10XYY003）

广西哲学社会科学规划优秀成果资助出版项目

汉语方言发声类型研究

关英伟　著

广西人民出版社

图书在版编目（CIP）数据

汉语方言发声类型研究 / 关英伟著 . — 南宁：广西人民出版社，2019.11
ISBN 978-7-219-10753-9

Ⅰ . ①汉… Ⅱ . ①关… Ⅲ . ①汉语方言—语音—方言研究 Ⅳ . ① H17

中国版本图书馆 CIP 数据核字（2019）第 060767 号

责任编辑　严　颖　周娜娜
责任校对　罗　雯
装帧设计　子　浩

出版发行　广西人民出版社
社　　址　广西南宁市桂春路 6 号
邮　　编　530021
印　　刷　广西昭泰子隆彩印有限责任公司
开　　本　787mm×1092mm　1 / 16
印　　张　20.75
字　　数　304 千字
版　　次　2019 年 11 月　第 1 版
印　　次　2019 年 11 月　第 1 次印刷
书　　号　ISBN 978-7-219-10753-9
定　　价　55.00 元

序　言

　　关英伟教授的著作《汉语方言发声类型研究》是她的国家社会科学基金项目的最终成果，是一本近年来不多见的关于中国汉语方言发声类型系统的研究性专著。该专著利用科学的方法深入研究了中国广西汉语方言中各种不同的语言发声类型，并提供了大量的研究资料和线索，为中国汉语方言的语言发声类型研究开辟了新的研究领域，也为汉语方言语言发声类型研究奠定了一个良好的基础。

　　语言发声类型最早是从言语声学领域提出来的，科学家在研究言语产生和语音合成中，从声学理论的角度研究了嗓音发声类型，并在声学理论上提出了不同的声源模型来合成不同的嗓音发声类型。其代表人物是瑞典皇家理工学院的方特（G. Fant）教授，他的 LF 声源模型被认为是最好的声源模型之一。另一个研究嗓音发声类型的领域是从言语病理的角度提出来的，在嗓音病理研究和诊断中，经过大量病例分析，医学界确定了六七种病变嗓音，在诊断中主要靠听辨的方法来确诊。随着声学技术和嗓音病理研究的发展，声学的方法被用于病变嗓音的确诊，其方法主要是多维嗓音分析。另外，艺术界对嗓音发声类型的关注也很早，但重点放在情感的表达和艺术嗓音的教学方面。

中国语言的发声类型，最早是由马学良先生从语言学的角度指出了彝语中松紧元音的概念，后来语音实验证实彝语中的松紧音是属于不同的语音发声类型。从语音学的角度，刘复最早发现了吴语的清音浊流现象，后来在赵元任的文章中多次被提到和引用。在中国的语音学研究中，语言发声类型研究起步得比较晚。大约在 20 世纪 70 年代，美国加州大学语言学系语音学实验室开始了对语言发声类型的语音学研究，其代表人是彼得·赖福吉（Peter Ladefoged）教授。1985 年前后，加州大学语言学系语音学实验室的教授一行来到中国，访问了社会科学院民族研究所及相关单位。他们携带了一些语音学实验的仪器，在中央民族大学找了哈尼族、彝族等少数民族学生进行了一些语音信号的采集和语音实验。后来这些研究发表在加州大学洛杉矶分校语音学实验室的《工作报告》（*working paper*）上。这可能是有关中国民族语言发声类型最早的实验研究。20 世纪 80 年代，中国社会科学院民族所的鲍怀翘研究员等进行了蒙古语松紧元音的研究和佤语音发声类型的研究。从此民族所语音研究室对中国民族语言的发声类型进行了大量的研究，包括彝语、哈尼语、苗语、景颇语、载瓦语等。

在中国，语言嗓音发声类型的资源十分丰富，涉及汉藏语系语言、阿尔泰语系语言、南亚语系语言等。而语言发声类型的科学研究才刚刚起步，由于语言发声类型的声学、生理和感知特性都十分敏感和细微，很多情况下是多特征的组合，因此获得更多稳定的参数对于解释语言发声类型十分重要，关英伟教授的这本专著无论在方法上还是研究内容上都给我们提供了一个很好的范例。

关英伟教授的这本专著用声学和生理的方法系统地研究了广西汉语方

言的语音发声类型，从不同的角度阐述了广西汉语方言语音发声类型的音位功能、声学和生理特性以及语言学意义。该专著第一章至第三章主要阐述研究的理论背景、语言发声类型与发声类型的区别特征、语言发声研究综述和研究内容安排。在研究方法上主要阐述了噪音发声的频谱特征分析方法和电子声门仪 EGG 信号的分析方法。在内容安排方面主要交代了广西方言中塞音的发声类型、挤喉噪音、高音调噪音和紧噪音。从第四章至第十一章是具体方言的研究。其中，第四章研究了蒙山底路话挤喉音的发声模式，并对挤喉音和正常噪音五度音高进行了确定。第五章讨论了永福百姓话高音调噪音的发声模式和音位学标调方法。第六章研究并讨论了横县陶圩平话的紧噪音，并对声调的时长、元音共振峰和入声调发声的性质进行了阐述。第七章专门研究了时长和发声在入声分化中的作用。第八章研究了平乐同安镇土话内爆音的声学特征，并对平乐、全州、永福内爆音的 VOT 进行实验研究。第九章对恭城直话单字调和双字调变调进行了声学研究。第十章主要研究了灵川灵田话的元音分布。第十一章对博白松旺客家话声调模型进行了构建和声调合成实验。

关英伟教授曾经于 2011 年来北京大学中文系做高级访问学者，在北京大学语言学实验室进行过一年的研究和交流。她一直参加实验室的例会，和大家进行广泛的交流和学术讨论，她丰富的汉语方言知识使实验室的老师和研究生获益良多。暑假期间她同实验室的老师和学生一同在广西民族地区调查了壮语和壮族民歌、三江侗语和侗族大歌、瑶语和瑶族盘王大歌，同时调查了广西不同地区的汉语方言。大量的田野调查奠定了她这本专著坚实的基础，而科学的研究方法使得这本专著的研究成果真实可靠，专著的重要内容也已经用英文发表在国际期刊 *Journal of Chinese Linguistics* 上。因此，这本专著具有实际的语料和基础理论价值，它的出版一定会对中国语言发声类型研究起到推动作用。

孔江平

2018 年 1 月 29 日于北大中文系

目　录

第一章　　绪论

1.1　理论背景

1.1.1　方言发声研究的语音学理论背景：言语产生的声学理论模型

人在发音时，由大脑通过神经控制各个发音器官协同运动，使声带振动产生的声波经过口腔等的调制，再经唇端辐射出去，就成为语音，这个过程被称为"言语产生"（Speech Production）。言语的产生大致可以分为两个部分，一部分是声源，一部分是共鸣。语音学称为"发声"和"调音"。

言语产生的声学理论模型"声源—滤波模型"（Fant，1960；Hardcastle and Laver，1999）就是将言语产生的过程主要分为两个部分，分别是声源激励、声道共鸣。声学模型中的"声源"对应于生理上声带各种不同的振动方式和频率，对应于语音学中声带的振动，一般称为"发声"（Phonation）。发声是指在气流的作用下，声带以不同的振动方式而产生的声源，声源主要包括声带振动的频率（即振动的快慢）和声带振动的方式，如喉头肌肉与喉头软骨的活动机制。声学模型的"共鸣"对应于生理上声道的各种不同形状，对应于语音学中开口度的大小，一般称作"调音"（Articulation）。调音主要是指各部位发音器官的协调运动形成的声道形状，然后共鸣而产生的不同的语音。比如，通常语言里最常见的元音［a］，［i］，［u］等，都是由于不同的声道形状共鸣而产生的不同语音。如图 1－1 所示，声带振动产生的声源信号经过声道的调制，再经过唇的辐射，就成为语音的声波信号。

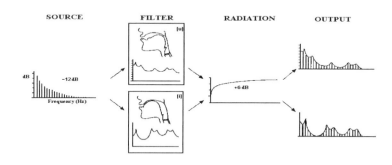

图 1－1　声源滤波模型

从言语产生的声学理论模型看，"发声"和"调音"是言语产生的两个基本组成部分。从语音信号时间序列上的特性看，发声相当于声源，处于低层；调音相当于共鸣，处于高层。二者既互相区别，又互相联系。改变调音不会影响发声的性质，而改变发声却有可能影响到调音。世界上所有的语言都有发声和调音两个方面的特征，两者都具有语言学意义。发声类型的研究正是基于这一现代语音学理论。

1.1.2　语音学理论框架

传统语音学的理论框架基本上是基于调音来定义和解释语音的发音机制的，其研究的关注点主要集中在不同的调音机制上，并没有涉及嗓音的发声。如对元音主要从舌位的高低、开口度的大小和唇形的圆展等三个方面来定义，没有关注嗓音发声类型。对声调的定义仅限于音调的高低和音调不同的模式，忽略了声带的不同振动方式，即音调的频率域特征。

随着语言学、言语声学、言语生理学的发展，人们在语言学研究中发现了大量具有语言学意义的发声类型，这些不同的发声类型相当普遍地存在于我国民族语言和汉语方言中。人们对发声类型的研究丰富了对语音功能的认识。已有的研究表明，语言（方言）中的音位功能不仅仅可以表现在调音层面，同时还存在于发声层面。例如，蒙古语（鲍怀翘、吕士楠，1992）、哈尼语（孔江平，1996）、彝语（石锋、周德才，2005）中松紧元音的对立不是调音层面的对立，而是发声类型的对立。而现有的语音学框架中基于调音机制构建的元音和辅音的定义已经不能很好地解释少数民族语言和方言中的这些语音现象了。

从语言产生的角度看，发声类型的特征主要在"发声"阶段形成，如果只从语言的调音层面来研究方言，不考虑语言的发声层面，就不能够全面深入地理解方言的内部结构机制，也无法解释方言发声的生理机制及其演变规律。传统的语音学理论框架在语音学解释方面具有一定的局限，远远不能满足我国民族语言和汉语方言的现实需要和对语言发声类型的分析和解释，需要我们建立一个更加科学的语音学理论框架。

孔江平（2001a）从言语产生的声学理论出发，在"发声"和"调音"的基本框架下构建了新的语音学框架，这一框架可以将语音学与语音的生理机制和声学模型有机地统一起来。

表 1-1　基于言语声学的语音学框架（孔江平，2001a）

研究领域	语音	
	发声（Phonation）	调音（Articulation）
言语声学	声源激励	声道共鸣
言语生理学	声带振动	声道形状
语音学	发声音质	调音音质
	调声发声　调时发声	共鸣调音　音长调音　阻碍调音
	调质	元音、辅音

如表 1-1 所示，在语音学这一框架中，第一层用"发声音质"和"调音音质"两个部分来定义语音的产生和类型，"调音音质定义为通过共鸣调制产生的不同音色，发声音质定义为通过不同调声机制产生的不同音色"①。

---

① 孔江平：《基于发声的语音学理论框架》，载《论语言发声》，中央民族大学出版社，2001，第284—285页。

"发声音质"的第二层用"调声发声"和"调时发声"来定义"声调"和"调质"。"调时发声"还可以分为"规则调时发声"和"无规则调时发声";"调声发声"可分为"正常发声"、"漏气发声"和"挤压发声"、"清声发声"、"呼吸发声"等发声类型。"调音音质"的第二层用"共鸣调音"、"音长调音"和"阻碍调音"来定义元音和辅音。"共鸣调音"可分为"阻碍共鸣调音"和"无阻碍共鸣调音";"音长调音"分为"长时调音"和"短时调音";"阻碍调音"可分为"爆破调音"和"摩擦调音"。

　　这一基于言语声学的语音学理论框架,将语音学、言语声学和言语生理学在"发声"和"调音"的框架下有机地统一在一起。在这一语音学理论框架下,元音、辅音和声调的概念可以得到更好的解释。更重要的是,在这种语音学理论框架下,对言语产生的语音学解释会更加科学和系统,能更好地解释语音的产生机理和变化的规律。比如,发音音质和发声音质的定义和区别,辅音发声和辅音共鸣的解释,声调调形和声调调质的问题等。孔江平(2001a)研究发现,元音有两种不同的音质,一种是由调音产生的"调音音质"(Articulation Quality),如［a］和［i］的区别;另一种是由发声产生的"发声音质"(Phonation Quality)的区别,例如景颇语的［ka³¹］和［ka̠³¹］松紧的对立,就是由发声的不同造成的。因此,一个元音音质可以由调音音质和发声音质来定义,元音音质可以是"①调音音色不同发声音色相同,如［a］和［i］;②发声音色不同调音音色相同,如［a］和［a̠］;③调音音色和发声音色都不同,如［a］和［i̠］"[①]。发声音质的发现,使我们可以科学地认识不同层面的元音音质和元音音质的复杂性。又如,声调发声有两个特性,一是肌肉对声带振动快慢的调制,在声学上对应于嗓音发声类型的时域特征;二是指肌肉对声带振动方式的调制,在声学上对应于发声类型的频率域特征,孔江平(2001a)把前者称为"调时",后者称为"调声"。"调时"发声形成声调的变化,"调声"发声形成不同的发声类型。声调的这两种特征构成"调质"(Tone Quality),形成声调音质的

---

　　① 孔江平:《发声音质与调音音质(二):苗语的浊送气嗓音》,载《论语言发声》,中央民族大学出版社,2001,第84页。

不同。而目前声调主要是从音调的高低和音调的调型上来定义，仅仅限于声调的时域特征，而没有涉及声调的频率域特征。在汉语声调的语音学研究中，基频曲线构成了区别词义的基本声调单位，因而基频是定义所有声调系统不可或缺的参数。但是，基频并不完全等于声调，它只是声调的一项重要参数，还需要采用开商和速度商等其他嗓音参数来反映声调调质的变化情况。因此一个完整准确的声调系统至少要从时域特征和频率域特征两个方面去定义。基频、开商和速度商是用来描写声调时域特征和频率域特征的重要参数。

1.2 语言发声类型与发声类型的区别特征

1.2.1 语言发声类型

语言"发声类型"（Phonation Type）是指"声带以不同的振动方式所产生的不同性质的声源"①。发声类型在不同的学科和研究领域中的定义不完全相同。在语音学中，发声类型的定义主要是根据是否有语言学意义，即是否有音位功能来定义的；言语声学主要是根据声学特征的差异；而嗓音医学主要是根据感知的评价结果。在言语声学平面，任何一种语言都存在不同的发声类型，但在语音学和音位学平面，只有那些具有语言学意义的发声才被称作发声类型。所以，语音学的发声类型是指不同的声门状态引起语音在意义上的区别，从而在语言学上具有不同的音位功能的声带振动的不同方式（孔江平，2001b）。

Ladefoged 和 Maddieson（1996）对语音学的一个重要贡献在于他对世界语言的发声类型做了详尽的分类和描述，并把嗓音发声类型的对立特征引入到语言学研究的领域。

---

① 孔江平：《语言发声研究及相关领域》，载《新世纪的现代语音学——第五届全国现代语音学学术会议论文集》，2001。

图1-2 声门收紧度连续统模型（引自 Ladefoged and Maddieson, 1996）

他们根据声门状态由松到紧的变化将发声分为清音（Voiceless）、气嗓音（Breathy Voice）、正常嗓音（Modal Voice）、挤喉音（Creaky Voice）、喉塞音（Glottal Closure）等五种基本类型。可以看到，从清音到喉塞音其声门状态是一个由松到紧的连续统。虽然这一模型能够概括世界语言中发声类型的普遍特征，但是他们同时强调指出，发声类型的分类不是绝对的，不同语言之间、不同个体之间都会有所不同。一种语言中的气嗓音可能是另一种语言中的正常嗓音，或者一个人的气嗓音可能是另一个人的正常嗓音。在研究个体语言的过程中经常会遇到特殊的嗓音发声类型，它们在语言体系中的作用各不相同。孔江平（2001a）指出，语言学中常见的发声类型有正常嗓音（Modal Voice）、紧嗓音（Pressed Voice）、挤喉嗓音（Creaky Voice）、气嗓音（Breathy Voice）、气泡音（Fry Voice）、假声（Falsetto）、吸气音（Inspiration）等，这些基本类型可以组合成更复杂的发声类型。朱晓农（2009a）把具有语言学辨义作用的发声态归纳为三域六类十一种——清声（清不送气、清送气）、气声（浊送气、弛声）、常态浊声、喉闭态（韵尾喉塞音、以先喉塞形态出现的张声）、嘎裂声（僵声、喉堵）、假声，并探讨了它们的语言学功能。尽管分类的角度不同，分出的类型数量不同，但是，无论哪个学科，声学参数是最终量化语言嗓音发声类型的基本依据。

1.2.2　发声类型的基本特性与区别特征

在以往的语言学研究中发现，嗓音可以形成许多不同的发声类型，而且一种发声类型的声学性质往往是多维的，与感知上相互关联的种种原因相关，因而具有区别意义的音位功能。目前已发现的具有语言学意义的发声类型有挤喉音、气嗓音、假声和气泡音等。由于我们对嗓音发声类型的声学性质了解还不够深入，所以，在言语声学研究中加强嗓音特性的基础理论研究，建立发声类型的区别特征的基本框架，是非常迫切和重要的。

孔江平（2001a）在这方面做了极有意义的开创性的探讨，他通过声门阻抗信号提取嗓音的一些基本参数，量化参数之间的关系与不同发声类型的基本特性。通过这些基本参数建立不同发声类型之间的基本关系，再根据这些关系体系，构架出发声类型的基本区别性特征框架。表 1-2 就是"高音调嗓音（High Tone Voice）—正常嗓音（Modal Voice）—气嗓音（Breathy Voice）—紧嗓音（Pressed Voice）—气泡音（Fry Voice）"五种不同嗓音的平均参数。

表 1-2   不同嗓音平均参数（孔江平，2001a）

名称	pmean	omean	paj	smean
气泡音	66.45	65.86	3.19	361.65
气嗓音	110.16	56.62	3.59	195.08
紧喉音	175.28	47.56	0.43	421.38
正常嗓音	187.02	54.55	0.42	273.99
高音调嗓音	261.21	54.41	0.48	231.49

从五种嗓音的平均数据看，音调最高的是高音调嗓音，最低的是气泡音；紧喉音的速度商最高，气嗓音的速度商最低；气泡音的开商最大，紧喉音的开商最小。孔江平认为，虽然不同发声类型之间的关系比较复杂，但用音调、速度商、开商和音调抖动这四个嗓音参数是能够明确地区分它们的，他根据嗓音参数数据的大小排序，得到不同嗓音的参数序列：

表 1-3   不同嗓音参数序列（孔江平，2001a）

	气泡音	气嗓音	紧喉音	正常嗓音	高音调嗓音
音调	1	2	3	4	5
速度商	4	1	5	3	2
开商	5	4	1	3	2
音调抖动	4	5	2	1	3

再根据以上数据和各种不同嗓音之间的关系，以正常嗓音为标准，用"＋""－"表示大小来确定嗓音特征的范畴，得到五种嗓音的区别性特征

矩阵。

表 1-4　不同嗓音区别性特征矩阵（孔江平，2001a）

	气泡音	气嗓音	紧喉音	正常嗓音	高音调嗓音
音调	-	-	-	+-	+
速度商	+	-	+	+-	-
开商	+	+		+-	
音调抖动	+	+	+	+-	+

从矩阵看，气泡音和气嗓音的主要区别在于速度商的不同；气嗓音和紧喉音的区别主要是速度商和开商的不同。发声类型区别性特征矩阵的建立，是我国发声类型理论研究的一项重大突破，它可以为不同语言的发声提供描写的可能；同时，这套建立在声门阻抗信号范畴基础上的区别性特征矩阵，也为语音学和医学嗓音发声类型的研究提供了一个参照标准。

1.3　语言发声研究综述

以往的语音学研究，语音的发音性质是研究的主要内容，如元音的音色、辅音的发音方法等，从研究的对象和发音部位上讲，这些研究都集中在口腔中。语言发声类型的研究就是对声带不同振动方式的生理机能、声学特性及语言功能的研究，主要集中在喉头的发声方法上。在以往的研究中，由于喉部状态既无法直接用肉眼观察，也难以自我体会，相关的科学技术还未应用在语音学的研究中，所以发声类型的研究起步很晚，发声类型也没有作为语音学的一个重要部分来研究。随着大量声学和生理仪器的使用，发声类型的研究取得了突出的进展，已成为一个相对独立的部分，基本形成了解释人类言语产生的生理和物理机制的另一个体系，与调音的研究构成现代语音学的两大部分。

1.3.1　少数民族语言的发声研究

已有的研究表明，许多少数民族语言中都具有不同发声现象和类型，如藏语、蒙古语、哈尼语、维吾尔语、白语、彝语、朝鲜语、西部裕固语、壮语、苗语、佤语、水语、载佤语、景颇语等。20 世纪 90 年代，中国社会科学院民族所语音实验室对中国境内的少数民族语言的发声类型进行了较系统的研究。研究内容主要包括两个方面，一是研究元音的发声类型，二是研究浊辅音的发声类型。如佤语的浊送气嗓音和蒙古语松紧元音，鲍怀翘等（1990，1992）。孔江平（1997a，1998）通过对中国境内苗语（1993）、哈尼语（1996）、彝语（1997b，1997c）、景颇语（2005）、载佤语（2001）等少数民族语言进行了实验分析。采用谐波差值、线性预测和逆滤波、频谱斜率等实验方法，确定了苗语中的浊送气为气嗓音的发声性质；哈尼语的紧元音为挤喉音的发声性质；凉山彝语和阿细彝语的紧元音为紧喉音性质；景颇语中的紧元音为紧嗓音性质；载佤语中松元音为正常嗓音同时带有气嗓音色彩，紧元音是一种复杂的挤喉音性质。并从音位学的角度来阐释语音学上的松紧嗓音概念。孔江平指出，在不同的语言中，发声类型具有很强的相对性，这对理解发声类型的概念至关重要。如同是松紧元音，在不同的语言中其性质和产生的机制有所不同。阿细彝语的松紧元音对立，是由声带的紧张程度不同造成的；紧元音属于紧喉音的一种，而松元音属于正常嗓音。凉山彝语的松紧元音不仅是声带的紧张度不同，而且咽腔的大小和舌根的位置也不同，它反映了喉头松紧机制对声道的影响和协调作用；紧音是紧喉音，松音是正常元音。哈尼语的松紧元音是由于不同的喉头机制产生的；紧元音属于挤喉音，松元音属于正常嗓音。

发声类型不仅与元音、辅音、声调有密切关系，而且还与声道的形状相关。可以作用于元音，也可以作用于辅音，还可同时作用于元音和辅音。在声母、韵母及音调相同的情况下，其功能也可表现为不同的调质（Tone Quality）。就其功能讲也可以是综合的（孔江平，2001a）。如载佤语的松元音同时带有一点气嗓音的色彩，属于正常嗓音；紧元音是一种非常复杂的挤喉音，而且载佤语中的"松""紧"具有超音段的性质。苗语的"浊送气"其性质为气嗓音，贯穿整个元音或韵母。景颇语的松紧嗓音既有元音松紧的性质，还有鼻音韵尾的性质、带塞音韵尾元音的性质。

近年来，关注少数民族语言发声的文章逐渐多了起来，涉及的语言有水语（石锋等，2005，2007）、毛南语（杨若晓等，2007）、瑶语（龙国贻，2009）、壮语（周学文，2010）、维吾尔语（王文敏等，2011）、拉祜语（朱晓农等，2011）、彝语（彭春芳，2011；王蓓，2011）。主要是报告民族语言中的发声类型以及对发声类型声学机制的阐释。

上述研究对我们正确地认识语言发声类型的性质、发声类型产生的生理机制、声学机制以及发声类型的语言学意义提供了科学的研究方法和研究思路。

1.3.2 汉语方言发声研究

汉语方言的传统研究不区分发声与调音，也很少从气流机制角度分析辅音，比如辅音的"清/浊"是发声机制的不同，"塞/擦"属于调音机制的区别，传统语音学将这两种对立都归入发音方法的范畴；一些方言中存在的浊内爆音（Voiced Implosive），在气流机制上属于非肺部气流辅音，传统方言学在音系归纳时用先喉塞浊音［ʔb、ʔd］来描写，没有涉及气流机制。又如"松/紧"的概念，在音位学上作为元音的对立特征之一，但是松紧元音的音质不同，既有调音层面的，也有发声层面的。而传统音位学把它们放在同一个平面上讨论，致使"松/紧"的概念非常笼统，因而不能全面科学地解释"松/紧"元音的性质。从发声的生理机制看，元音的"松/紧"是个很复杂的生理机制问题，可以是声带的紧张程度不同造成的，也可以是舌根咽腔机制造成的，还可以是不同的喉头机制造成的。从喉部发声和气流机制研究入手，就能够深入认识"松/紧"的发声特征。

随着言语科学技术的发展和其他技术在语音学研究中的应用，具有语言学意义的发声类型不断被人们发现和认识。近年来，有学者开始关注方言的发声类型研究，方言中具有语言学意义的发声类型也不断被人们发现。如苏州话的浊塞音（石锋，1983）；上海话的发声类型（任念麒，2006）；潮州话中来自清爆音的内爆音、吴语、闽语、赣语、潮州等方言中自发的内爆音，韶关话的小称调和嘎裂声，浙江台州方言中的嘎裂中折调（朱晓农等，2009b，2009c，2003，2004）；广东封开罗董话的内爆音（侯兴泉，2006）；广西贺州八步都话入声的嘎裂调、藤县岭景方言的去声嘎裂声中折调（麦耘，2007，2008）；岳阳话的假声、内爆音（彭建国，2010a，2010b）；苏北连云港方言的三域声调系统（章婷等，2012）；平乐同安镇土话的内爆音、永福百姓话的高音调噪音（关英伟，2012，2013）；潮汕澄海方言的内爆音（许颖秀，2013）等。这些发声类型的语音性质比我们原来了解的要丰富得多。例如，一些发声类型如嘎裂声（挤喉噪音）、内爆音、假声、气嗓音等在汉语中的分布非常广泛，其语言学功能也非常复杂。有的是区别特征，有的是伴随性特征，还有的是两种特征兼有，这些都有待于今后的深入研究。

1.3.3　小结

综上所述，目前国内关于发声类型的研究重点主要集中在以下三个方面：

一是报告语言（方言）中出现的发声类型，把发声类型作为语言学的一个不可或缺的参数，从音系学角度进行分类和分析，解释发声类型的生理和物理机制。涉及的少数民族语言有蒙古语、藏语、维吾尔语、彝语、朝鲜语、哈尼语、壮语、苗语、佤语、水语、载佤语、景颇语、毛南语等；涉及的方言有广东潮州话、韶关话，浙江台州话，广西藤县岭景话、全州话、永福百姓话、蒙山话、平乐话，湖南岳阳话等。

二是从喉头发声和气流机制解释人类言语产生的生理和物理机制。例如，已有的对藏语的研究显示，音调模式的形成和声母的清浊有密切的关系。古藏语有丰富的复辅音，没有声调。藏语的这一特点，至今在安多方言仍然保留下来；安多方言有大量的复辅音，没有声调，但安多藏语在词汇这一级已形成了比较固定的音调模式，通常被称为习惯调。虽然这种音调模式还不具有很强的音位意义，但在区别个别词上已具有了一定的音位作用。在现代的藏语拉萨话中，复辅音已大量消失，声调出现。安多藏语和拉萨藏语的这一情况显示了声调的产生与复辅音有一定的联系。从语音对应规律上看，清声母对应高调，浊声母对应低调，这一现象，在对语音的声学研究中也得到了证实。辅音特别是塞音和塞擦音对其后面的元音声带振动启动有必然的影响，即清音高浊音低，这种现象在语音声学研究中称为辅音的内在音高（Intrinsic Pitch）。辅音的这种内在音高，能解释不同的辅音对后随元音音调机理的不同影响，对声调的分化有必然的关系。藏语的例子说明，语音的音变过程受到生理的制约。在充分研究了这些语音生理制约后，我们就有可能科学地解释语音的音变规律，而不仅仅是语音的对应规律（孔江平，2006b）。又如，在生理上对喉塞的描写是声带突然的关闭，在声学上表现为能量的突然消失。然而，就中国汉藏语系的语言来看，由于语言不同或喉塞在音节中所处的位置不同，喉塞音的性质有很大的差别。喉塞音在一些语言的音节尾部表现为声带的突然关闭，但在有的语言中表现为紧喉音；喉塞音在音节尾还可以表现为很强的喉擦特性。喉塞音在音节首部声带表现为突然打开，而不是突然关闭。另外，喉塞音在塞音前往往表现为声带的一段振动，而且是一种紧喉音。喉塞音在音节尾部由于发声类型的差异，可以导致声调降低，如挤喉音；也有可能导致声调升高。从目前对喉塞音的了解看，无论从声学或从生理上，它们都不是一个相同的音素。它们在语音上和生理机制上可能是不同的。在音位上可以把它们处理成一个音位的不同变体，但它们对其他音素的影响和在语言音变中的作用肯定是不同的（孔江平，2006b）。

三是发声类型的理论研究。孔江平的《论语言发声》（2001a）是我国第一部也是目前为止所见到的唯一一部讨论发声类型和发声机制的专著。作者对嗓音发声研究的国际研究动向和中国语言的实际情况进行了全面的梳理，介绍了发声类型研究所必需的生理解剖基础知识和常见的几种声学模型，以及发声类型研究常用的研究方法，如谐波分析方法、逆滤波分析方法、声门阻抗信号的分析方法和高速数字成像的分析方法。结合少数民族语言的发声类型研究探讨了发声类型对声母的影响、发声与韵母的关系、发声音质与声调音质的关系，提出了"发声音质""调音音质""声调音质"等全新的概念。通过声门阻抗信号，研究了不同发声类型的基本特性，提出了正常嗓音、气嗓音、气泡音、紧喉音、高音调嗓音等五种嗓音的区别性特征。探讨了汉语基频、开商和速度商之间的关系；讨论了发声模式和声调模式的基本概念和关系；建立了汉语普通话单音节声调和双音节声调的发声模式和基于发声的语音学理论框架。上述研究涉及了言语声学和生理学各个方面的内容。"作者运用现代先进科技手段为我们开拓出语音学的一个新领域，全书既有基础知识和研究方法的介绍，也有作者对哈尼语、苗语、彝语等少数民族语言元音松紧对立和汉语声调发声特性等与发声类型有关的研究成果，为今后言语发声研究探明了研究方向"①。

目前国内发声类型的研究还属于起步阶段，研究的内容还处于发现和分析语言（方言）所具有的发声类型上，研究成果的分布也不平衡，嗓音发声类型的感知研究还未看到研究成果，研究手段和研究方法较为单一。在声学和生理研究的基础上可以进一步研究方言发声类型感知的基本性质。

总之，语言发声类型的研究，将促进语言和方言的描写。研究发声类型的声学和生理特征还可以用于解释语音的演变以及语言共时和历时的某些现象，认识嗓音在音位学、音系学以及语言历史音变中的作用。随着发声类型的研究的不断深入，人们将会了解到以前许多未知的语言发声类型，同时也将促使人们重新认识和描写语音产生的过程以及人们的大脑对语言嗓音发声类型的认知过程，建立更加科学的语音学理论框架，意义非常重大。

1.4 研究内容安排

本书由十一章组成。按照内容的相关性，十一章分为三个部分：研究基础、发声研究和调音研究。

研究基础部分共两章：

第一章绪论介绍了发声研究的语音学理论背景——言语产生的声学理

---

① 林涛：《序》，载孔江平《论语言发声》，中央民族大学出版社，2001，第4页。

论模型和基于言语声学模型"发声""调音"基础上构建的语音学理论框架；阐述了发声类型、发声类型区别特征的概念；对我国学术界发声类型研究现状和研究成果进行了梳理和讨论。概要介绍各章讨论的重要问题及形成的结论。

第二章介绍本课题的研究方法、实验设计与数据处理。重点介绍本研究中采用的声学分析和生理信号分析的两种研究方法：谐波特征分析法和电子声门仪 EGG 信号分析法，以及语言学和语音学的田野调查方法；同时介绍了本研究的实验设计思路和数据处理的方法。这两章是本研究的理论基础和实验基础。

发声研究部分共六章。发声专论一章，发声类型个案研究五章。

第三章《广西汉语方言的发声类型》，对广西汉语方言中出现的具有语言学意义的发声类型进行分类阐述，讨论各种发声类型的分布特征、声学、生理特点以及研究方法。有助于人们对广西汉语方言中的发声类型有一个总体的认识。

第四章《蒙山底路话挤喉嗓音的发声模式和语言学标调方法》，分析了蒙山底路话声调系统中挤喉嗓音的声学特征；根据开商和速度商参数，讨论了蒙山底路话挤喉嗓音的发声模式；论述了在音位处理过程中，男女正常嗓音转换的可能性和必要性；提出了在多声域类型语言中如何对低声域和正常声域用不同的五度标尺标调的理论框架和可操作的方法路径。

第五章《永福百姓话高音调嗓音的发声模式和音位学标调方法》，从时域和频率域两个方面对永福百姓话声调中的高音调嗓音发声特征进行了分析，根据基频、开商和速度商参数，建立了永福百姓话声调的发声模式。根据永福百姓话具有两个发声类型的特点，提出了如何对高声域和正常声域用不同的五度标尺标调的理论框架和可操作的方法路径。

如何从音位学的角度来处理同一语言（方言）中多个声域的声调调位系统，如何消除声域之间的生理差异，科学和客观地反映双声域方言的相对音高？是我们利用声学数据来分析声调必须面临的新的语言学问题，也是双声域声调研究的难题。两篇研究报告基于 EGG 嗓音信号的声学和生理分析方法，在分析高音调嗓音和挤喉嗓音两种发声类型的声学特征和发声模式的基础上，重点探讨了双声域声调的标调问题，从理论上论述了两个发声类型共聚的方言中分域标调的科学性和可行性，提出了双声域声调标调的理论模型，即用两个五度标尺来共同表征不同发声类型共聚一个方言的音高系统。该模型解决了双声域发声类型共处一种方言中的五度标调难题，为双声域发声类型的声调研究提供了五度调值的计算方法和标调模式。

第六章《横县陶圩平话阴阳入声的嗓音性质》，主要采用频谱分析、基频分析、音节时长分析和共振峰分析等方法，研究陶圩平话阴阳入声的发声机制。我们发现陶圩平话中阴阳入声呈现出两种不同的发声类型：发上类入声，整个声带处于较紧张的状态，嗓音能量衰减较慢，高频能量较强，形成紧元音音色；下类入声则相反，在音色上没有紧元音的音色，与上类嗓音发声状态相比，能量比基本上处于正常发声状态。考察松紧嗓音在陶圩平话入声内部分化中的作用和发声机制；探究时长和发声在入声分化中的语言学意义和作用。

第七章《横县陶圩平话阴阳入声时长的听辨实验》，是从感知的角度对陶圩平话的入声进行的听辨实验。通过辨认实验和区别实验，考察时长和发声在横县陶圩平话阴阳入声内部分化中的作用。实验结果显示，发声对上下类入声感知的影响要大于时长的影响。当发声类型相异的特征被相同时长掩盖或相同的发声特征被不同时长干扰时，被试不能很好地辨识上下类入声。由此我们可以认为，时长是横县陶圩平话上下类入声的显性表现，发声性质则是上下类入声内在的本质特征。紧音伴随短音，松音伴随长音。

第八章《平乐同安镇土话内爆音的声学特征分析》，采用 VOT 声学参数考察平乐、永福、全州三处方言内爆音的声学特征。比较三处方言内爆音的差异，并对三处方言内爆音的来源和声调配列模式、VOT 模式进行了分析。三种方言的内爆音 VOT 模式呈现出处在不同的演变阶段的内爆音形态。

调音研究部分：第九到第十一章是声调和元音的声学研究。

第九章《恭城直话单字调和双字调变调的声学研究》，借助实验手段和声学实验数据，对恭城直话的单字调和双字调变调情况进行分析。将田野调查结果与声学实验结果相结合，构建了基于声学数据的声调变调模式。从语音学角度为恭城方言变调的条件和原因提供了声学解释。实验结果不仅为恭城直话阴入调的变化提供了语音证据和声学解释，还显示出恭城直话的双字调连读变调与声调所处的调域空间位置有着密切的关系，调域的空间大小为变调提供了协同发音的条件。

第十章《灵川灵田话的元音格局》，是通过 F1、F2 共振峰参数来构建灵田话的一、二级元音格局的语言学研究。通过对元音声学数据的归一，将声学数据转换成符合人耳感知的参数，再将数据经过相对化的处理，用一种比值关系将灵川灵田话元音系统形象地表现出来。不仅拓展和深化了我们对灵川灵田话元音的语音性质和语言规律的认识，而且为不同方言之间不同层级的元音系统的比较提供了理论依据和方法。

第十一章《博白松旺客家话声调模型构建》，是根据松旺镇客家话声调基频数据构建数学模型，采用基频同步叠加技术对松旺镇客家话进行语音合成的研究。该模型不仅可以反映声调的调型、调值和时长之间的关系特征，还能清晰地捕捉到声调变化的轨迹。合成语音声调调值的测试结果总体表明，构建的声调模型基本有效可行。

附录部分是蒙山底路话、永福百姓话和恭城直话三处方言的方言音系及同音字汇。

第二章 研究方法、实验设计与数据处理

2.1 引言

发声类型的研究方法和调音的研究方法有所不同。最基本的区别在于调音的研究对象是可以观察到的，如唇形、开口度大小、舌位前后等；而发声的研究对象声带完全在喉头内部，人眼无法直接看到，因而难度较大，在没有特殊设备和分析手段的情况下无法进行研究。发声研究需要采用自然科学、言语声学、医学等学科的一些研究方法来研究，这些新方法的使用大大提高了对语音的描写精度和对生理机能的解释程度，使语音学的研究从传统的方式逐渐进入科学的领域。

发声类型的研究方法主要分成声学分析和生理信号分析两个部分。语音信号是嗓音研究中最重要的研究材料，在语音学上主要采用语音声学信号来分析嗓音，因而语音信号的声学研究方法是嗓音研究的基础。语音学的嗓音研究，同时也会采用生理信号和生理的研究方法。本章主要介绍本研究的研究方法和实验设计思路。

2.2 语言学田野调查和语音学田野调查

2.2.1 语言学田野调查

语言学田野调查和语音学田野调查有很多共同之处，但又有各自的特点。语言学的田野调查是语音学田野调查的基础，如果没有语言学的基础，不可能进行语音学的田野工作。语言学的田野调查的内容主要是方言的音系调查，主要方法是听音和记音，在听音和记音的基础上整理和归纳音系，制作同音字汇，然后记录词汇和语法。在语言学的田野调查中，整理音位系统是一项很重要的工作。音系一旦确定，所记录的语言材料都要以语音的音位系统为基础。如果音系处理得不恰当，就会直接影响到语言资料的真实性和可靠性。在田野调查时，我们会发现由于对某些语言的语音听不准，因而无从记音或无法准确记音，对不同的发声类型，就更加难以分辨了。为了把"口耳"听辨的局限降到最小限度，我们常常借助语音分析软件，运用辨认语图、集体讨论等方法来保证记音的准确性。在制作好同音字汇之后，我们会多次下乡，找发音合作人反复核对。

调查和整理方言的音位系统是我们前期工作的基础和重点。由于我们研究的重点是发声，词汇和语法的记录工作不是我们研究的内容，因而没有涉及。音系调查材料虽然有现成的由中国社会科学院研究所制定的《方言调查字表》，但是由于时间紧，调查任务重，需要我们在此基础上制定一个既要反映方言的音系全貌，又要突出不同方言特点的简易字表。

首先我们在《方言调查字表》3700 多个调查字的基础上，根据广西方言在词汇上的用字特点和习惯，多次实地调查，几易其稿，制定出由 1500个常用字组成的《广西汉语方言调查字简表》；对 1500 个字进行分组编号，以调类为纲共分成 150 组，每组 10 个字；最后将 150 组的分组编号逐一录入到 Excel 表中。在调查时将记录的声母、韵母、声调直接录入 Excel 表中，制成简单的方言语料库，以便音系整理和日后查找、统计的需要。

广西汉语方言中有没有发声类型存在？有多少种发声类型？之前无人研究过，也很少见材料记载，一切必须从头开始，从方言调查开始。根据零星的材料记载，我们最初的工作就是广泛撒网，展开调查。课题组成员带着录音仪器，深入到广西的各个县市、乡镇、自然村进行第一手的田野调查工作。经过为期一年多的方言调查工作，我们由近及远先后对桂北、桂南、桂东等地 12 个市县近 40 个乡镇的方言进行了撒网式调查。

桂北和桂东北的调查点主要有：永福的堡里乡、苏桥镇、罗锦镇、永福镇、龙江乡；桂林雁山镇，灵川县灵田乡、大圩乡、定江镇；临桂县五通、四塘、六塘、南边、临桂镇等乡镇；全州文桥镇洋田、仁溪、石塘，东山乡，永岁乡，枧塘乡；资源镇官洞村、晓锦村等。

桂东和桂东南的调查点主要有：恭城平乐同安镇、张家镇；贺州钟山、鹅塘镇；富川麦岭镇长春村、蒙山、陈塘镇；玉林博白县等。

桂南的调查点主要有：横县陶圩、横州、百合、那阳、附城、栾城、莲塘等乡镇；北海廉州等。此外，还利用本人在北京大学访学的机会，系统调查了海南文昌话的内爆音。

在广泛田野调查的基础上，我们确定了重点调查范围，最后将重点放在桂北和桂南平话以及资源、全州、灌阳一带的土话上。这些方言在地域分布和方言类型上都具有一定的代表性，而且这些方言有独特的发声类型，之前没有人研究。我们重点对蒙山底路话、永福百姓话、恭城直话等方言的音系进行归纳整理，整理出详细的同音字汇（见附录）。书中所有方言的音系都是我们前期田野调查工作的成果。前期大量的方言调查工作，为下一步的发声研究奠定了良好基础。

2.2.2　语音学田野调查

语言学田野调查是语音学田野调查的基础。语音学田野调查和语言学的田野调查侧重点不同。语言学田野调查中的语音记录主要是在音位层面，语音的实际音质不是考察的重点。语音学的田野调查重点则是放在语音的实际音质方面。

在语音学田野调查中，有两个方面是必不可少的。一个是选词，另一个是选发音人，这两个方面往往要基于历史语言学的基础理论和研究成果。在选词上，我们充分考虑广韵的声韵调系统，根据归纳整理出来的音系制定词表。每个方言点编制的声调词表，都是按照广韵的声调系统确定实验字词而不是按照方言中的共时调类来确定，以保证实验的客观性和科学性。根据研究内容，我们设计了一系列实验字表。主要有《声调模式实验字表》《元音实验字表》《音节时长实验字表》《发声实验字表》等（见各章节）。之后再次下去录音，最后是进行数据整理工作，切音、提取各种参数、分析统计。在发音人人选方面，则充分考虑年龄、性别、文化程度、外出经历、语言背景等各种因素。因为在共时平面，人的年龄不同往往可以反映出语言历史音变过程中的一个片断。因而在语音学研究的选人方面就要考虑历史语言学的影响。只有充分考虑到各个方面的影响，才能保证语音样本的客观性，反映该方言的实际客观情况。

2.3　嗓音发声的声学研究方法：频谱特征分析

2.3.1　引言

嗓音发声的生理机制和声源信号的空气动力学机制之间有一定的对应关系。声带振动所产生的声源信号所反映的是声门气流的变化量，声门气流的变化取决于声门开合运动的不同方式，直接影响嗓音的声学特征。因此，语音产生的空气动力学理论是声学分析的理论基础。

嗓音声学分析的前提是获取嗓音的声源信号。在语音产生过程中，由于语音信号经过口腔共鸣和嘴唇辐射等调音器官的调制，使得语音信号带上共鸣的特性。在研究嗓音时，需要除掉调音过程对语音的作用，即去掉语音信号的共鸣特性，保留声源特征，以便更好地观察嗓音发声的特性。嗓音发声的声学分析方法有很多，如频谱分析、逆滤波技术的运用，线性预测，声源信号的频谱斜率分析，声学信号的微分处理，小波变换分析等。

这里只介绍本研究采用的也是被广泛应用的频谱特征分析方法和 EGG
信号。

2.3.2 频谱特征分析

　　频谱特征分析也叫谐波分析，是通过语音声学信号估测声门状态的一种
最常用的研究方法，操作简便，在语言学领域的发声研究中应用广泛。声源
和频谱的关系非常密切，声源能量的大小往往会通过频谱反映出来。根据声
波频谱的不同能量分布模式和特性可以分析嗓音的发声类型。第一谐波的振
幅取决于声门气流的振幅，其后谐波的振幅取决于声门收紧的速度，声源谱
高频能量强会导致第二以上谐波的能量大于第一谐波的能量。其谐波的振幅
差一般情况下能够反映声带振动时的紧张程度。因此不同的发声类型可以通
过测量第一、第二谐波的振幅，通过频谱谐波差值来进行量化分析
（C. Bickley，1982；P. L. Kirk, et al，1984；Cao Jianfen and I. Maddieson，
1992；孔江平，2001；任念麒，2006）。

　　谐波差值分析法的具体步骤是：首先通过对语音信号进行傅立叶变化
得到嗓音频谱图，然后测量出第一、第二谐波的能量，进而比较第一谐波
与第二谐波的振幅差（H1－H2）。当嗓音的发声机制与口腔壁的紧张程度
极大相关时，还可以采用第一谐波和第一共振峰的能量差（H1－A1）、第
一谐波和第三共振峰的能量差（H1－A3）来确定嗓音的声学特性。无论是
什么参数，频谱分析的谐波能量差参数所反映的是频谱的斜率。频谱斜率
取决于声门气流的形状，也就是声带振动的状态。因此从其差值上可以反
映嗓音发声类型的性质。

　　H1－H2 数值越大反映出频谱的高频能量下降，高频能量的降低是气
嗓音的主要特征。H1－H2 数值越小，表示嗓音在高频的能量比较强，声
源谱的能量衰减比较慢，从生理上反映为声带越紧。

　　图 2-1 是全州东安土话古清声调"疤"的频谱特征，第一谐波的振
幅要小于第二谐波的振幅，H1－H2 的谐波差值较小。图 2-2 是全州
东安土话古全浊调"爬"的频谱特征，第一谐波的振幅要大于第二谐波。

H1－H2 的谐波差值较大。谐波能量差与嗓音生理特性的关系是，H1－H2 的数值越小，嗓音的高频能量就越高，即声源谱的能量就衰减得越慢，在生理上表现为声带越紧；H1－H2 的数值越大，嗓音的高频能量就越小，在生理上体现为声带越松。能量差的不同反映了发声类型的不同。从全州东安土话的频谱特性看，东安土话的古全浊调较松，古清声调较紧。

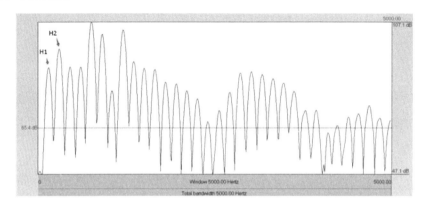

图 2-1   全州东安"疤"［pa］的功率谱

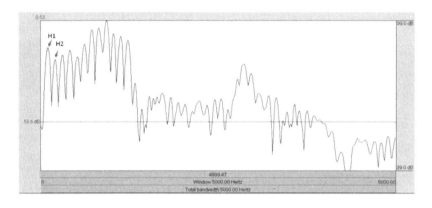

图 2-2   全州东安"爬"［p̈a］的功率谱

将谐波差值的声学方法运用于少数民族语言的发声类型研究中，最早我们可以看到鲍怀翘、周植志（1990），孔江平（1993）分别对佤语和苗语的浊送气塞音、塞擦音进行的研究。研究结果发现，苗语的浊送气和韵母是一个不可分割的整体，浊送气声母的送气段与韵母融合后形成了气嗓音，与正常元音形成对立；气嗓音音节的声调比非浊送气音节的声调要低一度，浊送气音节的起始点基频低于非浊送气音节的起始点基频。说明声调的高低与元音气化有关。佤语中发音部位和发音方法的差异对浊送气段的语音特征不产生影响，浊送气段的主要特征是一种典型的"气嗓音"发声类型。鲍怀翘、吕士楠（1992），孔江平（1996），石锋、周德才（2005）等，分别对蒙古语、哈尼语、彝语的松紧元音进行了谐波分析，发现这些语言中的松紧元音对立不是调音层面的对立，而是发声类型的对立。这些研究为少数民族语言发声类型的研究提供了客观的声学依据。

虽然频谱分析能够较好地反映发声类型的性质，但是也有一定的局限性，参数容易受到元音的共振峰结构的影响，从而影响声源的频谱特征，导致数据的不可靠。因此在使用该方法和选取样本时有几点需要注意：一是语言环境必须相同，即所选的每一对言语分析样本，其共振峰结构必须相同或十分相近，否则第一共振峰会对第一、第二谐波的振幅产生不同的影响；二是最好选择第一共振峰较高的元音，因为第一共振峰离第一、第二谐波越远，对其振幅的影响也就越小；三是所选样本应有较低的基频，基频越高，第一、第二谐波就越接近第一共振峰，越低所受的影响就越小（孔江平，2001a）。

2.4　嗓音发声的生理研究方法：电子声门仪 EGG 信号分析

2.4.1　引言

嗓音发声类型的生理研究是从嗓音的生理机制出发，探讨发声类型的特征，进而探讨嗓音发声的生理机制与语言发声类型的关系。语音生理的研究一直是语音学研究的一个重要方面，包括言语产生，语音病理，嗓音类型和口鼻腔调音的机理，大脑感知和情感分析等方面。语音学科的前沿已逐渐从语音产生的声学和生理平面接近语音产生的生物机制平面（李永宏等，2008）。目前国内主要的生理语音学仪器有电磁发音仪（EMA），动态电子腭位仪（EPG），鼻流计（Nasometer II），生物电采集器，脑电图（EEG），肌电图（Electromyogram 简称 EMG），皮肤电测试仪，呼吸信号，声带肌电检测，电子声门仪（Electroglottography，简称为 EGG），数字频闪检测系统，喉扫描摄像系统（VKG），高速数字成像系统，X 光摄影，高速核磁共振声道成像技术（MRI），CT 三维成像（Computed Tomography），振动声学仪器，肌肤接触压电式麦克风等。主要涉及发音部位的运动模式、言语空气力学的特性、人体生物电信号的采集、声带的振动与嗓音声源、动态声道的特性、言语病理矫正和生理振动信号的采集等方面的研究。

电子声门仪分析是在语音研究和医学方面被广泛使用的一种生理研究的方法。

国内外 EGG 信号用于语言学研究的论文尚不多见。中国社会科学院民族所和北京大学率先开展了 EGG 的语言学应用研究。孔江平（2001a）首次将该方法用在发声类型的研究中。他利用对持续元音的 EGG 信号，研究语言音调与嗓音特性的关系，得出了关于嗓音基本性质的结论：速度商与音调高低关系密切。随着基频的提高，速度商逐渐降低，二者呈反比关系；开商和音调高低呈反比关系；男女之间的差别主要体现在速度商上，男生的速度商要大于女生，而音调女生大于男生；开商男女差别不大。之后，孔江平又通过 EGG 信号来研究普通话单音节声调和双音节声调的发声模式，探讨发声模式和声调模式的关系，得出了对声调本质的科学认识。以上这些研究都是对具体语言中正常嗓音的声门阻抗信号的分析。汪峰、孔江平（2009）采用 EGG 信号对武定彝语中的松紧元音进行了分析，实验结果发现，在不同声调中松紧对立的实质并不相同。在 1 调中的松紧对立是紧喉音与正常嗓音的发声类型的对立；而在 3 调中的松紧对立主要是时长的差异，即短促调与舒声调的区别。揭示了武定彝语松紧对立的实质。

电子声门仪分析也是本研究主要使用的研究方法。下面主要介绍电子声门仪分析方法。

2.4.2 电子声门仪的工作原理

电子声门仪也称喉头仪(Laryngography),是一种通过非侵入性方式获得嗓音信号的重要仪器,由一个前置放大器和两片感应电极组成,见图2-3。电子声门仪通过释放稳定的微量高频电流(300kHz以上,10mA以下)测量经过声带区域的电流来记录喉部声带开合的情况,间接反映声带的运动状态,其信号的物理性质与嗓音产生过程之间有非常密切的关系。当电流通过人体时,由于人体是导电体,所以当两片声带闭合时,其电阻会大大减小,导致输出电信号增强;而当两片声带分开时,会导致它们之间充满导电性能较差的空气,从而使得电阻增大,输出电信号减弱。采集信号时,把一对电子感应片(Electrodes)分别固定在喉结两边,贴紧甲状软骨。发声时,一个非常微弱的高频信号从一个电子感应片发送,被另一个电子感应片接受。电子声门仪具有非侵入性和抗干扰性,操作简单,可以同步采集语音信号,并且具有比语音信号更容易提取基频的优点;既可以独立使用,也可以和其他生理仪器配合使用。主要用于言语嗓音研究及言语病理以及与言语病理相关的诊断和研究,在言语嗓音研究和病理嗓音研究领域有着重要作用。

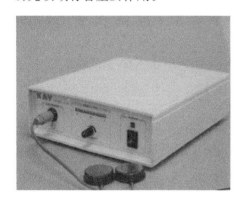
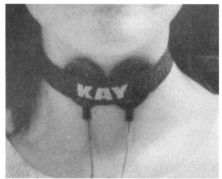

图2-3 声源滤波模型电子声门仪结构示意图

"声门阻抗信号"也称作"喉头仪信号"、"电声门信号"和"EGG信号"。在嗓音发声研究中,通过电子声门仪提取的声门阻抗信号是一种涉及声门变化的生理电信号。是获取声带振动参数最方便的方法。由于 EGG 信号是电生理信号，不受声门以上其他因素的影响，因而没有语音信号的共鸣调音特征，可以直接观察嗓音特性。目前人们从语音信号中提取声源信号还有很多困难，因此在研究语音的声源方面还存在许多障碍。声门阻抗信号的出现，给研究者开辟了一个新的领域，使人们对声门的变化、声带的振动方式和嗓音声源的关系研究有了很大的发展，特别是对语言的发声类型有了更好的认识（孔江平，2008）。

　　EGG 信号不仅可以反映声带的振动情况，同时也可以反映声带周围器官的活动，它包含很多关于声带运动的细节信息，对于获取声带振动信息有重要的意义。EGG 信号波形图可以准确再现周期内声带在开启相（Opening Phase）、开相（Open Phase）、关闭相（Closing Phase）和闭相（Closed Phase）等各个阶段的振动细节，这在声带振动周期的检测工作上比声学分析方法更准确。根据声门阻抗信号，还可以测出声门的关闭点和开启点，据此推导出各种参数变量，根据变量之间的关系，准确评估嗓音，量化声带振动的各种类型。

　　利用 EGG 信号来研究言语嗓音也有其不足之处。首先，EGG 信号主要反映声带接触时的电流阻抗变化，而反映声带打开后的变化信息不多，不能准确反映声门面积的变化。尽管如此，EGG 信号在获取声带振动信息方面有着非常重要的意义。其次，在信号采集上，由于男女声带的生理特征不同，每个人声带之间存在差异，会影响 EGG 信号的采集质量。不是每个人都能用电子声门仪采集到很好的信号。一般来说女性的 EGG 信号一般都会比男性要差一些，较胖的人的 EGG 信号也往往不如较瘦的人的信号稳定。即使是同一个人的 EGG 信号也会随录音环境或仪器设置的不同而发生变形。声带的疲劳和声门之间的黏液也会对信号的形状产生影响，有时会发现较长时间录音后的电声门图形状也会发生较大的变化。此外，在运用 EGG 分析时还需要注意，通过 EGG 获得的声门变化信号是相对的，不同发音人生理结构上的差异会在 EGG 信号上有所反映。因此，要考虑不同发音人的生理结构上的差异，不同发音人的分析结果之间不宜轻易地做对比研究。

2.4.3　EGG信号的主要嗓音参数变量

EGG信号波形图所反映的是声带振动时声门的关闭和打开的情况，典型的EGG信号波形图为非对称正弦曲线，这是由声带振动的生理特性决定的。声带振动的生理特性表明，声门关闭速度要快于声门打开速度，声门关闭的上下缘时间差小于声门打开的上下缘时间差。声门开关运动的这种非对称性反映在EGG信号波形图上就是非对称性的正弦曲线。

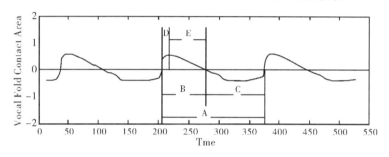

图2-4　声门阻抗信号（EGG）

图2-4是一张正常嗓音的EGG波形图，其X轴是时间轴，Y轴是声带接触面积。图中各字母表示的意义如下：

A表示一个嗓音周期（Cycle），即从上一个声门关闭点到下一个声门关闭点之间的区间。

B表示一个闭相（Closed Phase），即为声门关闭点到声门开启点之间的区间，是声带接触面积＞0的段落。

C表示一个开相（Open Phase），即为声门开启点到下一个声门关闭点之间的区间，是声带接触面积＜0的段落。

D表示一个关闭相（Closing Phase），即在闭相当中，从声门关闭点开始声带接触面积逐渐增大直到接触最大值之间的区间。

E表示一个开启相（Opening Phase），即在闭相当中，从声带接触面积最大值开始到声带接触面积逐渐减小至声门开启点之间的区间。

上述EGG信号波形图所表示的声带开合的各个细节——周期、开相、闭相、关闭相、开启相对我们定义嗓音的参数非常重要。EGG信号嗓音的参数变量主要有：

（1）基频。

从语音产生的生理机制来讲，基频取决于声带的振动速度，EGG 能充分反映声带的振动速度。基频的定义为周期的倒数。

$$基频（F_0）= 1/周期（A）$$

（2）开商（OQ）。

开商（Open Quotient，简称 OQ）是指声带振动的一个周期内声门不接触段（开相）的时长比率。开商的公式为：

$$开商（OQ）=开相（C）/周期（A）×100\%$$

（3）速度商（SQ）。

速度商（Speed Quotient，简称 SQ）是指声门接触段（闭相）中开启段和关闭段的比率值。速度商的公式为：

$$速度商（SQ）=开启相（E）/关闭相（D）×100\%$$

2.4.4　EGG 信号参数变量的语言学意义

从 EGG 信号中提取的声带运动的参数基频（F_0）、速度商和开商之间有密切的关系，我们可以根据参数之间的关系，间接地掌握了解声带运动的信息，并推出声门形状的变化情况，准确地评估嗓音特征，以此确定不同嗓音的发声类型。

基频是语音音高变化的物理量，主要取决于声带的振动频率。基频反映声带振动的快慢。从声调语言的角度看，基频常常和不同的发声类型有着密切的关系。研究表明，许多语言中具有的发声类型在某种程度上和基频有关。不同的发声类型，其基频参数会有所不同。一般而言，气嗓音的基频要低于正常嗓音，紧喉嗓音的基频要高于正常嗓音，高音调嗓音和假声的基频会更高。

在嗓音的声学研究上，开商是声带振动的一个周期内声门不接触段和整个周期的时长比率，是嗓音频率特征的关键参数变量，与嗓音的频谱特征有密切的关系。开商一般被认为跟频谱的 H1－H2 值成正比——开商越大，H1－H2 值越大，这就意味着频谱上低频能量大于高频能量，就体现为频谱斜率的增加，接近于正弦波的频谱形状。这是气嗓音或轻声（Weak Phonation）的主要特征。与此相反，开商越小，H1－H2 值越小，低频能量与高频能量差值越小，导致频谱斜率越小，这意味着高频能量的相对的上升。这是挤喉音或紧音（Pressed Voice）的特征。开商的变化能反映频谱斜率的变化，开商的上升会提高 H1－H2 值，反之会降低 H1－H2 值。由此可见，开商同时能够作为分别发声类型的主要参数变量（尹基德，2010）。

在嗓音研究中，速度商主要利用 EGG 信号所反映的声门接触面来定义的，所指的是声门打开和关闭的速度比，反映声带关闭与开启的快慢。一般表现为偏左的形状——速度商越大，电声门图越偏左；速度商越小，电声门图越对称。正常嗓音的速度比在通常情况下声门关闭比打开更快，所以会造成声源信号的非对称性。速度商可以作为反映频谱高频能量的主要因素，速度商的上升在频谱上表现为高频能量的上升。速度商与发声类型也有关系，是辨别嗓音发声类型的一个关键参数。气嗓音的速度商较低，紧喉嗓音的速度商较高，正常嗓音的速度商位于两者之间。

2.5 实验设计

2.5.1 方言点的选择

广西汉人基本上操汉语，"由于广西的汉族来自不同的时代，不同的地域，他们所带来的各种各样的方言土语又与当地其他民族语言相互影响交融，所以使今天的广西汉语方言呈现错综复杂的格局"[①]。广西境内汉语方言主要有白话、西南官话、客家话、平话、湘语、闽语等六种。白话和平话各自存在内部差异，又可分若干片。白话主要分布于整个桂

---

① 杨焕典、梁振仕、李谱英、刘村汉：《广西的汉语方言（稿）》，《方言》1985 年第 3 期。

东南地区和横县、南宁以及左右江一带县城集镇。西南官话主要分布于桂北地区及其他一些地区的县城。客家话主要分布于陆川、柳江、柳城等县，并散布全区各地。平话北起灵川、南至凭祥，西至百色，东达灵山的广大地区之交通要道附近。湘语主要流布于桂北的全州、灌阳、资源三县和兴安县部分地区。闽语主要流布于南流江沿线博白、陆川等地及西江上溯沿其支流到达贺州、平乐、桂平等地，流布范围大而分散。我们在现有研究成果的基础上选取了桂北平话，桂南平话，资源、全州、灌阳土话，客家话等作为调查对象，范围涉及桂北、桂南、桂东南等地区 12 个市县近 40 个乡镇的方言。

　　方言调查分两个阶段进行，第一阶段是传统的语言学的田野调查，主要是对尚未有音系记音资料和相关研究的目标方言进行语言学田野调查，归纳和整理音位系统，建立方言语音语料库。这一阶段的调查主要依据传统听感进行描写。第二阶段是在音位系统的基础上进行语音学的田野调查，重点是放在语音的实际音质方面，对方言的语音特点、语音生理性质、语音声学性质以及语音的语言学意义进行进一步的研究。最终确定以下八个点作为本研究的实验对象：

　　桂北：永福堡里、全州文桥。

　　桂南：横县陶圩。

　　桂东：蒙山陈塘。

　　桂东北：恭城栗木、平乐同安、灵川灵田。

　　桂东南：博白松旺。

　　在以上八个方言点中，涉及桂北平话、桂北土话、桂南平话、白话、客家话和闽语。除西南官话外，基本涵盖了广西汉语的全部方言。其中桂南、桂东、桂东南各一个代表点，重点放在桂北和桂东北的平话和土话上。这是因为：（1）桂北平话和土话错综复杂，有些土话至今仍然系属不明，研究相对薄弱。（2）平话土话不仅与周边的湘、粤等方言关系密切，而且与湘粤桂三省区的土话也有密切关系。（3）平话在广西各地使用的范围很广，影响较大。使用平话的人，虽然大多数是汉族，但周边的少数民族如瑶族、壮族、仫佬族、侗族等也说平话或者兼通附近的平话，甚至用平话来编唱山歌，可见平话对少数民族地区的影响非常深刻。（4）平话与壮侗语族语言有所接触，壮侗语族有较丰富的发声类型，有不少壮侗语词汇底层，因而在语音、词汇、语法上受壮侗语族语言影响较深。

广西西部的两个城市百色市和河池市主要是以壮族为主的多民族聚居城市，少数民族人口占当地人口的 80％以上，汉语方言主要是桂柳方言。故我们没有考虑在西部选择方言点。

研究结果证实了我们的选点在地域和方言分布上都具有一定的代表性和典型性。这八个点中共发现了高音调嗓音、挤喉嗓音、气嗓音、紧嗓音、内爆音等五种发声类型。在讨论发声类型的基础上，我们还讨论了与发声相关的方言声调模式、元音格局、方言感知和方言合成等问题。

2.5.2 实验词表

（1）依据方言的语音系统选择实验字（词）表。

本研究涉及的八个方言点之前尚未有人做过音系调查和整理工作，故我们需要在前期进行语言学的田野调查，归纳整理出语音系统。在此基础上确定实验字（词）表。

（2）根据不同的实验目的设计实验字（词）表。

我们根据不同的实验目的先后设计了各种字（词）表十几种，如声调调类实验表、内爆音实验词表、气嗓音实验词表、浊音实验词表等。具体实验字（词）表见相关文章的实验说明部分。

（3）选词充分考虑声韵调系统的分布。

2.5.3 发音人

发音人选择原则：能熟练地说当地话的老年人、中年人和青年人，没有长期外出的经历，无发音缺陷，有一定的文化水平，能与调查者正常沟通和交流。

根据研究内容和研究目的的需要，每个方言点选择 1～6 个发音人，发音人平均年龄在 40 岁左右，学历以初中为主。考虑到录音环境、发音人的嗓音音质、态度、录音样本质量以及数据处理的工作量等各种因素，在文章中并未全部采用每个发音人的材料。发音人具体信息见相关文章的实验说明部分。

2.6　数据处理

2.6.1　录音设备与参数设置

录音设备包括 HP 笔记本电脑，Creative 外接声卡，Sony ECM － MS907 话筒、调音台、美国 KAY 公司生产的 CSL － 4300B 电子声门仪（EGG）。

录音软件：Adobe Audition 1.5 录音软件。这是一款功能比较齐全的录音和音频编辑软件，支持不同采样频率的双通道录音，录音时能够实时显示语音波形及声门阻抗信号波形，预置多种滤波器和效果器等，并可以进行简单的语音分析。本研究进行的实验主要采用该软件中双通道录音的功能和滤波降噪功能。

录音地点选在隔音条件相对良好的宾馆客房或村委会或村民家中，周围没有固定噪音源。录音时关闭门窗、手机、空调等。

录音采样率设置为 44.1kHz，采样精度 16 位，左声道为语音信号，右声道为 EGG 信号。文件存储选用 Windows PCM（＊.wav）格式。

录音过程：录音时将电子声门仪的电子感应片用伸缩绑带紧贴固定在发音人喉部甲状软骨两侧，注意松紧适宜，绑得太紧会影响发音人自然发声，太松则会降低采集信号的信噪比，甚至采集不到声门阻抗信号，因此具体使用时，需要判断信号的情况，并询问发音人的感受来调节绑带的松紧。同时将电子感应片信号线接入仪器主体。将实验词表打印出来交给发音合作人。在熟悉词表和适应电子声门仪后开始进行录音。录音采取直接读词表的方式，每个词读 3 遍，读错的情况则重读。

2.6.2　录音样本的标注与处理

首先对需要进行降噪的语音信号进行滤波降噪处理，信号处理在 Adobe Audition 1.5 中进行。然后将处理之后的录音样本进行剪辑。由于录音是连续进行的，需要对样本进行切分，具体做法是将录音样本逐一切分成单个音节，分别对每个音节进行编号保存，一个音节保存为一个文件，以便下一步的标注与参数提取。

本实验使用 Praat 软件进行语音样本标注。Praat 软件是一款跨平台的多功能语音学专业软件，主要用于对数字化的语音信号进行分析、标注、处理及合成等实验，同时生成各种语图和文字报表。标注分两层，汉字层和声韵层，分别用汉语拼音缩写 HZ、SY 标识。根据信号的不同，参数提取一部分在 Praat 中完成，EGG 信号的参数提取在 Matlab 中完成。提取参数的程序主要采用北京大学中文系实验室自编程序和 Praat 自带程序。提取的参数主要有基频、共振峰、韵母时长、音节时长、开商、速度商等。提取的所有数据导入到 Excel 表中计算统计和作图。

2.7　小结

本章我们介绍了实验设计方案和数据处理过程，还介绍了嗓音研究的两种主要方法：频谱分析和 EGG 信号分析。在嗓音研究中，嗓音特征的声学分析是嗓音研究的重要基础。声学分析能够较好地观察到一些嗓音特征，但是用语音信号来研究声源的特征时会受到调音过程中所形成的共振峰结构的影响，仅仅依靠声学特征进行的声学分析难以解释各种发声器官之间的相互作用，也无法解释嗓音产生和感知的生理机理。电子声门仪是获取嗓音参数的最方便的方法，是基于 EGG 信号采集的物理学意义来解释声带运动的生理学机制，属于生理研究的方法。EGG 信号反映的是声带振动时声门的关闭和打开的情况，包含很多关于声带运动的细节信息，这些信息能够帮助我们判断声门形状的变化情况。利用生理信号分析方法有助于我们能更深入地观察理解嗓音发声运动的过程，揭示嗓音发声的本质。

总而言之，无论什么信号，生理的或是物理的，无论声学研究方法还是生理研究方法，在一定程度上都能反映声带振动的不同方面，因而都有研究价值，重要的是看研究目的。要根据研究目的来选用适当的信号和相应的研究方法。

第三章　广西汉语方言的发声类型

3.1　广西方言概况

　　广西壮族自治区简称桂，位于东经 104°26′～112°04′，北纬 20°54′～26°24′之间，北回归线横贯全区中部。广西全省共有 14 个地级市：南宁市、柳州市、桂林市、梧州市、北海市、防城港市、钦州市、贵港市、玉林市、百色市、贺州市、河池市、来宾市、崇左市；34 个市辖区、7 个县级市、56 个县、12 个自治县。

　　广西壮族自治区是多民族聚居地区，境内聚居着壮、汉、瑶、苗、侗、仫佬、毛南、回、京、彝、水和仡佬等 12 个世居民族，此外，还有 40 多个其他民族成分。壮族是全国 55 个少数民族中人口最多的民族，也是广西 11 个世居少数民族中人口最多的民族。根据 2010 年第六次全国人口普查统计，壮族总人口数为 16 926 381 人。80％以上的壮族人口，主要分布于南宁、百色、河池、柳州 4 市，其中靖西、德保、天等、大新、邕宁、武鸣等 45 个县壮族人口占 50％以上，为壮族聚居县。在漫长的历史过程中，逐步形成了以壮族为主体的各民族大杂居、小聚居、交错杂居的分布状况。广西的东、西、南、北、中都有少数民族居住，11 个世居少数民族居住的面积占广西总面积的 60％以上，人口却只占广西总人口的 38.4％。分布广，人口密度小，是广西少数民族分布的特点。

汉族进入广西历史悠久，迁入时间不一，迁入地点不断变化，又与当地少数民族长期共处互相同化，加之各地的地域交通情况各有不同，所以广西各地的汉族发展情况比较复杂，各具特点。"有人曾以语言作区分，将广西汉族分为'官、平、白、客'数支，但仅仅语言（方言）差别还不足以全面反映民族内部的分支及特点。近年有的学者主要根据习俗文化心理与民族关系特征，参照地域、语言（方言）特点将广西汉族划分为普通汉族、客家人、蔗园人、百姓人、六甲人、疍民、伢人、福建人等数支。普通汉族支是指与中原地区所谓'一般汉人'的风俗民情相去不远、具有汉族内部一般特征通性的汉人。广西这部分汉人，人多、分布广，包括了大部分操官、湘、粤语的人群。以此为基本参照，根据习俗文化、语言、群体意识等差异而再划分出上述的客家、蔗园、百姓等各支系。蔗园、百姓、伢人、六甲仍保持有一般汉人的基本特征，但又都带有因受当地少数民族同化，如壮化、侗化、仫佬化，尤以壮化为主等倾向而增加的若干特征。总之，被少数民族同化而新形成了一些不同的语言、习俗心理，造成了这几支汉人的一些各自特色而另成支系。疍民则是由'水居'而形成了一些特殊习俗和认同心理的汉族支系。客家人与福建人则因方言特点突出和有不同于一般汉人的某些习俗心理而另分支。"①由于原居地或迁入时间不同，发展情况复杂，居住环境各异，语言习俗不同等原因，广西汉族的称谓很多，有客人、土州人、民户、黎民、百姓、新民、来人、菜园人、蔗园人、射耕人、疍民、官人、军人、客家、平语人、伢人、六甲、土拐、白话人、湘人、广佬、福佬、反壮、先人、唐人、平原人、高山汉、山湖广等不下数十种。

全区总共有十三种民族语言，有的民族还使用几种语言。有的语言包括几种方言，有些方言还有几种亚方言。广西的汉语方言非常复杂，汉语方言和少数民族语言互相影响。从使用情况来看，广西的语言格局相当复杂。有的语言语种是几个民族共同使用的，有的民族又不止使用一种语言；有些地方多种语言或方言交叉覆盖；有些人同时会说几种语言或方言。各种语言和方言相互借用，相互交融，形成了极为复杂的交叠层次（刘村汉，

---

① 广西壮族自治区民族事务委员会官方网站（http://www.gxmw.gov.）。

1998)。广西语言的复杂局面是历史形成的,是千百年来各族人民共处交流的结果。众多的语言和方言集藏着极丰富的古代语言和文化的宝贵材料,对于语言学、汉语史以及民族关系史和地方文化的研究都有重要价值。

3.2 广西方言中塞音的发声类型

塞音(Stop),又称爆发音,是指发音时声道完全闭塞爆发而成的音。在辅音的各种类别中,塞音占有最为重要的地位。据研究,世界语言中不存在没有塞音的语言,塞音是唯一一种所有语言都具有的辅音音类。因此,对塞音的深入分析显得尤其重要(冉启斌,2008)。

我国方言爆发音发声丰富,赵元任(1935)将中国方言的爆发音按发音方法分出十类,以唇音为代表,第一类 [p],如上海"班 [p]";第二类 [b],如北京"班"[ban];第三类 [pʰ],如北京"坡"[pʰo];第四类 [bʰ],如南昌"怕"[bʰa];第五类 [pˣ],如太原"怕"[pˣa];第六类 [pʱ],如上海"牌"[pʱa];第七类 [bʱ],如宁波"牌"[bʱa];第八类 [b],如厦门"帽"[bo];第九类 ['b],如松江"饱"['bo];第十类 [ʔb],如文昌"板"[ʔban]。平悦玲(2006)对赵元任提及的汉语方言中的十类爆发音处于单音节起始位置时的 VOT、强度等声学参数进行实验分析,使我们对汉语方言爆发音的声学特征有了更为清晰的了解和认识。

广西汉语方言的塞音类型非常丰富,塞音发声类型是非常值得深入研究的现象。特别是桂北方言中来源于古帮端母的音除了今读塞音类型外,还有次浊化现象的读音类型(王莉宁,2007)。本节主要以桂北方言的塞音为重点,对广西汉语方言中的塞音的中古来源进行梳理,从发声类型的角度来讨论广西汉语方言中塞音的类型。

3.2.1 塞音的概念与广西汉语方言塞音系列

辅音和元音是一对相对的范畴,是从分析音素性质的角度提出来的。语音学把音素分为辅音和元音两大类,它是西方语音学中非常重要,也是最基本的概念。我国传统的音韵学分析从音节结构出发,把一个字分成"声"和"韵"两个部分,"声",即字音开头的部分,现在一般称为"声母",

"韵"即一个音节声母后面的部分，一般叫作"韵母"。辅音和声母虽然出于不同的观念背景，含义不同，但在汉语中，声母主要由辅音充当，不能充当声母的辅音较少，因此在多数情况下声母和辅音的外延是重合的。

　　塞音是从辅音的发音方法来命名的。发塞音时，相关的调音器官完全封闭，造成完全阻塞，气流不能从口腔逸出，在成阻部位后积聚气压，在除阻时爆发而出。塞音这一术语使用广泛，但在内涵和外延上都存在分歧。与"塞音"相关的概念在英语中有 Stop、Plosive、Obstruent 三个术语。

　　冉启斌（2008）通过比较 Hartman（哈特曼）、Stork（斯托克）、Hadumod Bussman（布斯曼）、David Crystal（克里斯特尔）、Trask（特拉斯克）等学者主编的四本语言学词典对 Stop、Plosive、Obstruent 三个术语释义上的差别后指出，四本词典对 Stop、Plosive、Obstruent 三个术语的内涵和外延解释都不一致。其中 Plosive 的外延最窄，是最狭义的塞音，指的是由肺气流机制产生的瞬间除阻的塞音，也叫爆发音；Stop 其次，包括其他气流机制产生的音，不包括擦音，有的包括鼻音；Obstruent 最宽，是最广义的塞音，包括爆发音、塞擦音、擦音等各种辅音和三种非肺部气流的内爆音（Implosive）、喷音（Ejective）和喷音（Click）。

　　这些术语翻译成汉语，又有多种译法，比如"塞音"有时对译于"Stop"，有时对译于"Plosive"，而"Plosive"有时又译成"爆发音""破裂音、爆破音、闭塞音"等。

　　为避免理解上的分歧，本文根据广西汉语方言的实际情况，将使用的"塞音"界定为发音时口腔完全阻塞产生的音段。包括来自肺部气流机制的爆发音和非肺部气流机制产生的内爆音等，不包括鼻音。在功能上充当声母。

　　一个塞音系列是指在发音方法上相同的一组塞音，它们有相同的气流机制（如肺气流机制，软腭气流机制，声门气流机制）和相似的嗓音起始时间（如清不送气、浊、清送气等）。汉语普通话中塞音系列包括［p、t、k］等塞音组成的清不送气塞音系列与［pʰ、tʰ、kʰ］等塞音组成的清送气塞音系列等两种格局。

　　在广西汉语方言中，塞音系列主要有三种格局，分别是两分格局、三分格局和四分格局。在塞音两分格局的方言中，主要是清不送气—清送气的对立；在塞音三分格局中，主要有三种格式，一是清不送气—清送气—浊，二是清不送气—清送气—气嗓音，三是清不送气—清送气—内爆音；

四分格局的方言是清不送气—清送气—气嗓音—内爆音。

西南官话、客家话、粤方言、桂南平话一般都是清不送气—清送气对立的两分格局，但资源、全州、灌阳的方言土话大都是清不送气—清送气—浊/气声的三分格局，在部分桂北平话中，有清不送气—清送气—内爆音的三分格局。据我们的调查，全州文桥土话、平乐同安土话是清不送气—清送气—内爆—气嗓音的四分格局。（朱晓农、关英伟，2010）

3.2.2　清不送气塞音/清送气塞音

清不送气（Voiceless Unaspirated）和清送气（Voiceless Aspirated）是清声的两种形态。清声是最常见的发声类型，世界上绝大多数语言都有清声。发清声时声门打开，声带不振动。对汉语而言，绝大多数的汉语方言在声母位置上都存在清不送气与清送气塞音的对立，在发音方法上送气和不送气是具有语言学意义的区别特征。广西汉语方言也是如此。从来源看，广西汉语方言的清塞音主要有几个来源：

（1）来源于古帮系的帮组和非组声母。古帮系字都是唇音，帮、滂、并是重唇，非、敷、奉是轻唇，按照清浊分为两类。帮、非母是不送气清音，滂、敷母是送气清音，并、奉母是浊音。广西方言中帮、滂等声母今读比较一致，例如：帮读 [p]、滂读 [pʰ]。非、敷、奉声母的若干字，灵川潭下、富川七都、富川八都、贺州九都、红瑶平话、道县土话、信都铺门、钟山公安、平乐张家、临桂五通、恭城栗木、资源延东、资源瓜里、全州文桥、永岁土话等有相当一部分今读作 [p、pʰ、b]（谢建猷，2001；张桂权，2002）。

（2）来源于古全浊音并、定、群母字。并、定、群母是全浊声母。古全浊声母在广西大多数方言中均已清化，大致有三种类型：

①古全浊声母今读塞音、塞擦音大多不送气，与全清声母合流。这是平话和勾漏片粤语的主要特点之一（杨焕典，1985），也是桂北平话与湘南土话、粤北土话的共同特点（王福堂，2001）。

②古全浊声母清化后，平声送气，仄声不送气。在白话中，平上声送气，去入声字不送气。逢阳平、阳上字读作送气的清塞音声母 [pʰ、tʰ、kʰ]，逢阳去则读作不送气的清塞音声母 [p、t、k]（梁敏、张均如，1999）。

③古全浊声母清化后，今读塞音和塞擦音时，不论平仄声，一律变为

送气清音。这是广西客家话的主要特点之一。

（3）来源于古知组三等字、章组字。这是桂北平话的特点之一，古知组字部分读如［t、tʰ］，与端组相混（梁金荣，1998）；少数知澄母保持为舌头音（王福堂，2001）。

（4）来源于古精母、清母字。精清与端透合流，这是勾漏片粤语的普遍特点，玉林和北流的从邪二母还合并于定母（杨焕典等，1985）；蒙山粤语清母读塞音［tʰ］（刘村汉，1985）；蒙山陈塘镇底路话古精、清母与端组合流，今不读塞擦音，精母读［t］，清母读［tʰ］（关英伟，2013）；桂南平话玉林福绵、藤县藤城，精组读作［t/tʰ］（王琼，2011）；中山、贺州九都精组部分字今读［t］，［tʰ］。

（5）来源于古见组字。桂南平话古溪母字今读音分两类。一是读［k］，［h］和零声母，如亭子、心抒、田东、邕宁、宾阳、横县。二是读［kʰ］，如宜州、融水。

我们对桂北方言13个点的清不送气和清送气两类塞音进行了统计，发现桂北方言不送气塞音所负载的字数比送气塞音要多得多，桂北平话不送气塞音占优势地位。

表3-1　桂北方言不送气塞音与送气塞音所辖字（单位：个）

方言点	双唇塞音		硬腭塞音		软腭塞音		总字数	不送气	百分比	送气	百分比
	p	pʰ	t	tʰ	k	kʰ					
1. 恭城栗木	143	38	149	71	222	46	669	514	77%	155	23%
2. 富川秀水	193	53	252	102	169	42	811	614	76%	197	24%
3. 贺州灵凤	244	82	130	63	389	109	1017	763	75%	254	25%
4. 灵川江尾	241	71	248	64	138	90	852	627	74%	225	26%
5. 桂林西村	256	68	243	81	197	160	1005	696	69%	309	31%
6. 兴安高尚	117	69	135	70	208	69	668	460	69%	208	31%
7. 钟山回龙	299	115	261	186	433	149	1443	993	69%	450	31%
8. 阳朔葡萄	101	60	94	74	247	85	661	442	67%	219	33%
9. 灌阳文市	113	60	92	62	135	48	510	340	67%	170	33%
10. 全州文桥	154	87	120	82	188	82	713	462	65%	251	35%
11. 资源延东	160	103	121	84	185	82	735	466	63%	269	37%
12. 永福桃城	133	123	84	100	206	69	715	423	59%	292	41%
13. 临桂两江	117	154	141	204	245	134	995	503	51%	492	49%

从表 3-1 可以看出，不送气塞音在桂北平话中所辖字在数量上占有绝对的优势，在所统计的桂北平话 13 个代表点中，不送气塞音百分比最高达 77%。恭城栗木镇，不送气塞音是送气塞音的 3 倍；其他代表点的不送气塞音所占比例基本上都在 60% 以上，不送气塞音占送气塞音的三分之二；只有临桂两江不送气塞音和送气塞音字数相当，分别为 51% 和 49%。由于临桂两江的古全浊声母今读绝大多数为送气字，与桂北其他方言点的情况不同，这也是造成临桂两江送气和不送气塞音在统辖字数上旗鼓相当的一个原因。

不送气塞音的优势倾向还体现在另一个方面，桂北方言送气塞音与韵母的搭配范围要小于不送气塞音。例如，灵川江尾平话双唇送气塞音 [pʰ] 不能与 [a] 相拼，而同部位的不送气塞音 [p] 与 [a] 相拼的辖字达到 24 个。还有永福桃城、富川秀水、贺州灵凤，韵母 [u] 能与不送气塞音 [k] 相拼，不与送气塞音 [kʰ] 相拼，这是一种不送气塞音与送气塞音在搭配范围上不平衡的极端现象。下表是对这种极端不平衡现象做的一个不完全统计。

表 3-2　桂北方言送气塞音和不送气塞音声韵配合（单位：个）

代表点	声\韵	p	pʰ	代表点	声\韵	p	pʰ	代表点	声\韵	p	pʰ
兴安高尚	ə	7	0	灵川江尾	uā	7	0	永福桃城	u	11	0
	ən	4	0		inŋ	4	0		o	8	0
	oŋ	6	0		ioŋ	2	0		əi	5	0
	onŋ	7	0		y	3	0		oŋ	9	0
桂林西村	əu	8	0	钟山回龙	ũ	11	0	临桂两江	ō	12	0
贺州灵凤	uə	3	0	恭城栗木	y	4	0	贺州灵凤	u	9	0
	yə	15	0		a	9	0		uai	3	0
	iau	2	0		ian	6	0		yn	8	0
	au	6	0		ən	4	0		iəʔ	16	0
贺州灵凤	a	7	0	贺州灵凤	ie	6	0	恭城栗木	i	21	0
	iau	2	0		ɐi	7	0		u	6	0
富川秀水	a	24	0		in	10	0		uo	17	0
	ən	24	1		yan	9	0		iu	3	0
永福桃城	iɛ	2	0		iəŋ	7	0		on	7	0

续表

代表点	声\韵	p	pʰ	代表点	声\韵	p	pʰ	代表点	声\韵	p	pʰ
临桂两江	iæ	2	0	资源延东	iau	4	0	兴安高尚	yn	13	0
					io	20	0		u	18	0
				富川秀水	ie	5	0	富川秀水	ye	4	0
					uai	11	0		uaŋ	4	0
					iəŋ	20	0				
				桂林西村	ia	4	0	全州文桥	ə	5	0
					uā	7	0		ɯ	3	0
				兴安高尚	iou	18	0		uā	6	0
					uən	3	0	资源延东	uẽ	12	0

　　我们从表3-2中可以看到，许多元音都不能与送气清塞音搭配，搭配范围非常有限，相比之下，同部位的不送气清塞音的搭配范围则非常广泛，表现出搭配的不平衡性。

　　其实不只是桂北平话的情况如此，普通话亦然。冉启斌（2002）根据Zhao Mingchen 的相关统计结果指出，汉语送气声母具有弱势倾向：一是 [p]，[pʰ] 在常用的 7785 个汉字的分布中，送气声母辖字要少于不送气声母，其中 [p] 为 398 个，[pʰ] 为 297 个；二是在一定频序范围内不送气声母的使用频率要大于送气声母，二者对比差距加大；三是对 1177984 个汉字进行统计，结果显示，不送气声母与送气声母的比例不低于 5∶3，这个比值基本上可以看作是汉语送气声母与不送气声母不平衡势态的直观描述。

　　由此看来，不送气清塞音占优势地位是汉语的一个普遍现象，汉语不送气声母与送气声母之比不低于 5∶3，而桂北平话不送气声母与送气清塞音声母的比值最高达到 3∶1，大部分方言点比值都高于 2∶1，桂北平话不送气塞音占优势的倾向显得更为明显和突出。究其原因，浊塞音、浊塞擦音在由中古汉语向现代汉语演变的过程中，普通话遵循的是"平透仄嘎"的语音演变规则，但广西汉语方言平话在浊音清化的过程中，无论平仄绝大多数地区是演变为同部位不送气清塞音。这可能是造成桂北平话不送气清塞音占绝对优势的一大原因。

3.2.3 浊塞音

浊声（Vioce）的性质与清声相反，发声时声带正常振动，声带振动处于一种比较自然轻松的状态，气流周期性地冲破声带，由此引起声带振动而发声。浊塞音是浊声的一种形态，元音都是浊声。在汉语中，辅音中的响音通常都是浊声，对阻音中的浊塞音而言，由于古汉语方言在向现代方言演化的过程中，绝大多数地区的方言古浊音声母都已经清化，因此汉语大部分方言中没有清浊塞音的对立，只有在吴语、部分湘闽赣语中有浊塞音存在。已有的研究表明，在广西桂北方言和资源、全州、灌阳的一些土话中也保留有浊塞音。

我们对桂北方言的浊塞音进行了统计，桂北方言浊塞音演变大致可以分为四种类型：

A. 保留浊声或演变为气声。

B. 浊塞音清化绝大多数不送气。

C. 浊塞音清化绝大多数送气。

D. 浊塞音清化分条件（或无条件）送气和不送气。

表 3-3 是我们的统计结果。

表 3-3 桂北方言浊塞音清化类型

方言点	A	B	C	D	方言点	A	B	C	D	方言点	A	B	C	D
永福桃城				+	富川富阳		+			阳朔葡萄	+			
永福广福		+			灵川毛村		+			资源延东	+			
永福堡里		+			灵川雄村		+			资源瓜里	+			
永福苏桥		+			灵川高桥		+			全州仁溪	+			
临桂两江			+		灵川定江		+			全州文桥	+			
临桂四塘		+			灵川江尾		+			全州黄河沙	+			
临桂义宁		+			灵川青石潭		+			全州永岁	+			
临桂六塘		+			钟山回龙		+			灌阳观音阁			+	
桂林潜经		+			贺州鹅塘		+			灌阳新街乡	+			
桂林西村		+			贺州灵凤		+			灌阳文市	+			+
桂林穿山		+			贺州黄田		+			兴安高尚	+			
富川秀水		+			贺州夏良				+	恭城栗木	+	+		
										龙胜伶话	+			

浊音清化后演变为同部位不送气清音是广西平话的显著特点。在 37 个方言点中，有 22 个点是变为不送气清塞音的，还有 10 个点保留了浊塞音。但从少部分已经清化的浊塞音来看，也是绝大多数演变为不送气清塞音，如恭城栗木。有 3 个点演变为送气和不送气音同时存在，如永福桃城塘堡、贺州夏良鸪鹨屋、灌阳文市。只有临桂两江镇和灌阳观音阁 2 个点在浊塞音清化过程中绝大多数演变为送气清塞音。

有浊塞音的地区基本集中在资源、全州、灌阳三县，这也是"资全灌"地区土话的语音特点之一。此外，在桂北地区的平话土话中也保留有浊塞音。如龙胜伶话（王辅世，1979a）、兴安高尚（林亦，2004）、阳朔葡萄（梁福根，2005）等。这些地区的浊塞音都来自古并、定、群母，可以看作是承继了中古汉语的特征。粤语勾漏片的北流、容县、岑溪、藤县、苍梧等地也有浊塞音声母，它们来源于古帮、端母的字（杨焕典等，1985），可以看作是新生的。有些方言的浊塞音声母出现得并不是很有规律，如玉林话（周烈婷，2000）的 [b]，[d]，浊音成分有时在帮母和端母上，有时在并母和定母上；而并母有时也念清音 [p]，定母有时也念清音 [t]；[b][d] 这两个全浊声母在玉林话，至少是玉林城区的方言里很难感觉到，不构成清浊对立。这种不是很有规律性的情况，表明了清浊声母在玉林话里处在一种动态的变化过程中。

发浊辅音时，声带和元音一样是振动的，在声学上体现为周期性声波，因此其研究方法和主要声学特征接近元音，而不同于清辅音中的塞音或擦音的发声类型。从实验语音学的角度，塞音的清浊以及送气不送气主要是测量 VOT（Voice Onset Time）的长度。VOT 是指塞音除阻到元音开始的时间，即声带开始振动之间的时间关系。它是表征辅音清浊和送气与否的重要参数，有零、正值、负值三种情况。除阻后声带立即开始振动，VOT 为零；除阻后过一段时间才开始振动，VOT 为正值；声带在除阻前振动，VOT 为负值。

浊塞音的 VOT 一般是负值，而清塞音的 VOT 都是正值。VOT 的三种值，可以定义三种常见发声类型：清不送气、清送气和浊声。

图3-1和图3-2分别为灌阳新圩"抬"字和资源延东"伴"字语音波形图和语图，波形图显示 VOT 为负，语图有明显浊音横杠和冲直条，是典型的浊塞音。

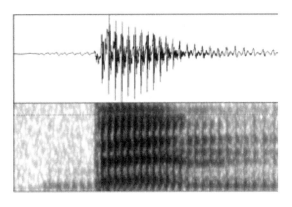

图 3-1 灌阳新圩浊音语图"抬"[da¹³]

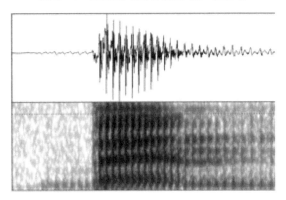

图 3-2 资源延东浊音语图"伴"[bən⁴¹]

3.2.4 气嗓音

气嗓音（Breathy Voice）的发声从生理机制讲，是由于勺状软骨的作用，声带只有前三分之二振动，而后三分之一外展，这样在声带振动的同时，又有大量气流从声带后三分之一的间隙中冲出，产生摩擦成分。因此在听感上除了浊音外，还有送气的感觉。赵元任早年在研究汉语吴方言的语音时就发现了这种现象，他称之为"浊流"。孔江平（1993）对苗语石门坎话浊送气的声学分析表明，苗语石门坎话的浊送气是一种特殊的发声，属于气嗓音的发声类型。除苗语外，侬语也有浊送气辅音，鲍怀翘等认为，浊送气是辅音的一个组成部分，在发声类型上是气嗓音。

气嗓音的声学特征在音位分析上有不同的做法，或归属元音的性质，或处理成辅音的一部分（鲍怀翘，1990；孔江平，1993），有时候还处理成声调的属性（王辅世，1979），带浊声的声调相对要低一些，还有同时归入声母和声调的，如吴语的浊声母和阳声调。

朱晓农（2009a）把气嗓音按气流强弱分为两类，强的是"浊送气"，弱的叫"弛声"。弛声（Slack Voice）气流较弱，发弛声时，声带比发浊声时松弛，声带振动的同时有气流呼出，产生漏气的"浊流"。其声学特征主要表现在后接气化元音的前半部分，听感上声母很"浊"，较闷较软，但语图上声母部分没有浊音横杠。弛声音节的声母爆发能量较小，持阻时间较短，后接元音气化。典型的弛声是吴语中的"清音浊流"，音系学上一般处理为清浊对立。但从语音学上看，二者是不同的发声类型。在气嗓音这一大类中，最常见的发声类型是弱气流的气嗓音。在我们调查的方言中也证实了这一点，所发现的气嗓音都是弱气流的。由于在一种语言中不可能同时出现强、弱两种气嗓音，故我们统一称为气嗓音。

以往的方言调查都是采用传统的耳听口辨方式进行记录，而没有实验仪器的分析，对浊音的描写也有许多不一致的地方。比如阳朔葡萄的浊音后经过语图观察，其浊音横杠并不明显，只是听觉上有浊感，当时记为浊音，实际上应该为浊流（梁福根，2005）。又如全州文桥土话来源于中古浊音声母的字，传统一直记为浊音［b、d、g］。我们对全州东安区、永岁镇双桥村、枧塘乡珠唐村等处的土话以及全州文桥仁溪、石塘、洋田等其他几个点的土话进行了调查并进行实验分析，结果显示是弱气流的气嗓音（朱晓农、关英伟，2001）。在对桂林雁山、贺州钟山、平乐同安等处的土话调查中，我们也发现其所谓来源与中古浊声母的字，在听感上有较重的浊感，但在语图上都没有浊音横杠，实验数据显示均为弱气流的气嗓音。

在研究方法上，一般采用测量频谱上第一和第二两个谐波的能量差的方法。目前不少语音分析软件基本上都能提供频谱分析的功能，比较容易得到语音的频谱，因此该方法被很多研究广泛使用。语音的频谱由很多谐波组成，这些谐波之间的能量差是频谱分析的主要嗓音参数之一。频谱分析的谐波能量差参数所反映的是频谱的斜率。频谱斜率取决于声门气流的形状，也就是声带振动的状态。

图 3 - 3 至图 3 - 8 是全州东安、贺州钟山、桂林雁山平话土话气嗓音和相应的清塞音的对比语图和对比功率谱图示。

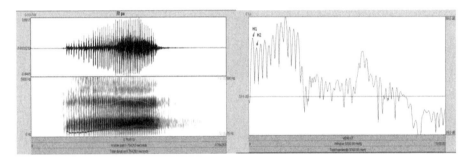

图 3 - 3　全州东安"爬"〔pa̤〕的语图及功率谱

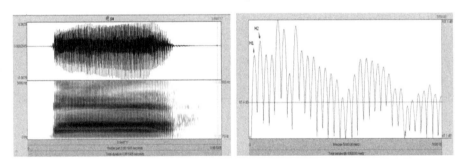

图 3 - 4　全州东安"疤"〔pa〕的语图及功率谱

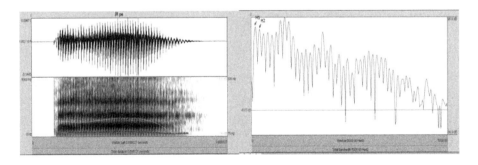

图 3 - 5　贺州钟山"牌"〔pe̤〕的语图及功率谱

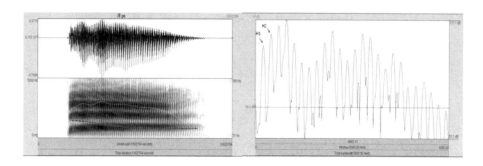

图 3-6   贺州钟山"拜"［pe］的语图及功率谱

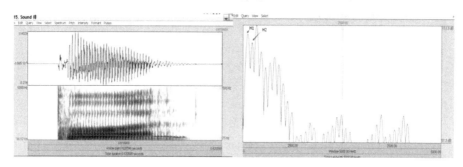

图 3-7   雁山大埠"排"［p̬ue］的语图及功率谱

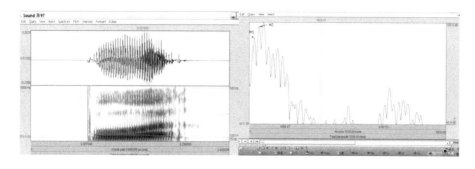

图 3-8   雁山大埠"拜"［pue］语图及功率谱

　　图左是宽带语图,图右是相应的功率谱。从宽带语图看,"爬""牌""排"除阻后都有一段明显的乱纹,宽带语图中的共振峰带不那么黑,周期脉冲之间模糊,带有摩擦成分,表明有漏气现象,在波形图上表现为振幅较小,是气嗓音的发声。由于发气嗓音时声门下气流从闭合不全处逸出,使得声门下气压相应降低,撞击声带振动的力量变小,从而声带振动的幅度变小(陈忠敏,2010)。而相应的同部位的清塞音"疤""拜"在除阻后不见乱纹，周期脉冲之间黑白分明，语图中的共振峰带更黑，声波振幅较大，是正常嗓音。从频谱图看，气嗓音"爬、牌、排"音节起头的 H1 远远大于 H2，H1－H2 值比较大，而与其相应的清塞音"疤、拜"音节起头的 H1 要小于 H2，H1－H2 值较小。通常情况下，H1－H2 的值越大声带越松弛，反之声带越紧张。这是因为在正常嗓音发声时，声带的横向力适中，如果横向力加大，就会使声带的一部分叠在一起，此时声带的闭合间歇加大，在声学上体现为谐波的高频能量加大。在发气嗓音时，横向力向外加大，特别是勺状软骨的力加大，声带振动时约有三分之一会始终打开，这时大量气流从敞开处冲出，在声学上体现为一个低通，形成直流分量，并导致第一谐波能量增强，在频谱上体现为第一谐波很强，而第二谐波较弱（孔江平，2001a）。这就是为什么气化元音的（H1－H2）的能量差要显著地大于普通元音（H1－H2）的能量差的原因。

在桂北土话中发现气嗓音，这使得气化现象从吴语、赣语、湘语到桂北土话，与苗瑶及南亚、南岛语言连成了片。据《中国语言地图集》记载，全州古属湖南永州，明初划归桂林府，居民大部分于明、清两代迁自湘、赣二省，尤以湖南南部为最。全州话在很大程度上保持了湘语的特征。娄邵片普遍存在弛声，由此推测，全州的气嗓音可能来自湘语。

方言中的气嗓音其实是中古全浊声母在清化过程中的一种过渡的中间状态，可能在汉语方言的历史音变过程中广泛存在过。由于气嗓音在听感上很浊，如果没有实验仪器，仅凭调查人的听感，很容易被处理成浊音。从我们调查的材料推断，广西资源、全州、灌阳和桂北一带的平话土话中出现的"浊音"，大部分应该是气嗓音，气嗓音的范围可能比预想的要大得多。古汉语方言在向现代方言演化的过程中，绝大多数地区的方言古浊音声母都已经清化，"但是清浊对立不会一下子消失，人的发音器官会以某种另外的形式加以补偿，手段之一就是声带松弛导致漏气，这样听感上仍然保留有'浊'的感觉，这也是为什么许多学者单纯从听感上误把气嗓音当成普通浊声的原因"[①]。

---

① 彭建国：《湘语爆发音的类型》，《语言科学》2010 年第 5 期。

3.2.5   浊内爆音

"内爆音"是国际音标 Implosive 的中文直译译名。对内爆音国内学术界早有研究，但在国际音标尚未正式公布和确定它的名称之前，曾经有过各种命名，如"先/前喉塞""吸气音""缩气音""紧喉浊""复合塞音"等。

关于内爆音的发音音理和发音特征，赵元任（1935）、李方桂（1977）、奥德里古尔（1959）、梁猷刚（1964）、游汝杰（1984）、陈波（1986）、陈忠敏（1988，1995）、郑张尚芳（1988）等许多学者也都进行了各种描述和解释。

赵元任（1935）列举的第九类和第十类爆发音，声门都有紧缩作用，前者紧缩作用稍弱，后者紧缩作用更强，他称之为声门有紧缩作用的浊音。"这类音听起来跟读起来都有一个特点：就是在爆发的时候，声门那里因为紧缩的缘故，出来的气太少，不够充满因开大而增加的口腔的容量，结果气反而往里吸进来一下，就发生了一种高音的音采。"①

梁猷刚（1964）描述海南方言这类音的发音特征是：在成阻时双唇或齿龈硬腭紧闭，喉部声门也紧闭，形成两处的阻塞。除阻时，在口腔吸气的同时，喉部声门也打开。发音时一方面在口腔里吸气，一方面在声门挤喉出气，同时并发，造成一种又吸气又呼气的特别的吸气音。吸入的气流和呼出的气流在口腔、喉部之间互相冲击，再加上声门先紧闭而后开裂引起颤动，就给这一类的吸气音造成了一种特别的音色。

陈忠敏（1988）把上海南汇方言中的这类音称之为"缩气音"，他总结了这类音的五个特点：有明显的喉塞音成分；鼻音感较浓；声带颤动并贯穿整个发音过程；喉头下沉明显；有轻微的缩气动作。

学者们对这类音的认识，主要是依靠口耳感知，在传统语音学的理论框架下来解释这类音的发音机制。从这些曾经使用过的名称看，着眼于"吸气"和"挤喉"两个方面，只不过在命名上各有所侧重。

---

① 赵元任：《中国方言当中爆发音的种类》，载《历史语言研究所集刊》第五本第四分册，1935。

随着语音学研究方法的发展和研究手段的改善，学者们对内爆音的发声机制有了进一步的认识。朱晓农（2006）对内爆音的命名和气流机制做了详细的阐述。认为内爆音是一种气流机制特殊的非肺部音，先是口腔成阻，声带振动，然后降低喉头，压低舌位，鼓起脸颊，以扩大口咽腔容积，造成口腔内空气稀化，气压降低，在除阻时，口腔内气压低于口腔外的大气压，气流从外向内冲入，造成往内爆发的内爆音。周学文（2010）认为，内爆音的口腔负气压引起的外围气流被"吸入"等表现仅仅是伴随特征，其关键发音机制可能是基于发声时通过下声门的气流和气压增大造成的，致使音节内元音强度显著增大，内爆音的发音机制不仅仅表现在辅音上，而且是承载整个音节。

内爆音在南方汉语方言中并不罕见，吴语、闽语、粤语方言中都有内爆音，分布的地域很广。在广西汉语方言中也比较普遍，广西粤方言勾漏片玉林、贵港、陆川、博白、北流、容县、岑溪、藤县、昭平、苍梧等白话来源于古帮、端母的字，都有读内爆音的现象（王福堂，2001；韦树关，2002）。勾漏片粤语普遍存在古帮、端母今读浊内爆音或浊内爆音的变体，这已经成为学界的共识。我们在桂北片的调查中发现内爆音也非常普遍，如临川大圩高桥、省里土话、灵田等土话，永福堡里、广福，桂林潜经、平乐同安、贺州钟山、全州文桥镇仁溪、石塘、洋田、东安区等处的土话都有内爆音。图3-9至图3-14是永福堡里、全州文桥、灵川灵田、灵川省里平话土话的唇音和齿音的内爆音语图：

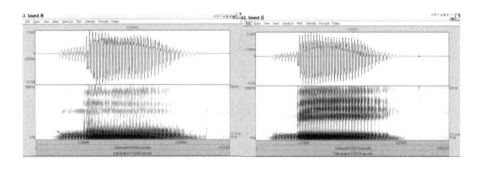

图3-9　永福堡里唇音"补"〔ɓu〕、"百"〔ɓi〕内爆音语图

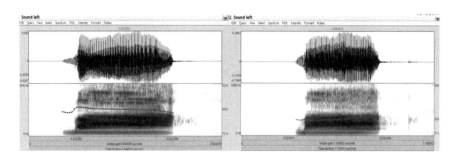

图 3‑10　全州文桥洋田唇音"疤"［ɓa］、"把"［ɓa］内爆音语图

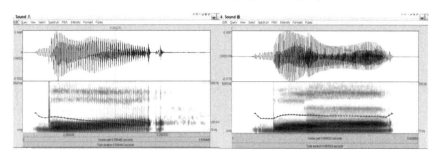

图 3‑11　灵川灵田唇音"八"［ɓo］、"板"［ɓo］内爆音语图

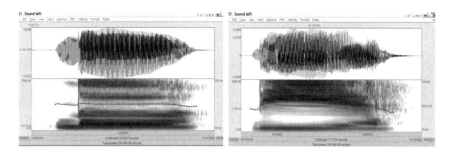

图 3‑12　全州文桥洋田齿音"蛰"［ɗɯ］、"戴"［ɗiæ］内爆音语图

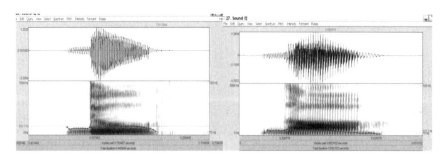

图 3‑13　永福堡里齿音"刀"［ɗu］、"打"［ɗa］内爆音语图

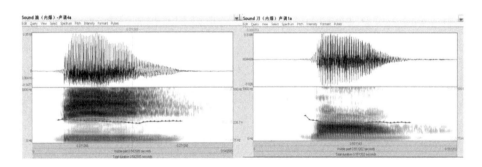

图 3-14　灵川省里齿音"滴"〔ɗi〕"刀"〔ɗau〕内爆音语图

从上面的语图看，内爆音成阻阶段的波形，随时间由小变大，即振幅渐强；而浊塞音是由大变小，振幅渐弱。除阻前的 VOT 值为负值，而且持续时间较长；浊塞音的 VOT 值虽然也为负值，但是持续时间较短，长了容易清化。

广西汉语方言的内爆音有一个很重要的共同点，来源于中古清辅音帮、端母字，今音只要跟古帮端母合并的声纽都有可能读成内爆音；跟声调的配列关系上具有清辅音声母的特点，一般只和阴调类相配，不跟阳调类相配，发声为浊音而声调为阴声调，非常独特。

学术界目前对内爆音发音机制研究所用的方法主要有语图观察、波形图辨识、测量声门气压。这些方法的使用大大提高了对内爆音的描写精度和对生理机能的解释。对内爆音的气流机制的研究说明，内爆音不一定由负口压造成。口压只能作为判断内爆音的一个附加条件，并非必要条件。这一认识是在传统对内爆音的"吸气/缩气"认识基础上的一个进步。但是我们同时看到，大多数的研究主要集中在内爆音的气流机制上，而对内爆音的另一个"挤喉/紧喉"特征的研究却非常少。

从学者们以往的研究我们看到，内爆音的发声机制还没有被我们真正认识清楚，还有很多问题值得深入研究。第一，内爆音"吸气"作用并不是内爆音产生的必然条件，那么国内发现的"内爆音"与国际音标命名的"内爆音"是同质还是异质？第二，我国南方各方言中的"内爆音"是同质还是异质？如果是同质，那么内爆音到底有多少种类型？第三，我国方言中的内爆音与侗台语中的内爆音是同质，还是异质？第四，"喉塞"在不同的语言或喉塞在音节中所处的位置不同，喉塞音的性质有很大的差别，其声学特征和生理特征也都不相同（孔江平，2006b），或是表现为紧喉音，或是表现为喉擦特性。那么内爆音"喉塞"的声学特征和生理特征性质是什么？第五，内爆音在不同的语言（方言）里有不同的演变方式，这些演变方式与内爆音的语音特征具有一定的内在关系（陈忠敏，1989），这些语音特征对其他因素的影响和在语言音变中的作用肯定是不同的。这说明语音变化是受到生理制约的，这种生理制约是必然的，但根据环境的不同会导致不同的演变方式。在内爆音的演变路径上，哪些语音特征与演变有关系？哪些特征会引起不同的演变方式？这些问题目前我们了解得还很不够，尤其对语音变化的生理制约了解甚少。而这些问题的研究必须首先全面了解内爆音的发声机制。目前的研究仅从语图信息和一些声学参数来定义是远远不够的，还必须加强语音的生理制约的研究。只有真正认识了内爆音的发声机制，才能揭示内爆音历史音变与语音内在机制的必然联系，这对解释语音变化的过程有重要的意义。

3.3 广西方言中的挤喉音

挤喉音是一种特殊的发声类型，其英文名称为 Creaky Voice，因为听上去是一种低沉的叽里嘎拉类似油炸声而得名。汉语译名有嘎裂、挤喉、紧喉音、中喉塞、中折调、气泡音、油炸音、嘎吱音、吱扭音等，无非是从听感和其发声的生理特征两个角度来命名的。有用比喻的方法，也有描述的方法等，本文根据 Creaky Voice 发声的生理特征，采用"挤喉"的概念。

3.3.1 挤喉音的发声机制和声学特征

挤喉音从生理机制讲，是由于勺状软骨的作用。发声时，喉门后端两边的勺状软骨紧紧靠拢，并紧拉住声带后部，声带后部和前端都不振动，只有中间部分振动；声带强烈向中心收缩，挤压在一起，有时候是叠在一起，由于声带收缩，声带变得又短又厚，大约只有正常发浊声时的三分之二长短。基频较低，远远低于发音人声域的最低限，有时低到只有 30Hz。由于基频太低而且常常不规则，在听感上有断裂的感觉，表现在基频曲线上就是中间折断了。

挤喉音的声学特征表现为振动周期和方式都不太稳定，频率极低，周期的抖动较大，有时候出现双周期的现象，是能够使声调降低的紧音。此外，挤喉音在高频段往往伴随有声带之间摩擦形成的噪音成分。

3.3.2　蒙山底路话的挤喉音

在对蒙山底路话的调查中，我们发现了挤喉音，挤喉音分别出现在调型相同的阳去和阳入调中。图 3-15 是两男两女四名发音人的挤喉音语图：

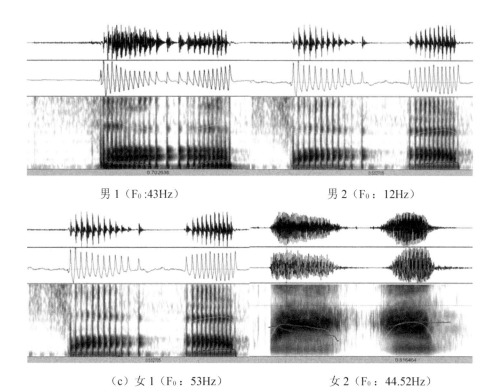

男 1（F_0:43Hz）　　　　　　　　　　男 2（F_0：12Hz）

（c）女 1（F_0：53Hz）　　　　　　　　女 2（F_0：44.52Hz）

图 3-15　蒙山底路话男女发音人"杂"［ɬa］挤喉音语图

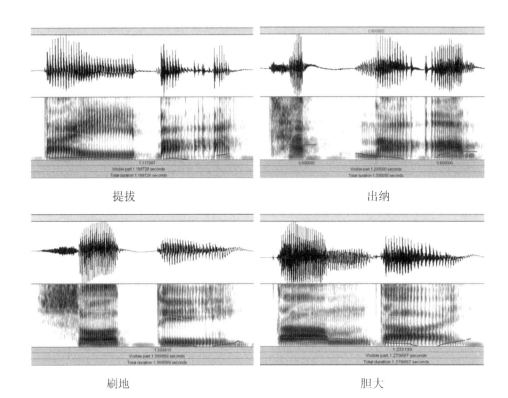

提拔   出纳

刷地   胆大

图 3‒16 蒙山底路话发音人双音节挤喉音语图

从图 3‒16 中可以看到，无论单音节还是双音节，男女语图在中间段都出现了挤喉音，音节中间的变化都非常明显，主要表现在振幅的变化、周期不规则和音高断裂几个方面。从时域波形上看，脉冲波形的幅度不太有规律，时大时小，且脉冲间的间隔变化很大，声门波很不规则，周期性较差。从语图上看，振幅曲线突然降低，呈凹状，说明能量变小。基频曲线先是下降到极低，中间"断裂"之后又立即上升，形成一个"中折调"，几乎把一个音节一分为二。

3.3.3 挤喉音的语言学意义

挤喉音在汉语中的分布很广泛，吴语台州方言、粤北韶关土话、闽南话、江苏东海等方言里都发现有挤喉音。挤喉音并不是个很罕见的现象，在日常随意说话中，低调字如北京话的上声，广州话的阳平，缙云话的阴上，仙居话的阳平等，时时伴有嘎裂声（朱晓农，2009a），是低调的伴随特征，没有语言学意义。在广西方言中，挤喉音是声调的显著特征。广西藤县岭景话的阴阳去声以挤喉音作为区别特征与阴平、阳平对立（麦耘，2008）；贺州市八步区厦良村的八都话两个高降调（麦耘，2007），它们的区别就在于一个是普通的高降调，一个是挤喉化的高降调。据我们对蒙山陈塘话的调查，陈塘话中的挤喉音出现在调型相同的阳去和阳入调中。实验结果显示，虽然两个声调的基频模式相同，但速度商和开商模式都不一样，下阳入调速度商大，开商也大，属于挤喉音，挤喉是区别特征；阳去调速度商相对要小，开商也小，属于正常嗓音，挤喉是伴随特征。

3.4 广西方言中的高音调嗓音

3.4.1 高音调嗓音的发声机制和声学特征

高音调嗓音在歌唱中经常出现，在交际中一般在尖叫和高声叫喊中才会出现。高音调嗓音近似于假声，其显著的声学特征为声带振动速度很快，体现为超高的基频。从孔江平（2001）列举的五种嗓音的平均参数来看，高音调嗓音的基频位居气泡音、气嗓音、紧喉音、正常嗓音等发声类型之首。其主要生理机制是"声带的张力增加和声带肌（Vocalis）的松弛（Sawashima）等。这意味着有关声门开关运动的有效质量突然降低，只有声门边界的很小部分振动，有时声带在振动过程中一直是敞开的，没有完全关闭，这跟发正常嗓音时声带的全面动作完全不同"①。

3.4.2 基于 EGG 信号的高音调嗓音的发声特征

利用声门阻抗信号（Electroglottography，简称为 EGG）来研究不同类型嗓音的发声取得了很大的突破。声门阻抗信号是获取嗓音参数的最方

---

① 尹基德：《汉语韵律的嗓音发声研究》，博士论文，北京大学，2010。

便的方法，这种方法基于 EGG 信号采集的物理学意义来解释声带运动的生理学机制，属于生理研究的方法。由于电声门图的物理性质与噪音产生过程之间有非常密切的关系，可以通过声门阻抗信号的电声门波形图来观察声带振动时声门的关闭和打开的情况，以此能够准确地评估噪音特征。同时还可以根据从声门阻抗信号中提取的各种声学参数之间的关系，间接地掌握了解声带运动的信息，并推出声门形状的变化情况，对声门进行分析和量化来评估噪音特征，以此确定不同噪音的发声类型。

　　EGG 信号显示的电声门图反映的是声带振动时声门的关闭和打开的情况，因而电声门图不同形状可以反映出不同噪音发声类型的特征。图 3 - 17 是七种发声类型的电声门图波形。

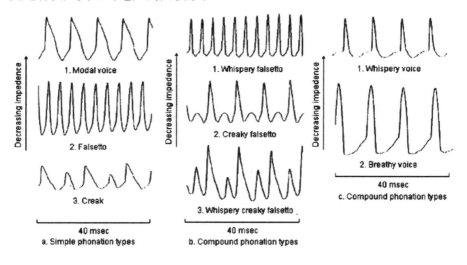

图 3 - 17　发声类型的电声门图波形（Laver 1980）

　　典型的正常噪音（Modal Voice）电声门图形状呈非对称正弦曲线，形状偏左，这是由声带振动的三维空间运动形式决定的，反映出声门接触比分离更快的声带振动特征。而高音调噪音近似于假声（Falsetto），跟发正常噪音时声带的动作完全不同。声带振动速度很快，周期很短，体现为基频很高；声带在振动过程中一直敞开，没有完全闭合，表现为一个周期内声带的接触段很短，声带不接触的时间比较长。由于这样的特征，高音调噪音的电声门图表现为左右对称，其形状像正弦波。

3.4.3　永福百姓话的高音调嗓音

我们在对永福堡里乡桂北平话的调查中发现了具有语言学意义的高音调嗓音。当地人自称所讲的方言为"百姓话"。

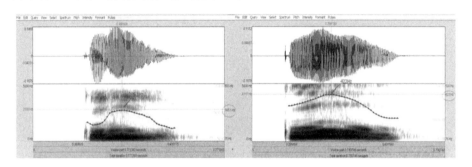

图 3-18　永福百姓话男女高音调"高"［ku］语图

图 3-18 为高音调语图。图左是男生"高"样本的语图，图右是女生"高"样本语图，从图中可以看到，高音调嗓音的基频曲线是一个升降调，男生最高基频为 305Hz，女生最高基频为 422Hz。

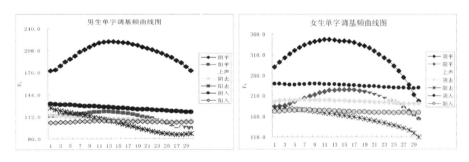

图 3-19　永福百姓话声调归一基频曲线图

图 3-19 是永福百姓话七个声调男、女基频归一后的曲线图。从基频曲线图可以看出，在永福百姓话中，高音调嗓音是阴平调的区别性特征，调型为升降调。男女阴平调 F_0 都远远高出其他调类，在调域最上方。由于阴平调基频较高，其他 6 个声调被压缩在调域底部。阴平调男女生基频均值分别为 204Hz 和 309Hz。基频高是高音调嗓音的主要特征之一。

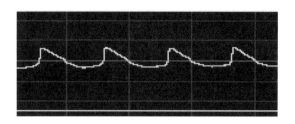

图 3-20   永福百姓话正常嗓音"罢"电声门图波形

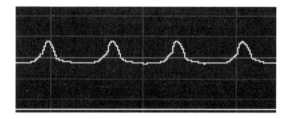

图 3-21   永福百姓话高音调"租"电声门图波形

从图 3-20 和图 3-21 电声门图看，正常嗓音与高音调嗓音的电声门图有明显不同。正常嗓音为非对称正弦曲线，而高音调嗓音左右对称，呈圆锥形。从 EGG 信号中，我们可以获得频域与时域两方面的参数。时域信号主要是基频（F_0），频域信号的参数较多，在语言学研究中，常用的 EGG 信号参数为开商、速度商等。

实验结果表明，永福百姓话高音调嗓音开商大，永福百姓话阴平开商大说明一个周期内声带的接触段很短，声带不接触段的时间较长，体现为频谱斜率较大，高频能量相对较弱，H1－H2 值较大，说明声带比较松，有漏气现象。从速度商看，永福百姓话的高音调嗓音是个升降调，从起点、中点到末点，其基频和速度商的走势成反比关系，F_0 表现为升降，而开商表现为降升。数据表明，在起点和终点段，基频属于正常嗓音的发声范围；至中间段时，速度商随着声调的提高而下降，声调升至最高点时，速度商最低，表现为高音调嗓音的特征。

高音调嗓音一般被认为只能表达惊讶、兴奋等边缘语言学意义，而不具备语言学的辨义作用。彭建国（2010a）在岳阳话中发现了具有语言学意义的假声，同时还注意到了湘语中普遍存在高域调的现象；朱晓农对小称形式、五平调、超高调的研究表明，在一些民族语言和汉语方言中，假声具有辨别意义的功能，甚至能作为形态语素。在永福百姓话中，高音调嗓音是阴平调的区别性特征，具有语言学意义。

3.5　广西方言中的紧嗓音

"松/紧"的概念，既有调音层面的，也有发声层面的，而传统音位学把它们放在同一个平面上讨论，致使"松/紧"的概念非常笼统，因而不能全面科学地解释松/紧元音的性质。

元音松紧的区别在语音学中是绝对的概念。语音学中的紧音指的是紧喉音，松音指的是气嗓音。但在音位学和音系学中松紧元音的概念是相对的，在音系学的不同体系中其内涵是不一致的。如苗语中有类似浊送气的元音，其送气的摩擦部分主要来源于声门的摩擦，是一种特殊的发声类型，是语音学中的气嗓音。但是在音系处理上可以处理成松音，正常嗓音则可处理为紧音（孔江平，2003）。从发声的生理机制看，元音的"松/紧"是个很复杂的生理机制问题，可以是声带的紧张程度不同造成的，也可以是舌根咽腔机制造成的，还可以是不同的喉头机制造成的。

广西横县陶圩平话中也有松、紧嗓音的差别。表现在促声的四个声调中，其中上类入声为紧嗓音（Pred Voice），下类入声为正常嗓音。图3-22和图3-23是陶圩平话上下类入声的功率谱。

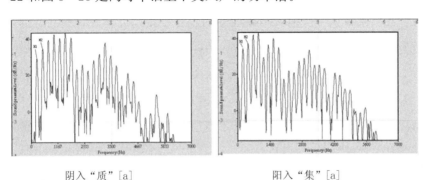

阴入"质"[a]　　　　　　　　　阳入"集"[a]

图 3-22　上类入声元音功率谱

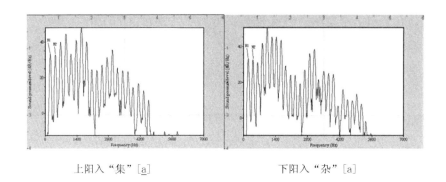

上阳入"集"[a]　　　　　下阳入"杂"[a]

图 3－23　下类入声元音功率谱

从图中可以看出，上类入声的 H1 均小于 H2，H1－H2 谐波差均为负值，下类入声的 H1 均大于 H2，H1－H2 谐波差均为正值。这说明下类入声较上类入声较松，上类入声较下类入声较紧。从喉头机制看，横县陶圩平话上下类入声属于不同的发声类型，上类入声是一种能使声调升高的紧音，在发声类型上属于紧嗓音，下类入声为正常嗓音。横县平话的入声内部分化就是由时长因素和不同的喉头机制共同作用的结果。

3.6　小结

从现有的材料来看，广西汉语方言的爆发音从发声态和气流机制的角度可分为普通清声塞音、清送气塞音、带声塞音、气嗓音和内爆音五类。

清塞音主要来源于古帮组、非组、端组、精组、知组三等、见组等清声母。浊声塞音在广西绝大多数地区的方言中都已经清化，只在桂北方言的资源、全州、灌阳一带的土话中保留，来源于古并、定、群等全浊声母。桂北方言浊塞音演变大致可以分为四种类型：A. 保留浊声或演变为气声，B. 浊塞音清化绝大多数不送气，C. 浊塞音清化绝大多数送气，D. 浊塞音清化分条件（或无条件）送气和不送气。浊音清化后演变为同部位不送气清音是广西平话的显著特点。

广西方言中的气嗓音其实是中古全浊声母在清化过程中的一种过渡的中间状态，全浊声母在清化的过程中清浊对立不会立刻消失，人的发音器官会以某种另外的形式加以补偿，声带松弛导致漏气就是补偿手段之一，这样听感上仍然保留有"浊"的感觉。从我们调查的材料推断，广西资源、全州、灌阳和桂北一带的平话土话中出现的"浊音"，大部分应该是气嗓音，气嗓音的范围可能比预想的还要大得多。

广西汉语方言的内爆音有一个很重要的共同点，来源于中古清辅音帮、端母字，今音只要跟古帮端母合并的声纽都有可能读成内爆音；跟声调的配列关系上具有清辅音声母的特点，一般只和阴调类相配，不跟阳调类相配，发声为浊音而声调为阴声调，非常独特。

由上可知，塞音的几种发声类型之间是相互联系的，气嗓音和内爆音可能是中古全浊类塞音在历史演化过程中的中间阶段或是强化保留。塞音的几种类型也可能在历史演化过程中会相互影响，甚至相互转化。对塞音的发声分类，将有助于我们更全面、细致地了解广西汉语塞音的性质，帮助我们加深对汉语塞音在历史演化过程中的相互关系的理解。

在横县平话入声中，有一种紧嗓音类型。从喉头机制看，横县陶圩平话上下类入声属于不同的发声类型，上类入声是一种能使声调升高的紧音，在发声类型上属于紧嗓音，下类入声为正常嗓音。

在永福百姓话和蒙山底路话的声调系统中，还存在有高音调嗓音和挤喉嗓音的发声类型，它们分属于发声类型的高域和低域两个极端。在同一个方言的声调系统中同时出现两个声域的发声类型的情况还是比较少见的，这给我们用一个五度框架来描写双声域方言的五度音高带来了新的难题，如何客观地描写双声域方言的调值，是我们在下面的相关章节中重点要讨论的问题。

第四章 蒙山底路话挤喉嗓音的发声模式和语言学标调方法

4.1 引言

　　蒙山底路话属于蒙山粤语。根据我们对蒙山底路话音系归纳的结果发现，蒙山底路话声调中下阳入调有着特殊的发声类型——挤喉嗓音。从声学参数看，蒙山底路话下阳入调的基频数据形成三个嗓音范畴：挤喉嗓音，男性正常嗓音和女性正常嗓音；从音位学角度来看，男女正常嗓音的这一差异并不承载语言意义，从感知上只有挤喉嗓音和正常嗓音的对立。如果直接采用基频这一声学数据来确定蒙山底路话下阳入调的调位，就会呈现出同一调类上男女调值不同的情况。蒙山底路话声调特点中反映的另一个问题是，传统的五度标调只适用于一个正常嗓音范围，而蒙山底路话存在正常嗓音和挤喉嗓音两种发声类型。如何从音位学的角度在五度标尺框架内来确定同一语言（方言）中两个声域的声调标调问题，如何处理底路话挤喉嗓音中男女正常嗓音的差异，是我们利用声学数据来分析声调必须面临的语言学问题，也是本章探讨和要解决的问题。

　　从言语声学的语音学理论框架来看声调，声调发声有两个特性，一是肌肉对声带振动快慢的调制，即在一定时间内音高的高低升降的变化，在声学上对应于嗓音发声类型的时域特征，称作"调时发声"，时域特征可以用基频参数来表征；二是指肌肉对声带振动方式的调制，在声学上对应于发声类型的频率域特征，称作"调时发声"，频率域特征需要用反映嗓音变化的生理参数来表征。它们一起构成汉语嗓音的发声模式（孔江平，2001a）。传统的研究因受到各种条件的限制，一般只关注于前者。根据声调发声的这两种特性，研究声调，除了研究声调的时域特征外，还需要研究声调的频率域特征。才能反映出声调的全貌。本章在探讨底路话声调时域特性的同时，利用声门阻抗信号提取嗓音参数对声门进行分析和量化，建立了由基频模式、速度商模式和开商模式组合而成的蒙山底路话声调发声模式。

4.2　蒙山县概况

4.2.1　蒙山县地理位置及语言概况

蒙山县位于广西壮族自治区东部，东经 $110°19'\sim110°45'$，北纬 $23°52'\sim24°23'$。古为百越之地，明清时为永安州，民国初年改为蒙山县，沿用至今。蒙山县东邻昭平，西连金秀，南毗平南，北接荔浦，县城驻地蒙山镇。全县人口 21 万人，面积 1279.34 平方公里。辖蒙山镇、西河镇、新好镇、文好镇、黄村镇、陈塘镇 6 镇及长坪瑶族乡、夏宜瑶族乡、汉豪乡 3 乡，共78 个村委会，5 个街委会，1660 个村（居）民小组。有汉、瑶、壮、苗、侗、布依等 12 个民族在此居住。其中汉族占 80%，瑶族占 11%，壮族占7%（《蒙山县志》，1993）。

蒙山县属梧州市辖，处在桂林、梧州和玉林三个地区的交界处，居于梧州，贺州，桂林，来宾，贵港五市之间，也是粤语和西南官话的过渡地带。县内通行的语言主要有汉、壮、瑶三种语言。粤语、西南官话、客家话分属蒙山县汉语的三种方言。蒙山粤语流通全县，是县内各民族的共同交际用语。蒙山粤语以黄村镇朋汉村为界分为南北两片。南北两片粤语差异较大。南片粤语以黄村镇朋汉村以南的汉豪乡、陈塘镇为代表，当地人称为底路话或陈塘话。北片粤语为黄村镇朋汉村以北六个镇，当地人称为蒙山话。这里的粤语跟广州、梧州和南宁的粤语有较大的差异，大部分说粤语的人听不懂用粤语演唱的粤剧，却喜欢以西南官话演唱的桂剧和彩调（刘村汉，1985）。这种情况，既反映出蒙山境内南北两片粤语在本地形成的历史背景不同，也说明蒙山粤语有自己的特点。

陈塘镇地处蒙山县最南端，东与昭平县五将乡、藤县平福乡相连，西接藤县大黎镇，南与藤县东荣镇相邻，北面是本县的汉豪、黄村两个乡镇。交通十分便利，321 国道荔梧公路贯穿全镇。镇政府所在地陈塘街距县城 50 公里。全镇辖 9 个村民委员会、1 个社区委员会，总共 206 个小组，总人口 2.3 万人，集镇人口 0.3 万人。全镇面积 152.29 平方公里，耕地面积 1.2 万亩，林面积 16.57 万亩，森林覆盖率 87.5%。

4.2.2 蒙山底路话的语音特点

我们于 2010 年 8 月对蒙山陈塘镇的底路话进行调查，整理了陈塘镇底路话的音系。调查发现底路话的声调中具有两种发声类型，除了正常嗓音以外还有基频很低的挤喉音，挤喉音主要表现在下阳去和下阳入调上。

蒙山底路话与蒙山话虽然同属粤方言，而且互相可以通话，但与蒙山话相比，还是有较大的差别，主要的差别有：

（1）声母方面：底路话和蒙山话差异不大，底路话声母 21 个，蒙山话比底路话多了一个声母 [v]，有 22 个。古并定澄崇群等全浊声母今读塞音和塞擦音时，不论平仄都读不送气清音，但蒙山话非组字有相当一部分今读为重唇音 [p]，如，痱、分、粪、放、饭、翻、肥、浮、冯、房等，陈塘话今读轻唇 [f]。

（2）韵母方面：底路话的韵母系统比蒙山话要复杂，有 77 个韵母，蒙山话只有 61 个韵母。陈塘话有撮口呼，蒙山话没有撮口呼。而且陈塘话有一些特殊韵母是蒙山话没有的，如入声韵母有长短之分：[aːp /ap]；[aːt / at]；[aːk / ak]；[iaːp/ iap]；[uaːt / uat]；[ɛːk / ɛk]；[iɛːk/ iɛk]；

[uɛːk/uɛk]。

（3）声调方面：底路话有 10 个调类，平上去入各分阴阳外，其中阴阳入声又各分上下。蒙山话只有 8 个调类，平上去入各分阴阳。

（4）发声方面：底路话有特殊的发声类型——挤喉音，蒙山话未发现有发声类型。底路话上下阳入除了时长对立以外，还有发声的对立。上阳入为正常嗓音，下阳入为挤喉嗓音。

4.3　实验说明

4.3.1　发音人与录音词表

蒙山底路话采集了四名发音人的样本，发音人都是陈塘镇人，其中三位是当地的小学教师，一位在家务农。发音人平均年龄 33 岁。限于篇幅，本实验只采用一男一女两位发音人的样本进行分析研究。发音人基本情况见表 4 - 1：

表 4 - 1　蒙山底路话发音人基本情况

序号	姓名	性别	出生年月	职业	文化程度	籍贯住址
1	姚某	女	1985 年 1 月	小学教师	函授本科	陈塘镇
2	黄某	男	1982 年 12 月	务农	初中	陈塘镇福利村
3	陆某	男	1979 年 6 月	小学教师	本科	陈塘镇罗应村
4	谭某	女	1981 年 9 月	小学教师	本科	陈塘镇罗应村

录音词表的设计主要考察两个内容：一是蒙山底路话的声调模式；二是蒙山底路话的挤喉嗓音的发声特征。录音词表的设计原则是，尽量采用能够覆盖每个声调的单元音韵母，如果不能满足这一条件，则选用同样条件的复元音韵母。

录音词表分为单字调词表和双字调词表。由陈塘镇底路话的 10 个声调组成，分别是阴平、阳平、阴上、阳上、阴去、阳去、上阴入、下阴入、上阳入、下阳入。单字调词表分为舒声和入声两个表。舒声调每个调类 9

个实验字，每个字念三遍，6 个声调共 162 个样本，实验字表见 4 - 2；促
声调每个调类 6 个实验字，每个字念四遍，4 个声调共 96 个样本。实验字
表见 4 - 3。字表中写不出本字的音节用"□"表示，并在右下角用小字释
义。表中的序号是用于切音的编号。

表 4 - 2   蒙山底路话单字调舒声实验字

序号	韵母	阴平	阳平	阴上	阳上	阴去	阳去	序号
		1	2	3	4	5	6	
01	u	租	图	肚	聚	做	渡	01
02	u	都	途	赌	肚子	炉	度	02
03	i	箕	棋	几	徛	计	忌	03
04	i	知	迟	纸	被	致	自	04
05	i	资	池	紫	是	智	备	05
06	a	疤	爬	把	马	坝	夏	06
07	o	多	驼	朵	坐	错	座	07
08	ai	鸡	葵	改	米	桂	柜	08
09	ɐn	巾	芹	疹	近	镇	阵	09

表 4 - 3   蒙山底路话单字调入声实验字

序号		上阴入		下阴入		上阳入		下阳入	序号
01		□骗		杂		习		杂	01
02	ap	粒	a:p	□糙	ap	入	a:p	纳	02
03		鸽		甲		立		蜡	03
04		失		杀		佛		罚	04
05	at	骨	a:t	刮	at	栗	a:t	辣	05
06		ʰ出		擦		密		袜	06

双字调录音词表由 10 个声调分别构成 10×10 的 100 种声调搭配组合，
每个声调组合 5 个词，10 个音节。100 种组合共 500 个词 1000 个音节。因
为本章实验没有涉及双字调，词表暂不附录于此。

4.3.2   录音设备与数据处理

录音设备：包括 HP 笔记本电脑，Creative 外接声卡，Sony ECM -
MS907 话筒、调音台、

美国 KAY 公司生产的 CSL－4300B 电子声门仪（EGG）。使用 Adobe Audion 1.5 录音软件，录音采样率为 44kHz，采样精度 16 位。双通道，左声道为语音信号，右声道为声门阻抗 EGG 信号。本实验采用双声道录音，在采集 EGG 信号的同时采集语音信号。

数据处理：将剪切好的录音样本导入 Matlab 中，采用北大中文系实验室自编程序提取每个样本的基频、开商和速度商、音节时长、振幅能量等参数；然后对数据进行归一化处理，提取 30 个点的各项数据，最后用 Excel 进行统计与作图。

录音地点：陈塘镇蓬莱宾馆。

录音时间：2011 年 10 月。

4.3.3 声门阻抗信号与开商、速度商

在噪音发声研究中，通过电子声门仪提取的声门阻抗信号（EGG Signal）是获取声带振动参数最方便的方法。声门阻抗信号不仅可以反映声带的振动情况，同时也可以反映声带周围器官的活动，它包含很多关于声带运动的细节信息，对于获取声带振动信息有重要的意义。从 EGG 信号中，可以获得频域与时域两方面的参数。时域信号主要是基频（F_0），频域信号主要是开商、速度商，三者之间有密切的关系。我们可以根据参数之间的关系，间接地掌握了解声带运动的信息，并推出声门形状的变化情况，准确地评估噪音特征，以此确定不同噪音的发声类型。

开商和速度商是噪音的两个重要参数。开商是指声带振动的一个周期内声门不接触段（开相）的时长比率，开商与声门气流的大小、强度相关，反映了发声时声门的张开度，与发声类型关系密切。速度商是指声门接触段（闭相）中开启段和关闭段的比率值。开商和速度商的公式如下：

开商（OQ）＝开相（C）/周期（A）×100％；

速度商（SQ）＝开启相（E）/关闭相（D）×100％

本研究采用标准水平线为 25％ 的尺度算法，即以每一个周期的振幅 25％ 的位置作为声带关闭点和开启点，并根据这两项参数算出开商和速度

商。这一算法能够较为准确地对应实际的关闭点和开启点。

4.4 蒙山底路话挤喉音的声学特征

挤喉音是一种特殊的发声类型，其英文名称为 Creaky Voice，因为听上去是一种低沉的叽里嘎拉类似油炸声而得名。汉语译名有嘎裂、挤喉等，"嘎裂"是从听感的角度用比喻的方法的译名，"挤喉"主要是从其发声的生理特征命名。本文采用挤喉音的概念。

蒙山底路话有两个降升调，一个是阳去调，一个是下阳入调，调型相似，都是降升调。如图 4 - 1 所示：

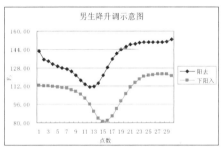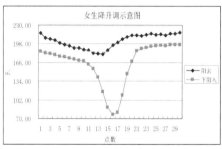

图 4 - 1 蒙山底路话男女阳去调、下阳入调基频示意图

图 4 - 1 中上面的基频曲线是阳去调，下面的基频曲线是下阳入调。两个声调的凹点都位于声调段的二分之一处，但凹点基频均值有较大差别，表现出两个声调的发声类型明显不同。

在蒙山陈塘底路话中，挤喉音系统地发生在下阳入调类中。男性最低点基频均值为 81.13Hz，女性最低点基频均值为 76.87Hz。需要注意的是，这里的最低点基频均值，并不能完全代表蒙山底路话挤喉音的基频，因为挤喉嗓音段在整个音节中的位置会有些细微的变化，所以在做平均时，平均值的最低点，会有一部分正常嗓音的基频被计算进去，从而拉高了基频的数据，实际情况会更低一点。男性下阳入调挤喉最小值为 42.7Hz，女性下阳入调挤喉最小值为 20.34Hz。图 4 - 2 和图 4 - 3 是一男一女两位发音人"杂 [ɬa]"的语图。括号内的 F_0 数据是该音节的最低基频数据。

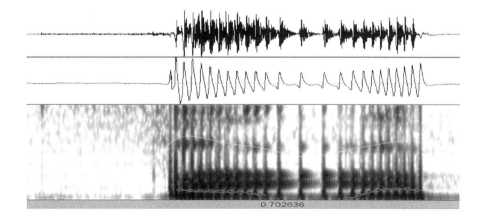

图 4-2 男性挤喉音语图（F$_0$：43Hz）

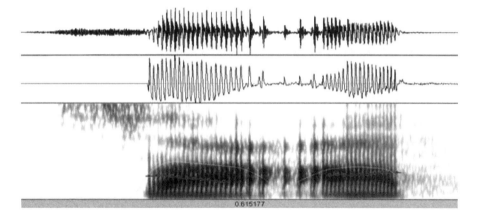

图 4-3 女性挤喉音语图（F$_0$：53Hz）

图中第一行是语音信号的时域波形，第二行是声门阻抗信号的电声门图波形，第三行是三维语图。从图中可以看到，男女阳入调在中间段都出现了挤喉嗓音特征。音节中间的变化都非常明显，主要表现在振幅的变化、周期不规则和音高断裂几个方面。从时域波形上看，脉冲波形的幅度不太有规律，时大时小，且脉冲间的间隔变化很大，声门波很不规则，周期性较差。从语图上看，振幅曲线突然降低，呈凹状，说明能量变小。基频曲线先是下降到极低，中间"断裂"之后又立即上升，形成一个"中折调"。几乎把一个音节一分为二。挤喉音在声学上的这些表现，是由于声带紧缩造成的，声带紧缩后变得短而厚，使得声门变小，声带只有前部一小部分振动，导致基频极低而不规则。由于波形的变化较大，目前分析软件的算法无法计算这种语音的周期，因此很难测量，即使测到也不规则。表现在语图上的基频曲线或是中间断裂，或是软件测量到的基频向上或向下无规则乱跳。

4.5　蒙山底路话挤喉音的发声模式

4.5.1　蒙山底路话阳去调和下阳入调男女性基频、开商、速度商分析

我们根据两个声调的数据绘制出蒙山底路话男女下阳入调和阳去调的发声模式曲线示意图，进而分析两个声调的发声模式。每一组图上图为男性，下图为女性，从左至右依次为（a）基频、（b）速度商、（c）开商。

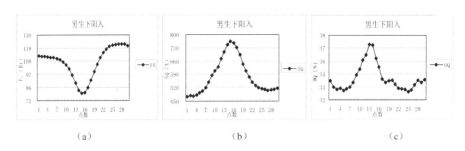

图 4-4　男性下阳入调基频、速度商、开商示意图

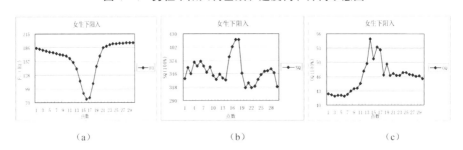

图 4-5　女性下阳入调基频、速度商、开商示意图

从基频图看，男女下阳入基频曲线均为先降后升，男声起点-凹点-终点基频均值为 112.5Hz-81.13Hz-121.17Hz，差值为 40.04Hz；女声

为 184.61Hz－76.87Hz－196.7Hz，差值为 119.83Hz。男女速度商和开商均与基频成负相关，速度商曲线和开商曲线表现为先升后降，男声起点—凸点—终点基频均值为 472.38％－766.11％－517.58％，差值为 293.73％；女声数值为 344.77％－418.18％－326.81％，差值为 91.37％。

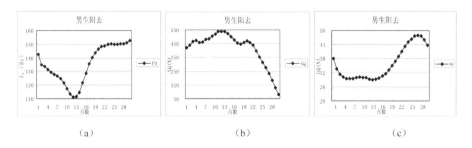

（a）　　　　　　　　　（b）　　　　　　　　　（c）

图 4-6　男性阳去调基频、速度商、开商示意图

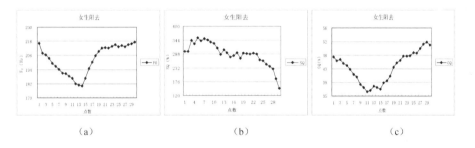

（a）　　　　　　　　　（b）　　　　　　　　　（c）

图 4-7　女性阳去调基频、速度商、开商示意图

从阳去调基频图看，男女阳去基频曲线均为先降后升，男声起点—凹点—终点基频均值为 142.6Hz－111.3Hz－152.5Hz，差值为 41.2Hz；女声为 216.3Hz－180.3Hz－217.3Hz，差值为 37Hz。男女速度商与基频不相关，速度商曲线均表现为降。男女开商与基频成正相关，开商曲线均为是先降后升。

根据以上分析，我们把男女两个声调的基频、速度商、开商模式归纳如表 4-4，用"R"表示"升"，"F"表示"降"，"RF"表示"升降"，"FR"表示"降升"。

表 4 - 4　蒙山底路话阳去、下阳入发声模式

性别		男			女		
参数		基频	速度商	开商	基频	速度商	开商
调类	阳去	FR	F	FR	FR	F	FR
	下阳入	FR	RF	RF	FR	RF	RF

从表 4 - 4 看，阳去调和下阳入调的基频走势相同，都是先降后升，但与速度商和开商的关系却有所不同。阳去调的基频与开商成正相关，都是降升，即当 F_0 降低时，OQ 的数值减小，F_0 提高时，OQ 数值增大；与速度商不相关，F_0 先降后升，SQ 为降。下阳入调的基频与开商和速度商均为负相关，即当 F_0 降低时，OQ、SQ 数值增大；F_0 提高时，OQ、SQ 的数值减小。

从阳去调和下阳入调的基频、开商、速度商曲线的走势来看，男女基本一致。女声基频高于男声，而开商和速度商则男性大于女性，这与喉头发声部位的结构有关，男性的声带厚，声带接触段会长于女性，因此男性的开商会大于女性。

4.5.2　分析与讨论

挤喉音从生理机制讲，是由于勺状软骨作用的结果。发声时，喉门后端两边的勺状软骨紧紧靠拢，声带后部和前端都不振动，只有中间部分振动；声带强烈向中心收缩，挤压在一起，有时候是叠在一起，由于声带收缩，声带变得又短又厚。这种喉部状态，在声学上能产生一系列不规则的间隔较大的浊音脉冲，使人在听感上有断裂的感觉。

从基频看，下阳入调中间段最低点基频均值要远远低于阳去调，下阳入调中间段最低点基频均值男性为 81.13Hz，女性为 76.87Hz，阳去调中间段最低点基频均值男性为 111.26Hz，女性为 180.3Hz。由于基频低，而且不规则，在听感上有断裂的感觉，就像脉冲一样的声音。Hollien（1974）把气泡音（Vocal Fry），挤喉音（Creaky）等，都归为属于非正常嗓音的发声音域之外的脉冲音域。数据显示，蒙山底路话下阳入调基频低且不规

则，这是挤喉噪音的特征之一，而阳去调则为正常噪音。

从速度商看，阳去调男性速度商均值为 417.14％，女性为 289.14％；下阳入调速度商均值男性为 579.33％，女性 352.34％。两个声调中间段速度商下阳入调男性最大值为 766.11％，女性为 418.2％；阳去调速度商男性最大值为 540.26％，女性 304.86％。数据显示，男性和女性下阳入调中间段速度商都大于正常噪音范围[1]，属于挤喉音；相对下阳入调，阳去调男女速度商应属于正常噪音范围。男性速度商要大于女性，也许是个体差异所致。

我们可以通过下面两幅声门阻抗信号的电声门图波形来比较阳去调和下阳入调开商的区别。

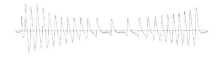

图 4-8　下阳入调"杂"和阳去调"夏"电声门图

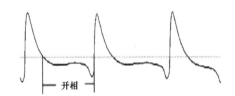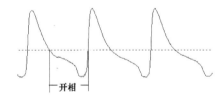

图 4-9　下阳入调"杂"和阳去调"夏"中间段电声门图

图 4-8 是下阳入调"杂"和阳去调"夏"的完整电声门图波形，图 4-9 是分别从两个声调中间段截取的三个周期的电声门图波形。完整的电声门图显示，无论下阳入调还是阳去调中间段两边的声门波形并没有明显差异，下阳入调中间段的两边开商均值男女分别为 33.89％、33.39％和 43.72％、46.94％；阳去调中间段的两边开商均值男女分别为 31.06％、40.27％和 43.7％和 46.47％，属于正常噪音范围。中间段电声门图显示，下阳入调和阳去调有明显不同，下阳入调开相要比阳去调的开相大很多，所占周期比

---

① 据孔江平五种噪音区别性特征矩阵研究数据，正常噪音的速度商为 273.99％，紧喉音的速度商为 421.38％。（孔江平：《发声类型的基本特征与区别性特征》，载《论语言发声》，中央民族大学出版社，2001，第 185 页。）

例也较大，所以下阳入调中间段的开商要大于阳去调；阳去调男女性开商表现为最小，男性为29.14％，女性为37.13％。开商小，即一个周期内声带接触段时间就要长，声带不接触段时间短，这意味着高频能量的相对上升，谱斜率减小，说明阳去调中间段音调相比两边要更紧一些。下阳入调中间段男女性开商比两边开商要大，男性为37.12％，女性为54.85％。

比较调型相同的阳去调和下阳入调我们可以知道，虽然基频模式相同，但速度商和开商模式都不一样，下阳入调速度商大，开商也大，属于挤喉音；阳去调速度商相对要小，开商也小，属于正常嗓音。

4.6 蒙山底路话挤喉音基频数据男女差异的音位学处理

4.6.1 蒙山底路话基频特征

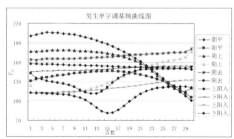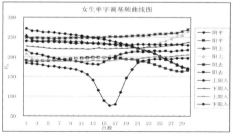

图4-10 蒙山底路话男、女性单字调基频曲线图示

图4-10是根据男女两位发音人的基频平均数据做出的声调基频图。图中有10条基频曲线，分别代表蒙山底路话的10个声调。从调型看，2个降调，1个升降调，3个降升调，2个升调，2个平调。阴平和阴上为降调，阳平为升降调，阳上、阳去、下阳入为降升调，阴去和上阳入为升调，上阴入、下阴入为平调。从基频曲线图可以看出，下阳入是一个基频很低的声调，男女性基频下限都位于下阳入调，基频上限都位于阴平调。由于下阳入中间段是一个挤喉嗓音，所以我们可以看到，除下阳入以外的其余9个声调在图中被压缩在一起。尤其是女性，其余9个声调甚至被压缩在调

域的上部分。从基频数据看，蒙山底路话声调有下面两个特征：

第一，蒙山底路话下阳入调是一个挤喉音，因而存在两个声域，一个是挤喉嗓音（下阳入调），一个是正常嗓音（除去下阳入以外的其他声调）。

第二，下阳入调的中间段是一个挤喉嗓音，而两边是正常嗓音。在挤喉嗓音段，男女的基频平均值基本相同，男女差异不大，男性最低点基频均值为 81.13Hz，女性最低点基频均值为 76.87Hz；但是在正常嗓音段，男女基频均值则呈现出截然不同的情况，男性起点和末点最高基频分别为 112.5Hz 和 122.5Hz，而女性起点和末点的最高基频分别为 184.61Hz 和 196.8Hz。也就是说，基频在挤喉嗓音段，男女表现一致，而在正常嗓音段则表现出较大的男女差异。从基频数据看，男女下阳入调的基频数据形成三个范畴，从低到高分别是挤喉嗓音、男性正常嗓音和女性正常嗓音。

特征一是由蒙山底路话语音系统的发声性质决定的，而特征二则是由男女嗓音差异造成的。"生理上男女声带的差别是男声的声带厚长，也比较宽大，女声的声带薄短，也比较窄。反映在声学上，首先是男声的基频较低，女声的基频较高，基频的这一特性对所有的语言是共有的"[①]。可以推断，蒙山底路话在语音学上表现出来的这些特征，用传统的音位学方法来描写，会遇到一些问题。如果直接从基频这一声学参数出发来描写音位，不仅不能正确归纳出蒙山底路话的调位系统，而且男性和女性下阳入的五度调值也会出现明显的不同，这不符合音位学处理的基本原则。因此，需要我们提出一个挤喉音声调的标调方法，使语音学的研究能够与音位学的描写统一起来。一方面我们要在语音学层面弄清楚上述问题的实质，另一方面我们也要给出一套合理的音位学标调的描写方法。根据蒙山底路话的情况，下面几节我们讨论如何处理男性和女性正常嗓音声学数据之间的差异、男女正常音域的转换依据是什么、女性正常音域转换的方法等几个问题。

---

① 孔江平：《发声的相关研究》，载《论语言发声》，中央民族大学出版社，2001，第 318 页。

4.6.2　男女正常嗓音音域转换的理论

Hollien（1974）提出了在语言中存在的三种音域：脉冲音域（Pulse Register）[①]，正常音域（Modal Register）和高音音域（Loft Register）。就声学而言，男女嗓音的不同，在时域上体现为基频的不同，在频率域上体现为频谱斜率的不同，此外振幅也有区别。就基频而言，Hollien 的研究表明，男性和女性的脉冲音域（挤喉音）的基频基本相同，而男性和女性的正常音域、高音音域、基频则有明显的区别。三个声域的基频数据为：

脉冲音域：男性 7—78Hz，女性：2—78Hz；

正常音域：男性 71—561Hz，女性 122—798Hz；

高音音域：男性 156—795Hz，女性 210—1729Hz。

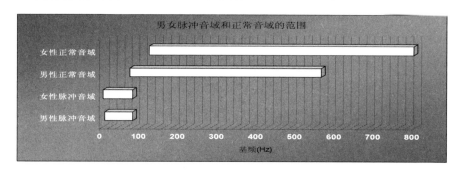

图 4‑11　男女脉冲音域和正常音域的范围［根据 Hollien（1974）的数据］

为了更直观，我们将上述数据以示意图的形式呈现出来。男女高音音域我们暂且不讨论。图 4‑11 显示，从正常音域和脉冲音域看，男性的正常音域到脉冲音域，是一个连续的过渡，男性正常音域的下限（71Hz）要低于脉冲音域的上限（78Hz）；但女性的正常音域到脉冲音域，中间有

①　对音域的定义和分类，不同学科（声乐、医学、语音学等），不同历史阶段都有一套定义方法，因此同一个名词在不同学科，或不同的历史时期，概念有一些不同。Hollien 提出的音域概念，主要是从感知层面和声学层面给出的一种定义分类方式。脉冲音域指的是那些能感知成脉冲一样声音的语音，声学表现通常是较低的基频。Hollien 把气泡音（Vocal Fry），挤喉音（Creaky）等都看作是脉冲音。脉冲音域和挤喉音的概念，是从不同的角度来定义和命名，脉冲音域的范围更宽一些。挤喉音的定义和命名，更多是基于生理层面。（Hollien, H. 1974. "On vocal registers." *Journal of Phonetics* 2：125—143.）

44Hz（122Hz—78Hz）的间断，女性正常音域的下限（122Hz）要远大于脉冲音域的上限（78Hz）。也就是说，脉冲音域男女性大致相同，但正常音音域男女差异较大。

男女正常音域的这种的差异，在声乐领域对嗓音的研究中进一步被概念化，把男性的正常语音称为胸部音域（Chest Register），把女性的正常语音称为头部音域（Head Register）[①]；而在语言学领域，由于男女正常音域的这一差异并不承载语言学意义，所以一直都被忽视。

就感知而言，Titze（1994）在前人大量的感知实验的基础上（Hollien & Michel，1968；Colton，1978；Keidar，1986；Keidar，Hurting，Titze，1987；Wolfe & Ratusnik，1988），提出了两个声学量是感知音域转变的主要变量，分别是瞬时间断（Temporal Gap）和频谱斜率（Spectral Slope）。基频较低的典型的语音波形，是以间隔较大的浊音脉冲形式呈现的，每个脉冲都是阻尼波，振幅会逐渐变小，当基频低到一定的程度，脉冲尾段的振幅人耳无法察觉，从而出现瞬时间断。因此，对脉冲音域的感知，又间接和 F_0 相关。图4-12蒙山底路话下阳入调"杂"的挤喉音音段波形图就是由几个较大的浊音脉冲形式呈现的，大圈标出的部分为一个脉冲，小圈标出的部分为瞬时间断。在瞬时间断，由于振幅太小，基频不规则，人耳就会感知成类似脉冲音的挤喉噪音。

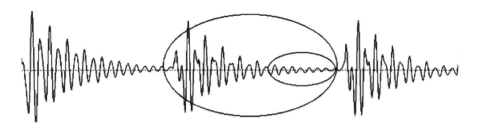

图4-12　蒙山底路话下阳入调"杂"的挤喉音音段波形图

---

① 头部音域，胸部音域，或者称为头共鸣（Head Resonance），胸共鸣（Chest Resonance），是西方声乐上沿用了几百年的概念，具体用法非常混乱。如共鸣和振动之间经常画上等号，只重视主观的感觉。感到嘴唇的振动，就说是唇共鸣，感到横隔膜的振动，则说是横隔膜共鸣等等。我们这里仅仅把这两个概念，看作是声乐领域对音域在主观感知上的一种分类，这种把男女正常音域分成两类的做法，是对我们的语言学描写有借鉴意义的。

　　脉冲音域与正常音域之间存在一种交叉频率[①]，当低于交叉频率时，就会感知成脉冲音域。Keidar（1986）由一个感知实验得出正常音域转换到脉冲音域的交叉频率大约为 70Hz。在具体的语言中，交叉频率还会受到一些具体的因素影响，如元音共振峰的带宽，振幅衰减的阻尼大小，以及次谐波等；Wolfe & Ratusnik（1988）从具体语言出发，得到具体语言中的交叉频率大约在 60～80Hz。

　　在蒙山底路话中，挤喉音与正常嗓音具有音位学的对立，我们遇到的男女正常嗓音存在差异的问题与 Hollien 的对音域问题的基础研究有着高度的相似之处，这为我们处理男女基频数据提供了理论依据。

　　首先，语言中的发声类型是相对的，存在个体差异，因此，我们在把声学数据转换出音位符号时，必须对数据进行处理，以消除这些差异。

　　其次，从语音学的角度看，蒙山底路话中确实存在三个嗓音类型：挤喉嗓音、男性正常嗓音和女性正常嗓音。但从音位学角度来看，只存在挤喉嗓音和正常嗓音的对立。男女正常嗓音的不同，是个体间生理上的差异，没有语言学意义。因此，我们需要把男性正常嗓音和女性正常嗓音的基频数据进行处理，消除生理差异，这是我们进行数据处理工作最基本的出发点。

　　再次，根据 Hollien 对音域的研究，我们可以知道，男性和女性挤喉音的基频有高度一致性，而男性和女性的正常音域则有极大的差别；挤喉嗓音，男性正常嗓音，女性正常嗓音，三者在基频上，表现为逐步升高；但在感知层面上，从正常音域到挤喉音域的条件是一致的，就是瞬时间隔的出现，瞬时间隔在声学上与 F_0 相关。男性的正常音域到挤喉音域是一种连续的过渡，而女性的正常音域到挤喉音域之间有一段间隔，其基频数据是分离的。所以，我们要把女性的正常音域的基频数据转化成男性的正常音域的基频数据，消除女性正常音域与挤喉音域之间的间隔，然后才能进行

---

　　① 交叉频率（Crossover Frequency）：交叉频率又被翻译成分频频率，根据交叉频率可以把声音分成不同的范畴。语音的频率低于交叉频率就是脉冲音域，高于交叉频率的语音则是正常音域。

调值的描写。这样做，既能解决女性的正常音域和脉冲音域基频数据分离的问题，也符合感知层面的要求。

4.6.3　数据处理的方法和结果

在前人研究的基础上，我们对数据处理的方法，就是把女性正常音域的 F_0 数据转换成男性的正常音域的 F_0 数据。目的是把蒙山底路话嗓音声学上的三个范畴，转变成语言学上两个嗓音音位范畴的对立。音域转换的具体步骤如下。

（1）确定男女正常嗓音音域范围。

蒙山底路话有 10 个调类，其中阴平等 9 个调的发声类型为正常嗓音，而下阳入调的发声类型为挤喉嗓音。因此，我们能通过阴平等 9 个声调基频的最大值和最小值，得出在录音条件的限制下，蒙山底路话男性正常音域和女性正常音域的范围。男女正常音域范围分别是 101.15Hz～205.84Hz，162.83Hz～271.15Hz。

（2）转换女性正常音域的基频数据，以消除男女差异。

转换的思路是，将男性和女性正常音域看作比例尺不同的，可以互相转化的两个音域。以男性基频数据的比例尺为基准，将女性的基频数据转换为在男性比例尺下的基频数据。确定 F_0 每一点的转换方法，就是把在女性正常音域里的相对位置对应到男性正常音域相对应的位置，找到两个音域转换的比例关系。公式 1 就由这个思路得来：

$$(F_{0女} - F_{0女min}) / (F_{0女max} - F_{0女min}) = (F_{0'女} - F_{0男min}) / (F_{0男max} - F_{0男min})$$ ——公式 1

公式 1 中，$F_{0女}$ 为需要转换的女性基频的实际数值，$F_{0'女}$ 为由女性基频实际数值转换为在男性音域下的基频数值。$F_{0女max}$ 和 $F_{0女min}$ 分别为女性正常音域的最大基频和最小基频，即 271.15Hz 和 162.83Hz；同样 $F_{0男max}$ 和 $F_{0男min}$ 分别为男性正常音域的最大基频和最小基频，即 205.84Hz 和 101.15Hz。我们把以上数据代入公式 1，并将公式 1 中的常数项进行简化，就可以得到一个简单女性正常音域转为男性的计算公式 2：

$$F_{0'女} = 0.97\ F_{0女} - 56.22Hz \quad \text{——公式 2}$$

最终我们可以通过公式 2 这样一个简单的一元二次方程，把女性正常音域范围内基频的每个数据，转换成以男性比例尺为基准的基频数据。将原来的女性正常嗓音、男性正常嗓音两个范畴通过转换变成一个正常嗓音范畴，从而消除了男女差异。

（3）正常音域之外数据的处理。

对于正常音域以外的数据，我们分成两类进行处理。把原始数据在 80Hz 以下的，看作是挤喉音域的基频值，这些数据我们会保留原数据。而对于 80Hz 至 162.83Hz 之间的数据，我们看作是正常音域和挤喉音域间的过渡，可以通过对它两边的数据进行平滑的方法得到。根据数据做出图 4 - 13 与图 4 - 14。

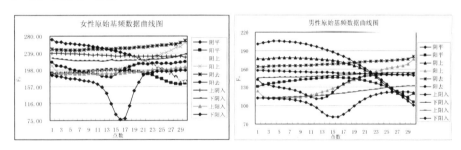

图 4 - 13   蒙山底路话男女原始基频曲线示意图

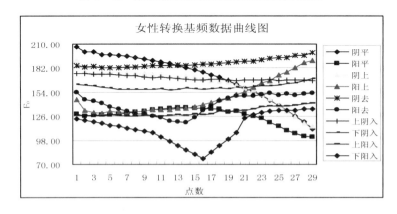

图 4 - 14   蒙山底路话女性转换基频曲线示意图

从图 4 - 13 可见，由于男性和女性嗓音的生理差异，女性挤喉音的低基频将正常嗓音挤在调域上方。图 4 - 14 是女性转换基频数据曲线图,我们可以看到,女性数据转换后,挤喉音两边的正常嗓音基频范畴转换成男性标尺下正常嗓音的基频范畴,消除了男女差异。

4.7 蒙山底路话挤喉音和正常嗓音五度音高的确定

4.7.1 分域五度标调框架的理论依据

我们知道,五度音高是在一个音域的域宽范围内来确定的,蒙山底路话存在两个声域。

如何将挤喉音音域和正常嗓音音域统一在五度框架中,如何为两个声域的语言确定五度调值是本节要讨论的问题。

赵元任(1930)对五度标调法的适用范围进行了界定:"As the intervals of speech—tones are only relative intervals,the range 1—5 is taken to represent only ordinary range of speech intonation,to include cases of moderate variation for logical expression,but not to include cases of extreme e-motional expression. "① 这段话告诉我们,因为言语声调的音程只是一种相对的音程,五度的范围限于用来描写正常的言语语调,包括合理表达时的舒缓的语调变化,而不包括极端的情感表达时的情况。也就是说,五度标调法的适用范围是基于同一发声类型的音高范围,对于不同发声类型的音高范围是不适合放在一个五度框架之内的。从声学数据上看,只有相同发声类型的基频数据才能放在一起归一,即同质数据归一;不同发声类型的基频数据应该分开归一。蒙山底路话有两个不同性质的声域,所以需要用两个五度标尺来表示不同声域的音高,这样才可以保证五度标调法适用范围的一致性和科学性,这也是由五度音高的性质决定的。

---

① ZHAO, Yuanren. 1930. "Asystem of 'Tone—Letters'." *Fangyan* 2:81—83.

4.7.2 蒙山底路话正常嗓音和挤喉音五度音高的确定方法

我们采用男女平均数据来确定五度音高，男性用原始数据，女性用转换数据进行平均。确定五度音高的方法如下：

（1）确定正常音域和挤喉音域两个声域的域宽。

蒙山底路话正常嗓音由阴平、阳平、阴上、阳上、阴去、阳去、上阴入、下阴入、上阳入 9 个调类构成，其域宽为正常嗓音的基频上限和基频下限之差。挤喉音只有一个下阳入调，基频下限是确定的，但基频上限不确定。确定挤喉音的基频上限，需要根据正常嗓音的域宽来推导，这样才能保证挤喉嗓音的域宽与正常嗓音相等。只有在相同域宽的基础上分别确定两个声域的五度音高，才能保证两个声域音级之间的听感距离一致。

由于一个纯音的音高感觉并不与其频率值成简单线性关系，而与频率的对数值近似成简单线性关系，所以，基频数据需要全部转换成对数。挤喉音的基频上限的推导见公式（1）、（2）：

$$正常嗓音域宽＝Log_{10}（max_1/min_1） \qquad (1)$$

$$挤喉音基频上限＝log_{10}（min_2）＋log_{10}（max_1/min_1） \qquad (2)$$

表 4-5 是两个声域的音高范围数据，表中分别列出男性数据、女性转换数据和男女平均后的数据：

表 4-5　蒙山底路话正常嗓音和高音调嗓音音高数据（lg）

项目	正常嗓音		挤喉音		正常嗓音域宽	挤喉音域宽
	max_1	min_1	max_2	min_2	max_1-min_1	max_2-min_2
男性	2.31	2.00	2.218	1.91	0.31	0.31
女性转换数据	2.31	2.00	2.194	1.886	0.31	0.31
男女均值	2.31	2.02	2.19	1.9	0.29	0.29

从表 4-5 的数据看，转换后的女性正常嗓音和挤喉音的域宽与男性相同，均为 0.31，男女平均后的正常嗓音和挤喉嗓音的域宽也相等，均为 0.29。

（2）将两个声域的男女基频均值分别带入 T 值公式"T＝（lgx－lgb）/（lga－lgb）×5"，就可以得到两个声域的五度音高。

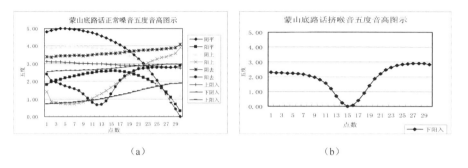

（a）　　　　　　　　　　　　　　（b）

图 4‑15　蒙山底路话正常噪音和挤喉音五度音高示意图

图 4‑15（a）是蒙山底路话正常噪音的五度音高，（b）是蒙山底路话挤喉噪音的五度音高。两个声域五度音高值的相对音高不同，但域宽相同，因而听感标尺是一样的。我们分别用两个五度标尺来表示，可以体现出不同声域的可比性和五度音高的相对性。

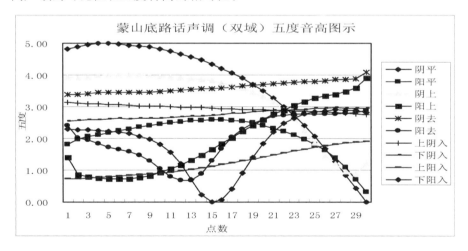

图 4‑16　蒙山底路话双声域五度音高示意图

图 4‑16 是将（a）（b）画在一起的蒙山底路话两个声域的五度音高。在这一五度音高框架中，阴平调和阳平调的终点以及阳去调的折点与下阳入调的折点都位于调域的 1 度区间，但它们分属两个五度音程，相对音高不同，阳去调挤喉音的 1 度要比正常噪音的 1 度低一个音程。虽然两个不

同声域的音高分属两个五度音程，但两个声域的域宽相同，基频的五度比值相同，音高的五度级差相同，每个音级间的听感音高变化也相同，因此具有相同的听感标尺。表4-6的数据显示了两个声域之间的相对关系。

表4-6　蒙山底路话男女均值正常嗓音和高音调嗓音声域关系数据

项目	域宽	五度比	五度差	声域间	声域间
	音高（lg）	基频（F₀）	音高（lg）	基频比值	对数差值
正常嗓音	0.29	1.14	0.12	1	0
挤喉音	0.29	1.14	0.12	0.76	−0.12

从表4-6中两个声域的数据看，正常嗓音和高音调嗓音的域宽相等，五度之间的基频比值和对数差值也相等。正常嗓音和挤喉音两个声域的基频比值显示，挤喉音是正常嗓音声域的0.76；相应的对数差值显示，挤喉音声域比正常嗓音低0.12。因而两个声域具有相关性。

（3）确定调值。

根据五度值声学数据和听感，我们可以确定蒙山底路话声调的五度音高值。见表4-7：

表4-7　蒙山底路话声调音高

调类	阴平	阳平	阴上	阳上	阴去	阳去	上阴入	下阴入	上阳入	下阳入
调值	51	231	41	325	45	323	43	34	23	♭314
调型	降	升降	降	降升	升	降升	平	升	升	降升

在调值的写法上，可以用附加符号来区别不同声域的相对音高关系。可以用发声类型的首写字母表示，如高音调嗓音（High Tone Voice）用"H"，挤喉音（嘎裂）（Creaky Voice）用"C"，气嗓音（Breathy Voice），用"B"；也可以用高音"T（Treble）"，低音"B（Bass）"来区分高域和低域嗓音；还可以用五线谱的升音符号"♯"和降音符号"♭"来表示高域和低域。用什么符号表示可以商榷和约定。本文用借用五线谱的降音符号"♭"来表述挤喉音的五度音高。根据赵元任（1930）五度标调法的规定，音高曲线符号放在垂直参考线的左边表示调类（有语言学意义），放在右边的表示调值（无语言学意义），我们将附加符号"♭"放在调值的左上角，因为挤喉音在永

福百姓话中具有音位功能。

4.8　小结

　　从语音学的角度看，蒙山底路话中存在三个嗓音类型：挤喉嗓音、男性正常嗓音和女性正常嗓音，从音位学角度来看，只存在挤喉嗓音和正常嗓音的对立。根据蒙山底路话声调系统的这一特性，在本章中我们分析了蒙山底路话声调系统中挤喉嗓音的声学特征，根据开商和速度商参数，讨论了蒙山底路话挤喉音的发声模式；讨论了男女正常嗓音转换的可能性和必要性；提出了在多声域语言中根据不同发声类型用不同的五度标尺的标调理论模式。在这一模式中，不同声域的音高分属两个五度音程，共聚于一个五度框架中，由于两个声域的域宽相同，基频的五度比值相同，音高的五度级差相同，每个音级间的听感音高变化也相同，因此具有相同的听感标尺。

第五章　永福百姓话高音调嗓音的发声模式和音位学标调方法

5.1　引言

　　永福百姓话属于桂北平话。已有的研究显示，永福堡里乡和广福乡平话古帮、端母字今读吸气鼻冠音［ᵐp，ⁿt］（梁金荣，1998）和喉塞音［ʔb，ʔd］（盘美花，2003）。根据我们对永福堡里乡罗田村百姓话的调查结果显示，永福百姓话不仅在声母方面有类似鼻冠音/喉塞音的发声类型，而且在声调方面还有高音调嗓音的发声类型，存在正常嗓音和高音调嗓音两种发声类型的对立。

　　传统的五度标调方法是基于一个正常嗓音声域内的相对音高来确定五度值。对于两个或两个以上声域的语言或方言而言，如果不加区分声域用同一个五度框架来确定调值，显然无法客观真实地反映该方言的声调特点，也不符合人们的听感。随着言语科学技术的发展和其他技术在语音学研究中的应用，具有语言学意义的双声域方言不断被人们发现和认识。如何从音位学的角度来处理同一语言中多个声域的声调，是我们利用声学数据来分析声调必须面临的一个新的语言学问题。

　　根据孔江平（2001b）提出"调质"的概念，声调发声由时域和频率域两个层面构成，在声学上由不同的参数表征。从语音学方面研究声调，仅仅研究声调的基频是不够的，还必须同时研究声调的频率域特征。在声调的频率域研究方面，孔江平（2001）从 EGG 信号中提取基频（F_0）、开商（OQ）、速度商（SQ）三个主要参数，建立了一套用于描写汉语普通话声调单、双音节的发声模式。这些研究为我们研究永福百姓话声调的发声类型提供了理论上的支持和方法上的借鉴。

本章从时域和频率域两个方面对永福百姓话声调的发声进行了声学和生理分析；从 EGG 嗓音信号中提取基频、开商和速度商等参数，探讨嗓音参数之间的关系和高音调嗓音的发声特征，建立了永福百姓话声调发声模式。根据永福百姓话的实验数据，提出了用两个五度音程确定永福百姓话声调调值的语言学标调理论模式和可操作的标调方法。

5.2　永福概况

5.2.1　永福县地理位置及语言概况

永福县属桂林市辖，位于广西东北部，地处桂林市西南部。地理位置东经 $109°36'50''\sim110°14'19''$，北纬 $24°37'48''\sim25°36'39''$。辖 10 个乡镇：永福镇、罗锦镇、百寿镇、苏桥镇、堡里乡、广福乡、三皇乡、永安乡、龙江乡、桃城乡，共 97 个行政村，县城驻地永福镇。全县人口 27 万人，有汉、壮、瑶、回等民族在此居住，其中汉族人口占 87.67%，少数民族人口占 12.33%。全县总面积 2805.92 平方公里，南北最大纵距 90.5 公里，东西最大横距 62 公里。

永福县境内通行的语言主要有汉、壮、瑶三种语言；永福官话、平话和客家话分属汉语的三种方言。永福官话流通全县，属西南官话桂柳片，是县内各民族的共同交际用语。

百姓话是永福县除官话之外的第二大汉语方言，使用人口约 7 万人，主要在罗锦、苏桥、堡里、广福、龙江等 5 个乡镇使用。能互相通话，但略有差异。永福县志称"百姓话"为"平话"，使用百姓话的人他们自称所讲的方言为"百姓话"或"土话"；说百姓话称为"讲百姓"，说官话称为"讲官"。讲百姓话地区都是双语区，不论男女老少都兼通官话，一般是对内使用土话，对外使用官话。

堡里乡位于桂林市永福县东南，北距县城 22 公里，东与临桂、阳朔、荔浦三县交界，南与鹿寨县为邻，西接广福乡，北靠永福镇、罗锦镇。全乡总面积 392 平方公里，下辖 12 个村民委员会。全乡有壮、瑶、回等少数民族，总人口 25977 人。

5.2.2　永福县百姓话的语音特点

关于永福百姓话或平话，之前有人对永福县广福乡龙桥村的百姓话（盘美花，2003）和桃城乡平话（肖万萍，2005）进行过调查。音系之间有较大的差异。我们于 2010 年 7 月对永福县堡里乡罗田村方言进行了调查，之后又分别于 2011 年 8 月、10 月和 2012 年 2 月三次下去核对音系并进行录音。整理出了罗田村百姓话音系和同音字汇。调查结果发现，永福"百姓话"有较特殊的发音：在声母方面，古帮端母今读为内爆音［ɓ、ɗ］；在声调方面，古阴平调今读为基频较高的高音调嗓音。在此基础上，我们进一步考察罗田村百姓话的发声类型。

5.3　实验说明

5.3.1　发音人与录音词表

永福百姓话我们采集了三男三女六名发音人的样本，发音人都是堡里罗田村车田屯人，全部在家务农，平均年龄 39 岁。本研究采用一男一女两位发音人的样本进行分析研究。发音人基本情况见表 5-1：

表 5-1 永福百姓话发音人基本情况

序号	姓名	性别	出生年月	职业	文化程度	籍贯住址
1	梁代某	男	1971 年 7 月	务农	高中	永福堡里乡罗田村
2	梁九某	男	1972 年 6 月	务农	初中	永福堡里乡罗田村
3	梁福某	男	1969 年 6 月	务农	小学	永福堡里乡罗田村
4	梁锡某	女	1976 年 12 月	务农	小学	永福堡里乡罗田村
5	莫玉某	女	1976 年 8 月	务农	小学	永福堡里乡罗田村
6	梁燕某	女	1988 年 10 月	务农	初中	永福堡里乡罗田村

　　录音词表的设计主要考察两个内容：一是永福百姓话的声调系统；二是永福百姓话声调的特殊发声。设计原则是，尽量采用能够覆盖每个声调的单元音韵母，如果不能满足这一条件，则选用同样条件的复元音韵母。

　　录音词表分为单字调词表和双字调词表。由阴平、阳平、阴上、阳上、阴去、阳去、阴入、阳入八个声调共 56 个实验字组成，每个声调 7 个字。元音主要为单元音 ［a、i、u、y］。录音时每个字读 3 遍，每个调类有 21 个样本，八个调类共 168 个样本。录音词表见表 5-2，表中的序号是用于切音编号。因为本章内容没有涉及双字调，双字调词表不附录于此。

表 5-2 永福百姓话单字调词表

序号	阴平		阳平		阴上		阳上		阴去		阳去		阳入		阴入	
	1		2		3		4		5		6		7		8	
01	家	ka	爬	pa	假	ka	下	xa	架	ka	大	ta	直	ta	织	tsaʔ
02	叉	tsʰa	查	tsa	哑	a	马	ma	嫁	ka	骂	ma	贼	tsa	拍	pʰaʔ
03	租	tsu	槽	tsu	早	tsu	坐	tsu	灶	tsu	步	pu	读	tua	捉	tsuʔ
04	铺	pʰu	婆	pu	谱	pʰu	抱	pu	过	ku	号	xu	盒	xua	拨	ɓuʔ
05	披	pʰe	皮	pe	改	ke	被	pe	盖	ke	袋	te	薄	pə	白	ɓeʔ
06	枝	tɕi	匙	ɕi	纸	tɕi	是	ɕi	置	ɕi	二	tɕi	摘	tɕia	揭	kiʔ
07	推	tʰy	锤	ty	腿	tʰy	罪	tɕy	退	tʰy	谢	tɕy	十	xia	脚	kiaʔ

5.3.2　录音设备与数据处理

录音设备与数据处理见 4.3.2。

录音地点：罗田村村委。

录音时间：2012 年 2 月。

本研究采用标准水平线为 25％的尺度算法，即以每一个周期的振幅 25％的位置作为声带关闭点和开启点。这一算法能够较为准确地对应实际的关闭点和开启点。利用电子声门仪提取语音信号的同时采集喉头的声门阻抗 EGG 信号。提取的参数有基频、开商、速度商、音节时长等，归一成 30 个点。将发音人的所有数据导入到 Excel 表中进行平均。根据平均数据分析永福百姓话男女基频、开商和速度商。

5.4　永福百姓话声调发声模式

从我们对永福百姓话基频分析的结果可知，永福百姓话有七个声调，分别是阴平、阳平、上声、阴去、阳去、阴入和阳入。因此在分析永福百姓话声调的男女基频、开商、速度商时，我们根据永福百姓话的实际声调进行分析。

5.4.1　永福百姓话男女基频、开商、速度商分析

根据男女平均数据绘制出永福百姓话男女声单音节基频、开商、速度商曲线示意图，在此基础上进行分析。每一组图由四幅构成，上图为男生，下图为女生。左图为基频和速度商曲线图，右图为开商曲线图。基频参数单位为赫兹（Hz），开商和速度商参数单位为百分比（％）。

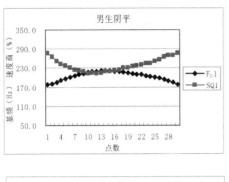 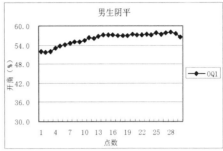

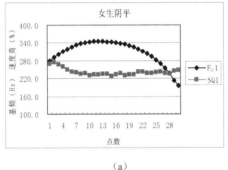 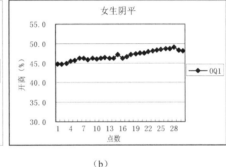

(a)   (b)

图 5-1 男女阴平基频、速度商参数、开商示意图

从图 5-1 看，男女阴平基频曲线均为先升后降。男声数值为 179Hz－221Hz－179Hz，差值为 42Hz；女声数值分别为 280Hz－347Hz－197Hz，差值为 150Hz。男女速度商与基频成负相关，表现为先降后升，男声起始段—凹段—升段的数值为 278％－212％－276％，差值为 66％，女声数值为 270％－230％－248％，差值为 40％。男女阴平开商曲线微升。

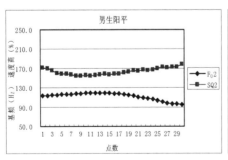 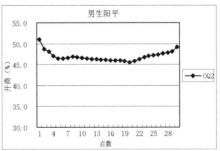

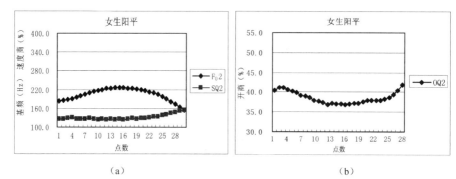

（a）   （b）

图 5-2   男女阳平基频、速度商参数、开商示意图

图 5-2 中，男女阳平基频曲线均表现为先升后降。男声数值为 114Hz
—120Hz—94Hz，差值 26Hz；女声数值为 185Hz—225Hz—155Hz，差值
为 70Hz；男女差值均不如阴平显著。男女速度商与基频呈负相关，为先降
后升。男声数值为 171％—154％—178％，差值为 24％；女声数值为 127％
—124％—154％，差值为 30％。男女开商曲线整体与基频也呈负相关，表
现为先降后升。

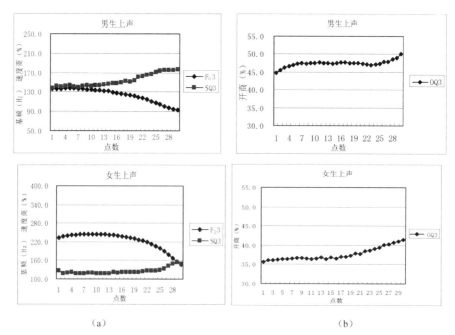

（a）   （b）

图 5-3   男女上声基频、速度商参数、开商示意图

图5－3的男女上声基频曲线为降，起点到终点的数值男女生分别为
136Hz－110Hz和233Hz－147Hz。速度商曲线均为升，与基频呈负相关，
起点到终点的数值男女分别为137％－177％和127％－149％。开商曲线与
基频为负相关，都为升，男女数值分别为45％－50％和36％－41％。

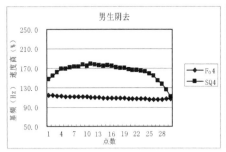 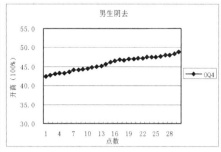

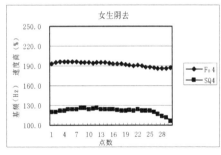 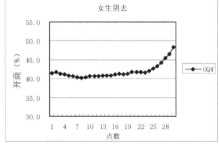

（a）　　　　　　　　　　　（b）

图5－4　男女阴去基频、速度商参数、开商示意图

图5－4的男女阴去基频曲线均为平，在永福百姓话的三个平调中是一
个高平调。速度商曲线体现为先升后降。首、中、末点数值男女分别为
147％－178％－111％和119.5％－124.8％－107.8％，女生的升降幅度比
男生要小一些。开商曲线表现为升。

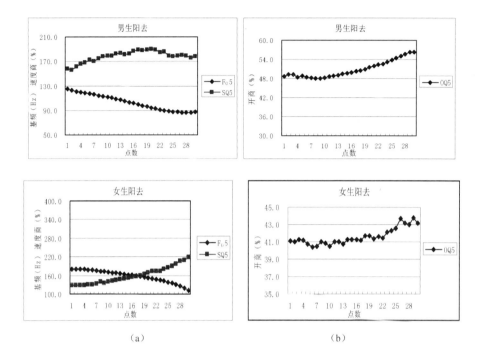

（a）　　　　　　　　　　　　　（b）

图5-5　男女阳去基频、速度商参数、开商示意图

图5-5的男女阳去基频曲线均为降，速度商曲线为升，二者为负相关。男生基频起点为125Hz，终点为88Hz；女生基频起点为181Hz，终点为110Hz。男生速度商起点为158%，终点为178%；女生速度商起点为127%，终点为218%。男女声开商均为升，与基频成负相关。

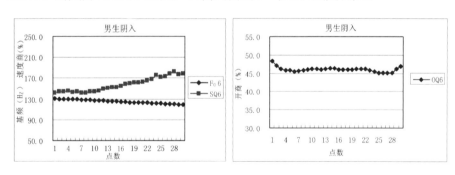

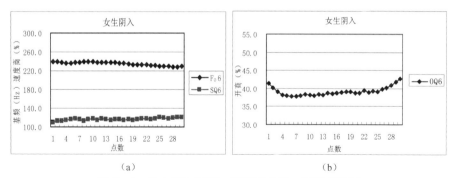

（a）　　　　　　　　　　　　（b）

图 5-6　男女阴入基频、速度商参数、开商示意图

图 5-6 的男女阴入调基频曲线总体为平略有下降。速度商曲线男女生均为升，但女生升幅不如男生升幅大，男生起点为 141%，终点为 178%；女生起点为 110%，终点为 121%。开商曲线为先降后升，首端均有小幅下降，末端有小幅上升，中间为平。

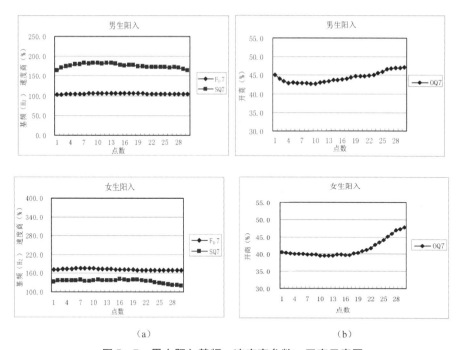

（a）　　　　　　　　　　　　（b）

图 5-7　男女阳入基频、速度商参数、开商示意图

图 5-7 的男女阳入基频曲线、速度商曲线和开商曲线走势基本一样：基频曲线均为平，是一个中平调；速度商曲线均表现为稍降，开商曲线

为升。

5.4.2　永福百姓话声调发声模式区别特征

声调的发声模式有利于揭示发声各项参数之间的关系和规则。根据以上分析，我们把男女各个声调的基频、速度商、开商模式归纳如表 5－3，用"R"表示"升"，"F"表示"降"，"RF"表示"升降"，"FR"表示"降升"，"H"表示"高平"，"M"代表"中平"，"L"代表"低平"。

表 5－3　永福百姓话声调发声模式

性别	参数	调　类						
		阴平	阳平	上声	阴去	阳去	阴入	阳入
男	基　频	RF	RF	F	H	F	F	M
男	速度商	FR	FR	R	RF	R	R	F
男	开　商	R	FR	R	R	R	FR	R
女	基　频	RF	RF	F	H	F	F	M
女	速度商	FR	FR	R	RF	R	R	F
女	开　商	R	FR	R	R	R	FR	R

从上面的发声模式看基频与速度商的关系，我们可以得知：①永福百姓话除平调以外的五个声调阴平、阳平、上声、阳去、阴入的速度商与基频成反比关系，即当 F_0 提高时，SQ 的数值减小，F_0 降低时，SQ 数值增大。②阴去和阳入两个平调的基频与其相应的速度商则表现出多样性的关系，速度商的走势表现出两种情形：中平调阳入的速度商为"降"，高平调阴去的速度商为"升降"。

从永福百姓话的发声模式看基频与开商的关系，我们可以得知：①两个降调上声和阳去的基频与开商为反比关系，开商随着基频的降低而升高。②两个平调的开商都表现为"升"。③两个升降调阴平和阳平的开商表现不一致，阴平的开商为"升"，阳平的开商为"降升"，与基频为反比关系。

从永福百姓话的发声模式看速度商与开商的关系，我们可以得知：①两个降调上声和阳去的 SQ 与 OQ 成正相关，随着 SQ 上升，OQ 数值也上升；阴入为不相关，SQ 为"升"，OQ 为"降升"。②两个升降调阴平和阳平的 SQ 模式同为"降升"，但 OQ 表现不一致，阳平为正相关，即随着 SQ 的先降后升，OQ 也表现为先降后升；阴平为不相关，SQ 为降升，OQ 为升。③两个平调的 SQ 和 OQ 表现为负相关，即 SQ 数值减小，OQ 数值增大。

我们把永福百姓话 7 个声调的基频、开商和速度商的平均数据制成三维图，见图 5-8。

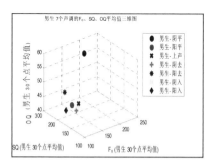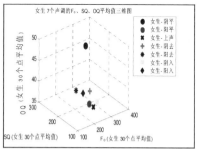

图 5-8　永福百姓话声调发声模式三维图

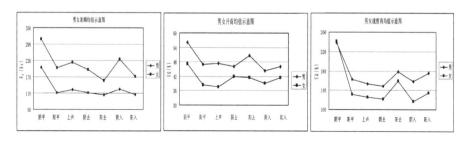

图 5-9　永福百姓话男女基频、开商、速度商均值示意图

图 5-8 的三条轴分别代表基频、开商和速度商。从图中可见，永福百姓话声调形成两个聚合，阴平独立于其余 6 个调自成一个聚合，而其余 6 个声调组成另一个聚合。从图 5-9 中 F_0、OQ、SQ 三项参数的平均值看，阴平都要高于其他调类，显然阴平调的发声类型与其他调类明显不同。这三项参数显示，阴平调是一个高音调嗓音的发声特征。

5.4.3　小结

从上述分析我们得出以下结论：

（1）永福百姓话单音节声调嗓音模式显示，男女基频、速度商、开商模式基本一致。

（2）女声声调基频高于男声，而开商和速度商则男生大于女声。这是与喉头发声部位的结构有关，男性的声带厚，声带接触段会长于女性，因此男性的开商会大于女性。

（3）永福百姓话发声模式中基频、速度商、开商之间的关系复杂同时又具有一定的规律，降调模式的规律最明显和一致，基频与速度商成反比关系，与开商成正比关系。

（4）平调模式的基频、速度商、开商之间的关系较为复杂，同一调类中三者关系表现一致，但不同调类的基频、速度商和开商之间的关系表现不一致。

（5）升降调模式中基频和速度商成反比关系，但开商表现不同。阴平开商为升，阳平开商为降升。

（6）永福百姓话从基频、开商、速度商构成的嗓音发声模式看，在基频、开商和速度商三维空间里，阴平调与其他调类形成两个聚合，表明阴平调嗓音模式明显区别于其他调类嗓音模式。

5.5 永福百姓话的高音调嗓音

5.5.1 永福百姓话高音调嗓音的特征

在嗓音研究中，速度商和开商是一个很重要的嗓音参数，不仅与声调的高低关系密切，而且还可以反映声调系统中潜在的嗓音特征。孔江平（2001a）根据音调、速度商、开商参数，音调抖动等参数，建立了气泡音、气嗓音、紧喉音、正常嗓音、高音调嗓音五种不同发声类型的区别特征矩阵。高音调嗓音的特征是音调很高，位居五种发声类型之首，音调平均为254.04Hz；开商要大于正常嗓音小于紧喉音，开商平均为54.81%；速度商要小于正常嗓音，大于气嗓音，速度商平均为238.64%。

尹基德（2010）的研究表明，高音调嗓音的声带振动速度很快，体现为基频很高，同时一个周期内声带的接触段很短，不接触的时间比较长，体现为开商很大。此外，声门关闭后迅速开启，声带打开的速度很快，关闭和打开的速度相差不多，体现为速度商很小。这些研究为我们确定永福百姓话阴平调的发声类型提供了很好的启示和参照作用。

5.5.2　永福百姓话高音调嗓音的发声类型

为了说明永福百姓话高音调嗓音的发声特征，我们以高音调嗓音阴平调各项参数为基准点，计算出其他调类基频、开商、速度商与阴平调类各项参数的比值。见表 5-4。

表 5-4　永福百姓话基频、开商、速度商参数比较表

参数		阴平	阳平	上声	阴去	阳去	阴入	阳入
基频（%）	男		83.0	65.7	82.1	98.9	64.1	95.1
	女		51.4	38.6	57.1	96.3	31.6	79.5
开商（%）	男		19.3	18.1	22.2	10.2	26.1	21.6
	女		22.1	25.2	12.0	13.3	20.5	13.4
速度商（%）	男		46.5	56.0	61.5	34.1	51.6	35.8
	女		84.0	91.8	99.4	52.0	107.8	79.9

（1）基频。

从基频看，阴平调男女生均值分别为 204 Hz 和 309 Hz，与其他调类相比，男女 F_0 都远远高出其他调类。其中高于阳平，男生 83%，女生 51.4%；高于上声，男生 65.7%，女生 38.6%；高于阴去，男生 82.1%，女生 57.1%；高于阳去，男生 98.9%，女生 96.3%；高于阴入，男生 64.1%，女生 31.6%；高于阳入，男生 95.1%，女生 79.5%。发音时基频是语音音高变化的物理量，主要取决于声带的振动频率。阴平 F_0 数据表明，阴平声带振动频率快，周期短，基频很高。这是高音调嗓音的特征之一。

（2）开商。

从开商看，阴平调男女生均值分别为 56% 和 47.1%。相对于其他声

调，阴平的 OQ 最大。其中高于阳平，男生 19.3％，女生 22.1％；高于上声，男生 18.1％，女生 25.2％；高于阴去，男生 22.2％，女生 12％；高于阳去，男生 10.2％，女生 13.3％；高于阴入，男生 26.1％，女生 20.5％；高于阳入，男生 21.6％，女生 13.4％。

开商是声带振动的一个周期内声门不接触段和整个周期的时长比率，与嗓音的频谱特征有密切的关系，是反映嗓音频率特征的一个重要参数变量。开商大，一个周期内声带的接触段（闭相）就短，声带的不接触段时间长，声带会产生漏气，这意味着频谱上低频能量大于高频能量，体现为频谱斜率的增加，这是气嗓音的主要特征。反之，开商小，一个周期内声带接触段时间就长，声带不接触段时间短，意味着高频能量的相对上升，频谱斜率减小，这是挤喉音或紧音的特征。低频能量与高频能量差值越小，频谱斜率越小。第一谐波和第二谐波的能量差也是频谱斜率的一种表现方式。所以，一般认为，开商跟频谱的第一谐波和第二谐波的能量差有密切的关系，开商的上升会提高 H1－H2 值，反之会降低 H1－H2 值。

永福百姓话阴平开商大说明一个周期内声带的接触段时间很短，声带不接触段的时间较长，体现为频谱斜率较大，高频能量相对较弱，H1－H2 值较大，声带比较开，有漏气现象。这是因为"在正常嗓音发声时，声带的横向力适中，如果横向力向内加大，使声带的一部分叠在一起，此时声带的闭合间歇加大，在声学上体现为谐波的高频能量加大。如果横向力向外加大，特别是勺状软骨的力加大，声带振动时约有三分之一会始终打开，这时大量气流从敞开处冲出，在声学上体现为一个低通，形成直流分量，并导致第一谐波能量增强"[1]。

（3）速度商。

从速度商看，阴平调男女均值分别为 238.9％和 241.5％，与其他声调相比，SQ 也高于其他调类：其中高于阳平，男生 46.5％，女生 84％；高于上声，男生 56％，女生 91.8％；高于阴去，男生 61.5％，女生 99.4％；

---

[1]　孔江平：《发声与声母：阿细彝语的松紧嗓音》，载《论语言发声》，中央民族大学出版社，2001，第 103 页。

高于阳去，男生 34.1%，女生 52%；高于阴入，男生 51.6%，女生107.8%；高于阳入，男生 35.8%，女生 79.9%。

　　速度商是指声门接触段（开相）中声门分离段（开启相）和关闭段（关闭相）的比。速度商大，声门的关闭速度比开放速度快，电声门图就越偏左；速度商小，声门关闭速度比打开速度慢。速度商可以作为反映频谱高频能量的主要因素，速度商的上升在频谱上表现为高频能量的上升（尹基德，2010）。

　　永福百姓话阴平调是个升降调，从起点、中点到末点，其基频和速度商的走势是不同的。永福百姓话阴平的 F_0 与 SQ 成反比关系。F_0 表现为升降，而 SQ 表现为降升，即速度商随着声调的提高而下降，声调升至最高点时，速度商最低，之后又随着声调的下降而逐渐增大。也就是说，F_0 最高时，SQ 最低，这一点是速度商的"转折点"，转折点两端和转折点处的速度商的性质是不同的。图 5-10 是根据阴平基频和速度商起点、中点和末点的数据画的示意图。

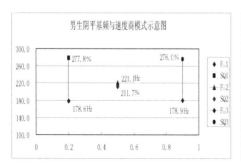 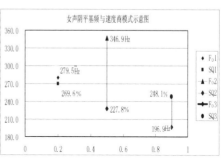

图 5-10　男女阴平基频与速度商模式示意图

　　由图 5-10 可见，速度商男生要大于女生，而基频则女生大于男生，起点处男女都表现为基频最小，速度商最大（男生 F_0 为 178.6Hz，SQ 为277.8%；女生 F_0 为 279.5Hz，SQ 为 269.6%），示意图中男生表现为基频与速度商相隔很远，女生则相隔很近，几乎重合在一起；中点处男女都表现为基频最大，速度商最小，即随着基频上升至最高点，速度商下降至最低点，（男生 F_0 上升至 221.1Hz，SQ 下降至 211.7%；女生 F_0 上升至

346.9Hz，SQ 下降至 227.8％），男生基频最大值与速度商最小值重叠，女生则分离最远。末点处男女均表现为随着基频的下降速度商上升（男生 F_0 下降至 178.9Hz，SQ 上升 276％；女生 F_0 下降至 196.9Hz，SQ 升至 248.1％）。

数据表明，在起点和终点段，基频属于正常嗓音的发声范围。速度商的上升，反映出声门的关闭速度比开放速度快，表明高频能量上升，这时表现的是正常嗓音的性质。但是当音高的上升一旦超过正常的发声范围，声带肌就会迅速松弛降低声带的质量，使得声门开关运动的有效质量突然降低，此时只有声门边界的很小部分振动，也就是说，此时只有由黏膜构成的声带的覆盖层在振动，而由肌肉构成的声带体不振动。有时声门在振动过程中一直是敞开的，没有完全关闭，结果是声带振动速度仍然很快，基频很高，同时一个周期内声带的接触段很短，声带不接触的时间较长，体现为开商很大。而且，由于声带在振动过程中一部分一直敞开，另一部分关闭后迅速开启，声带打开的速度很快，关闭和打开的速度相差不多，速度商反而会减小，体现为漏气现象，表现为高音调嗓音的特征。

高音调嗓音周期很短，左右对称，近似圆锥形，接触段很短，其主要生理机制是声带的张力增加和声带肌的松弛。

音高的调节是由环甲肌的张弛引起的声带的张力变化来进行的，声带肌要保持一定的张力。音高上升的生理机制是：在正常嗓音发声的范围内，声带肌要保持一定的张力，而环甲肌的张弛引起的声带张力变化调节音高。但音高的上升一旦超过正常发声范围，声带肌迅速松弛降低声带的质量，结果使声带的振动更快（尹基德，2010）。这就是高音调嗓音为什么基频很高但是同时声带又会漏气的原因。

比较调型相同的阳平调我们可以发现，虽然速度商模式与阴平调相同，SQ 与 F_0 都成反比关系，F_0 表现为升降，而 SQ 表现为降升，但是阳平调的基频从始到终一直保持在正常发声范围之内，声带肌始终保持一定的张力；表现为速度商较大，开商较小，不像阴平调速度商较小，开商较大。这说明阳平的声门的关闭速度比开放速度快，高频能量要大于低频能量，在一个周期内声带的接触段时间要大于声带不接触段的时间，这些特征表现出正常嗓音的性质。

5.5.3　小结

通过对永福百姓话声调发声的实验和分析，我们可以得出以下几点结论：

（1）永福百姓话的阴平调的发声类型属于高音调嗓音发声，其特征是基频很高，位居其他调类基频之首，男女平均基频分别为204Hz和309Hz；开商也要大于其他调类，男女生均值分别为56%和47.1%；速度商在基频最高点位置时下降至最低，男女均值分别为211.7%和227.8%，均要小于起点和终点。

这些特点说明，永福话阴平调的高基频是由声门边界的很小部分的声带覆盖层快速振动造成的。因为音高一旦超出了正常的发声范围，就会使声门开合运动的有效质量突然降低，声带在振动过程中一直是敞开的，没有完全关闭，结果是声带振动速度仍然很快，基频仍会很高。由于声带在振动过程中一部分一直敞开，产生漏气现象，这种漏气现象使得一个周期内声带不接触段的时间要长于接触段时间，在参数上反映出开商较大，在频谱上则表现为低频能量大于高频能量。由于声带在振动过程中一部分一直敞开，声门关闭后迅速开启，声带打开的速度很快，关闭和打开的速度相差不多，速度商反而会减小。

（2）永福百姓话发声模式中基频、速度商、开商之间的关系复杂同时又具有一定的规律，降调模式的规律最明显和一致，基频与速度商成反比关系，与开商成正比关系。平调模式的基频、速度商、开商之间的关系较为复杂，同一调类中三者关系表现一致，但不同调类的基频、速度商和开商之间的关系表现不一致。

5.6　永福百姓话的高音调音高及标调方法

5.6.1　永福百姓话基频特征

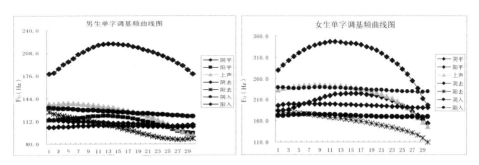

图 5‑11　永福百姓话男、女基频曲线示意图

图 5‑11 是根据男女两位发音人的基频平均数据做出的声调基频图，图中有 7 条基频曲线，分别代表永福百姓话的 7 个声调。从调型看，2 个升降调，3 个降调，2 个平调。阴平和阳平为升降调，上声、阳去、阴入为降调，阴去、阳入为平调。

从基频曲线图可以看出，阴平调是一个高音调嗓音，位于调域最上方，由于阴平调基频较高，其他 6 个声调被挤压在调域底部。从基频数据看，永福百姓话存在两个声域，一个是高音调嗓音（阴平调），一个是正常嗓音（阴平调以外的其他声调）。如果将不同声域的基频数据混合在一起转换成五度音高，无论采用哪种归一方法（半音法、D 值法、T 值法、Lz 法），都不能得到与人耳听感相匹配的五度音高感知量。因此寻找如何确定高音调调域的五度音高方法，是本节要讨论的问题。

5.6.2　永福百姓话音高确定

我们知道，正常嗓音的五度音高是在一个域宽范围内来确定的，永福百姓话存在正常嗓音和高音调嗓音两个声域，由于发声类型不同，不能将两个发声类型的基频放在一个五度框架中来确定它们的音高，必须分域处理。而要保证两个发声类型不同的声调音高的相关性，就必须使两个五度框架的域宽相等。只有在域宽相等的五度框架中确定的五度音高，同一方言中不同发声类型的声调的音高才具有相关性和可行性。所以，首先要计算和确定两个声域的域宽，保证两个声域的域宽相等，这是用两个五度框架分域标调可行性的前提。

永福百姓话正常嗓音由阳平、上声、阴去、阳去、阴入、阳入 6 个调类构成，其域宽为基频上限和基频下限之差。正常嗓音基频上限（max_1）男生为 137.19Hz，女生为 245.03Hz，基频下限（min_1）男生为 86.55Hz，女生为 110.43Hz，域宽男生为 50.64Hz（137.19Hz－86.55Hz），女生为 134.60Hz（245.03Hz－110.43Hz）。高音调嗓音只有一个阴平调，基频上限是确定的，但基频下限不确定。确定高音调嗓音的基频下限，需要根据正常嗓音的域宽来推导，这样才能保证高音调嗓音的域宽与正常嗓音相等。由于一个纯音的音高感觉并不与其频率值成简单线性关系，而与其频率的对数值近似成简单线性关系，所以，基频数据需要全部转换成对数。高音调嗓音的基频下限推导见公式（1）、（2）：

正常嗓音域宽 $= Log_{10}\,(max_1/min_1)$　　（1）

高音调嗓音基频下限 $= \log_{10}\,(max_2) - \log_{10}\,(max_1/min_1)$　　（2）

表 5-5 是两个声域的音高范围数据，表中分别列出男生、女生和男女平均后的数据：

表 5-5　永福百姓话正常嗓音和高音调嗓音音高数据（lg）

项目	正常嗓音		高音调嗓音		正常嗓音域宽	高音调嗓音域宽
	max_1	min_1	max_2	min_2	$max_1 - min_1$	$max_2 - min_2$
男生	2.14	1.94	2.34	2.14	0.20	0.20
女生	2.39	2.04	2.54	2.19	0.35	0.35
男女均值	2.26	1.99	2.44	2.17	0.27	0.27

由表 5-5 可见，虽然正常嗓音和高音调嗓音的最高阈限和最低阈限不同，但域宽相等。在相同域宽的基础上分别确定两个声域的五度音高，可以保证音级之间听感距离的一致。

其次，将正常嗓音和高音调嗓音两个声域的数据分别带入 T 值公式 [1]，

---

[1]　T＝（lgx－lgb）/（lga－lgb）×5。a、b 为调域的上限频率和下限频率，x 为测量点频率，所得到的 T 值就是 x 点的五度值参考标度。石锋：《语音学探微》，北京大学出版社，1990。

得到两个声域的相对五度音高值。根据数据我们做出正常嗓音和高音调嗓音的音高曲线示意图。

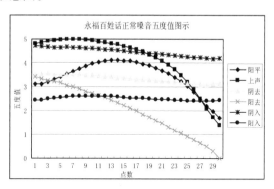

图 5‑12 永福百姓话正常嗓音（男女均值）音高示意图

图 5‑12 是永福百姓话正常嗓音的五度音高图，图中剔除了高音调嗓音阴平调，因而只有 6 条曲线，分别代表阳平、上声、阴去、阳去、阴入和阳入 6 个声调。这 6 个声调在永福百姓话声调系统中是正常嗓音。由于剔除了高音调嗓音的基频曲线，我们可以看到这 6 个声调的基频曲线不再像图 5‑11 那样被挤压在调域底部。基频曲线真实反映了永福百姓话正常嗓音的五度音高。

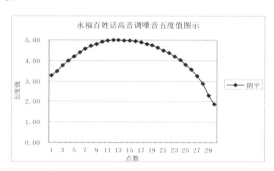

图 5‑13 永福百姓话高音调嗓音（男女均值）音高示意图

图 5‑13 是永福百姓话高音调嗓音的五度音高示意图，是根据正常嗓音的域宽计算推导出来的。虽然正常嗓音和高音调嗓音的最高阈限和最低阈限不同，但域宽相等，都是 0.27。同等域宽保证了两个声域五度音高的相关性。

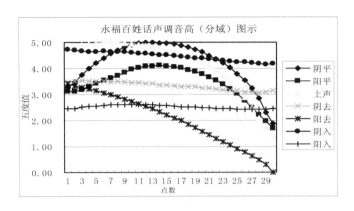

图 5-14　永福百姓话双声域（男女均值）音高示意图

图 5-14 是将图 5-12 正常嗓音和图 5-13 高音调嗓音两个五度音高合二为一的永福百姓话双声域的音高图。从图中我们看到，加入了高音调嗓音阴平调的基频曲线后，其他声调并没有像图 5-11 那样被挤压在一起。这是因为，在这个合二为一的五度框架中，蕴含着两个五度标尺。虽然相对音高不同，但两个声域的五度音高具有相关性，由于两个声域的域宽相同，所以每个音级间的听感音高变化也是相同的。这种相关性可以通过表 5-6 的数据显示出来。

表 5-6　永福百姓话正常嗓音和高音调嗓音声域关系数据

项目		域宽	五度比	五度差	声域间	声域间
		音高（lg）	基频（F$_0$）	音高（lg）	基频比值	对数差值
男生	正常嗓音	0.20	1.1	0.04	1	0
	高音调嗓音	0.20	1.1	0.04	1.61	0.21
女生	正常嗓音	0.35	1.17	0.07	1	0
	高音调嗓音	0.35	1.17	0.07	1.42	0.15
男女均值	正常嗓音	0.27	1.13	0.05	1	0
	高音调嗓音	0.27	1.13	0.05	1.51	0.18

从表 5-6 看，无论是从男生、女生还是从男女平均后的两个声域的域宽、五度比值、五度差值和两个声域之间的比值、对数差值看，正常嗓音和高音调嗓音的两个声域都具有相关性。表中男生、女生和男女均值的数据显示，在同等域宽的双声域五度框架中，我们从图 5-14 可以看到，正

常嗓音的最高音高和高音调嗓音的最高音高都是五度，实际上它们的基频范围是不一样的。

由于高音调嗓音的音域经过处理后，与正常嗓音的域宽相等，同等域宽保证了两个声域五度音高的相关性，使得两个声域的基频五度比值和音高五度级差相同（见表 5-6），因此具有相同的听感标尺，从而解决了双声域方言的五度标调的困难。

根据计算推导出的数据做出的五度音高图（图 5-13），我们可以确定永福百姓话正常嗓音和高音调嗓音两个声域的声调的五度音高。见表 5-7。

表 5-7　永福百姓话声调

阴平	阳平	上声	阴去	阳去	阴入	阳入
♯453	342	52	44	41	54	33

在调值的写法上，可以用附加符号来区别两个声域的最高音高"5 度"。我们借用五线谱的升音符号"♯453"来表述永福百姓话高音调嗓音的"五度"，以区别正常嗓音的"五度"。根据赵元任（1930）五度标调法的规定，音高曲线符号放在垂直参考线的左边表示调类（有语言学意义），放在右边的表示调值（无语言学意义），我们将附加符号"♯"放在调值的左上角，因为高音调嗓音在永福百姓话中具有语言学意义的音位功能。

5.7　讨论

5.7.1　声调的频率域特征

在汉语声调研究上，声调的音高曲线具有区别意义的功能，因而以往研究的重点都集中在声调的基频方面，由于受到实验仪器等的限制，忽视甚至根本不了解声调频率域方面的特征。

从声调产生的生理机制看，声调是声带振动快慢的变化结果，应该属于"发声"，声调的研究应该属于语音学的"发声"范畴。从声调的本质特点看，声调是由时域和频率域两方面的特征构成。一是肌肉对声带振动快慢的调制，在声学上对应于嗓音发声类型的时域特征；二是指肌肉对声带振动方式的调制，在声学上对应于发声类型的频率域特征。由此我们可以知道，基频并不完全等于声调，它只是声调时域特征的一项重要参数，不是声调的全部特征。一个完整准确的声调系统至少要从时域特征和频率域特征两个方面去定义。声调"是由调时发声和调声发声共同作用产生的能区别意义的语音现象" [1]。

声调的时域特征和频率域特征是不同的两个层次。对于时域特征，通常用基频参数来表征；研究声调，特别是研究具有发声类型的声调，频率域特征是更不能忽视的，频率域特征反映嗓音发声的特征，它对发声类型的确定有着重要的评估意义。

在本研究中，我们利用声门阻抗信号（Electroglottography，简称为EGG）来研究永福百姓话声调的频率域特征，这是一种生理研究的方法。分别从时域和频率域两个层面分析永福百姓话的声调特征，建立了由基频、开商、速度商构成的高音调嗓音和挤喉嗓音的发声模式。这是首次将这一方法运用于方言声调的发声类型研究中，充实了声调发声中频率域特征研究的理论。

5.7.2　声调的时域特征

声调的时域特征，通常用基频参数来表征。声音的频率（基频）是一种客观的物理量，而声音的音高却是一种主观的心理量，音高感觉是以频率值及其变化为基础的，但两者间呈现着复杂的关系。在语音学中，人们对语音声调特性的感觉，对一个语音的具体调类和调值的描写，是以听觉上的主观感受为基础的。五度标调法是通过人的耳朵得出的对实际音高的间接的带有相当模糊性的描写。五度制标调法从根本上来讲并不是对客观

---

① 孔江平：《基于发声的语音学理论框架》，载《论语言发声》，中央民族大学出版社，2001，第290页。

的物理量的描写，而是根据实际语音通过听觉得到的一种心理印象的记录 ①
（王士元、沈钟伟，1987）。这种主观感受，在五度标调法中以音高的相对
性体现出来。五度标调法"采用相对音高来描述字音的声调特性，即某一声
调的音高变化是相对于某一基准音高的，是在某一特定音域内，按某一种
调值变化的，而调值是按五度来划分的"②。声学实验表明，在几百赫兹的
频率范围内，一个纯音的音高感觉并不与其频率值呈线性关系，而与频率
的对数值近似呈线性关系。以对数化的基频和乐理中的音阶和半音作为音
高的尺度，更接近五度制标调法的原则。由此可知，五度标音高的相对性
是以一种线性关系来反映人的主观听觉感受的，体现在五度值上就是一种
等分关系。

　　赵元任（1930）认为，五度标调的适用范围限于描写正常语调的音
高变化，而不适用于极端的情感表达语调。也就是说，五度标调法的适
用范围是基于同一发声类型的音高范围，对于不同发声类型的音高范围
是不适用的。从声学数据上看，只有相同发声类型的基频数据才能放在
一起归一，即同质数据归一，不同发声类型的基频数据应该分开归一。
之所以要将不同发声类型的基频分开，是由五度音高的性质决定的。永
福百姓话有两个不同性质的声域，所以需要用两个五度标尺来表示不同
声域的音高，这样才可以保证五度标调法适用范围的一致性和科学性。
我们针对双声域声调共聚一个方言的声调标调，提出分声域、分音程确
定五度音高的框架，正是基于五度标调法的标调范围的同一性和五度音
高的相对性的这两个特点。

　　从这两个特点来审视三域四度模式（朱晓农，2006a），我们发现三域
四度模式的标调方法值得商榷。

　　三域四度模式也是针对具有某种特别伴随的发声态的语言提出的一种

---

　　①　王士元、沈钟伟：《方法、理论与方言研究—语言研究的客观性和合理性》，第一届粤方言
会议报告论文，1987（香港）。转引自石锋：《论五度值记调法》，《天津师范大学学报（社科版）》
1990 年第 3 期。

　　②　杨顺安：《五度字调模型在合成汉语语音中的应用》，《方言》1987 年第 2 期。

标调模式。三域四度模式将发声态分成高、中、低三个声域，每个声域用四度来标记音高，总共六度。低域用［1－4］度，中域用［2－5］度，高域用［3－6］度来描写。我们可以看到，三域四度模式虽然在发声类型上区分了三个声域，但在音高数据处理上却仍然将三个声域的音高放在一个音高框架中，用线性等分的"六度"来标示。实际上，每个声域都有其自己相对音高范围，不同声域的音高之间不存在一种线性关系。因此，将不同声域的数据不加处理地放在线性的"六度"框架中，不仅不符合人的主观听觉感受，而且分域的目的也就显得没有意义了。

　　我们以永福话为例，计算出正常嗓音和高音调嗓音相对音高值，见表 5－8：

表 5－8　正常嗓音与高音调嗓相对音高值

音高等级	男生		女生		男女平均		阈限
	F_0	Log	F_0	Log	F_0	Log	
	221.09	2.35	346.86	2.54	276.50	2.44	高音调嗓音基频上限
10	217.45	2.337					
9	198.31	2.297					
8	180.86	2.257			265.17	2.42	
7	164.94	2.217	337.04	2.53	234.28	2.37	
6	150.43	2.177	287.38	2.46	206.98	2.32	
5	137.19	2.137	245.03	2.39	182.87	2.26	
4	125.12	2.097	208.93	2.32	161.57	2.21	
3	114.10	2.057	178.14	2.25	142.75	2.15	
2	104.06	2.017	151.89	2.18	126.12	2.10	
1	94.90	1.977	129.51	2.11	111.43	2.05	
0	86.55	1.94	110.43	2.04	98.45	1.99	正常嗓音基频下限

　　表 5－8 第一列 0—10 是音高等级；第一行是男、女和男女均值高音调嗓音声域的基频上限和相应的对数值，末行是正常嗓音的基频下限和相应的对数值。在这一范围内，我们以正常嗓音的五度音高对数值为基准值，依次递减或依次递加五度差值，就可以得到永福百姓话男生、女生和男女

均值两个声域的相对音高等级。

表5-8中1—5度是正常嗓音的五度音高等级，6度以上是高音调嗓音的音高等级。从表5-8中数据看，男生高音调嗓音的基频上限是221.09Hz，相应的对数值为2.35，女生的基频上限是346.86Hz，相应的对数值为2.54，男女平均后的基频上限是276.50Hz，相应的对数值为2.44。如果按照这一调域范围来确定相对音高值，那么男生阴平调的音高要用"10度"，女生阴平调要用近似"7度"，男女平均后阴平调要用近似"8度"来表示，才能符合人耳的主观听感。

在三域四度模式中，高音调嗓音的最高音高如果定为6度，显然没有达到阴平调的实际音高值。6度并非高音调嗓音音域的最高听感标度。由于不同的人存在着嗓音差异，同样是高音调嗓音，男生和女生就很不一样，从表5-8的数据可以看出，男生的高音调嗓音的实际调值达到10度，女生才7度，男女平均的实际调值为8度。由此看来，多声域标调面临两个需要解决的问题：（1）虽然两个声域之间的线性音高关系能够反映出它们之间实际的音高差异，但不具有语言学意义。（2）如果将两个声域的音高不加区分地一起放在一个线性的听感框架中，无论用4度、5度还是6度、7度等，都不能正确反映出符合人耳主观听感的音高。

要解决双声域的语言学标调问题，首先需要将两个声域的基频区分开来，分别用两个相关的五度框架去表示。分别确定两个声域的最高阈限和最低阈限，在这一范围内分别确定正常嗓音和高音调嗓音的五度相对音高值。不同声域的音高虽然分属两个五度音程，但由于两个声域的域宽相同，基频的五度比值相同，音高的五度级差相同，每个音级间的听感音高变化也相同，因此具有相同的听感标尺。

双声域标调模式既保证了不同声域音高听感距离的一致性，又可以用五度值简明扼要地表现双声域声调的调位系统，有效解决了双声域语言学标调的难题。

5.8　小结

在本文中我们梳理了永福百姓话的语音系统，区分了声调的两种不同的发声性质。在声调音质方面，我们根据开商和速度商参数，建立了永福百姓话声调的发声模式；在声调音高方面，我们讨论了具有不同发声类型的语言（方言）的声调标调音高模式，提出了双声域五度框架的标调模式。

根据声调的"调时"和"调声"的特征，我们认为应该用不同的参数表征，"调时"模式用基频参数表征，"调声"模式用开商和速度商去表征。根据五度标调法标调范围的同一性和五度音高的相对性的这两个特点，我们认为永福百姓话正常嗓音和高音调嗓音的音高应该分域处理，用域宽相同的两个五度音程分别确定永福百姓话声调调值。双声域五度标调模式，可以有效解决双声域方言（语言）的五度音高的语言学标调难题。

第六章　横县陶圩平话阴阳入声的
嗓音性质

6.1　引言

　　横县平话是桂南平话邕江支一个独具特色的代表点之一。调类数量多是桂南平话的特点之一（杨焕典等，1985）。从已发表的材料看，桂南平话调类的复杂性主要体现在入声的分化上。覃远雄（2004）以桂南八处方言的平话材料为依据，将桂南平话的入声归为三种类型：（1）清入一类，浊入两类；（2）清入两类，浊入一类；（3）清入两类，浊入两类。其中横县、宜州平话就是属于第三种类型。闭思明（1998）、黎曙光（2004）、黄海瑶（2008）对横县那阳镇、横州镇、百合镇的调查结果以及我们对横县陶圩镇平话的调查结果与覃远雄的调查结果基本相符。陶圩平话有 10 个声调，入声分化属于第三种类型，即清入两类，浊入两类。可见，横县四镇的平话在声调上有一定的共性，都是 10 个声调，平上去入各分阴阳两调，其中阴入和阳入又各分上下两调。

　　对横县入声分化的条件此前的研究主要有三种描写：一是以元音的长短为分化条件，上阴入和上阳入的元音为短元音，下阴入和下阳入的元音为长元音（闭克朝，1985）；二是以古今韵母对比为分化条件（黎曙光，

2004）；三是以今读韵母为分化条件，即甲类韵母一个调，乙类韵母另一个调，今读逢甲类韵母归上类，逢乙类韵母归下类（覃远雄，2004）。这三种描写主要是从中古对应规律和调音层面对入声进行分类的描写。

前贤的研究主要关注入声分化的外部条件，而对入声的发声音质、入声的内部分化条件没有涉及。本章在上述研究的基础上，提取基频、时长、共振峰等声学参数，用声学研究方法综合考察和探讨横县陶圩平话入声的发声性质。

6.2　横县概况

6.2.1　横县地理位置及语言概况

横县位于广西东南部，隶属南宁市管辖。地处东经 $108°48'\sim109°37'$，北纬 $22°08'\sim23°30'$。东邻贵港，西连邕宁，南与灵山县接壤，西以邕宁县（今邕宁区）为界，北边是宾阳县，县城距首府南宁 80 公里。全县下辖 17 个乡镇，总面积 3464.3 平方公里，总人口 108 万。境内有汉、壮、苗、瑶等 14 个民族，境内语言主要有汉语和壮语。汉语方言有平话、粤语和客家话三种。粤语当地俗称白话，主要通行于城关横州镇及某些厂矿。客家话当地俗称马解话、捱话或新民话，分布在校椅乡和那阳乡的部分村庄。壮语分为横南壮话和横北壮话（《横县县志》，1989）。

横县平话属于桂南平话，是横县的第一大汉语方言，也是县内各民族之间交流的共同交际用语。使用横县平话的人约有 66 万。横县平话主要分布于百合、马山、附城、那阳、板路、峦城、平朗、马岭、莲塘、云表、陶圩、横州等乡镇，其中百合、马山、那阳、附城等 4 个乡镇全部使用平话。流行在不同区域的平话大致相同，基本能互相通话，但也存在一些差别，其中以语音差别最为明显。

陶圩镇位居横县西北部，距县城横州 30 公里，距首府南宁 90 公里，与石塘、校椅、莲塘、平马等镇相接壤，总人口 8 万。镇内分布有汉语平话和壮话两种语言，绝大部分人说平话，当地人称为"陶圩话"。只有少数一些靠近平马、石塘、校椅等壮话集中的乡镇是说壮话。在陶圩镇，使用双语的情况比较多见，所谓"见客讲客，见壮讲壮"。

6.2.2　横县陶圩平话的声韵调

横县平话在横县作为各民族之间交往的共同交际语，使用范围宽，使用人口多，是桂南平话邕江支一个独具特色的代表点之一，具有相当重要的研究价值。之前有闭思明（1998a）、黎曙光（2004）、黄海瑶（2008）等人对横县那阳镇、横州镇、百合镇的平话语音进行了调查；闭克朝（1991，1994a，1994b，1994c）对横县平话中的韵随调转现象进行了描写，并详细介绍了横县百合平话的词汇；闭思明（1998b，2003）对横县平话的"儿"尾和语缀进行了研究。这些研究让我们对横县平话的语音、词汇、语法有了一个较全面的认识，并为本研究奠定了很好的基础。已有研究涉及的那阳、百合、横州三镇与陶圩镇有所不同，三镇境内全部使用平话，而陶圩镇境内除了平话外还有壮语，境内的人多为双语者。陶圩平话在长期与少数民族的交往中形成了自己独有的特点，鉴于横县平话内部存在一定的差异，之前没有人做过音系调查，下面介绍一下横县陶圩平话的声韵调系统。

6.2.2.1　声母

横县陶圩平话声母共 22 个，包括零声母。见表 6-1：

表 6-1　陶圩平话声母

发声 \ 部位 方式	唇	齿/龈	腭前	软腭		零
清不送气　爆发音	p	t		k	k^w	ø
清不送气　塞擦音		ts				
清送气　爆发音	p^h	t^h		k^h	k^{hw}	
清送气　塞擦音		ts^h				
清声　擦音	f	s		x		
带声　鼻音	m	n	ȵ	ŋ		
带声　近音	w		j			
带声　边音		l				
清　边擦		ɬ				

音值说明与声母特点：

（1）[ts、tsʰ、s]在细音前实际音值为[tʃ、tʃʰ、ʃ]。

（2）古全浊声母今读塞音、塞擦音时，无论平仄均读为不送气清音。

（3）古微母今读同明母；泥来两母不相混淆；分尖团，精组今读[ts、tsʰ、s]，见晓组今读[k、kʰ、h]。

（4）精知庄章组合流，只有一套塞擦音和擦音[ts、tsʰ、s]。

（5）古心母字、部分邪母和生母字今读为边擦音[ɬ]。

6.2.2.2　韵母

横县陶圩平话共有 53 个韵母，其中单元音韵母 6 个，复元音韵母 9 个，鼻韵母 18 个，塞音韵母 20 个。见表 6－2：

表 6－2　陶圩平话韵母

a	aːi	aːu	aːm	aːn	aːŋ	aːp	aːt	aːk
	ai	au	am	an	aŋ	ap	at	ak
e		eu	em	en	eŋ	ep	et	eːk/ek
i		iu	im	in	iŋ	ip	it	ik
o	oi	ou	om	on	oŋ	op	ot	oːk/ok
u	ui			un	uŋ		ut	uk
y				yn			yt	

横县陶圩平话韵母主要特点如下：

（1）四呼齐全，开口呼韵母占优势。

（2）完整保留了古鼻音韵尾[m、n]和相应的塞音韵尾[p、t、k]。

（3）今由 a 组成的韵母在阴声韵、阳声韵和入声韵中均有长短对立。

6.2.2.3　声调

横县陶圩平话声调共 10 个[①]。见表 6－3。

表 6－3　陶圩平话声调

调类	阴平	阳平	阴上	阳上	阴去	阳去	上阴入	下阴入	上阳入	下阳入
调值	34	13	33	22	55	41	4	33	2	22
调型	升	升	平	平	平	降	平	平	平	平

---

　　①　上下类入声分别为促调，所以我们在调值下划横线，以区别舒声调。上类入声要比下类入声短，所以上类入声我们用一个数字表示，以区别上下两类入声。

陶圩平话声调特点见 6.3.3。

6.3　陶圩平话声调的声学分析

6.3.1　实验说明

6.3.1.1　录音词表与发音人

本实验设计了舒声调和入声调两个词表，主要考察陶圩平话声调的音高变化。录音词表由陶圩平话 10 个声调的单音节组成。选词原则是：

（1）搭配能力强，声韵界限明显，在语图上容易区分；故声母优先选塞音，其次为塞擦音和零声母。因为舌尖塞音声母与韵母和声调的配合范围最宽，相对容易找到声、韵、调都相同的音节。

（2）韵母优选搭配能力强的单韵母，入声韵尽量选上下入声有时长对立的韵母。

录音词表分为舒声调和促声调两个词表。由 10 个声调共 80 个实验字组成，每个声调 8 个字。录音时每个字读 3 遍，每个调类有 24 个样本，10 个调类共 240 个样本。写不出本字的音节用"□"表示，并在右下角加上数字，在表格下方加注释义。发音人龙某，48 岁，农民，高中文化，横县陶圩镇石西村人。

表 6 - 4　陶圩平话舒声调实验字

	[i]		[a]		[u]		[o/ou]	
阴平	碑	批	家	卡	姑	箍	多	拖
阳平	皮	迟	爬	□₁	婆	涂	驮	罗
阴上	纸	齿	把	假	补	普	宝	可
阳上	被	似	马	□₂	肚	户	抱	造
阴去	舌	借	霸	怕	过	课	布	破
阳去	夜	谢	罢	骂	怒	助	步	座
注释：□₁：大口大口地吃；　　□₂：播种。								

表6-5　陶圩平话促声调实验字

韵母	阴入		阳入	
	上类	下类	上类	下类
ap:ap	k 急	k 夹	ts 集	ts 杂
	k 级	k 甲	ts 习	ts 闸
at:at	k 骨	k 刮	f 佛	f 罚
	p 笔	p 八	t 突	t 达
ak:ak	p 北	p 百	ts 贼	ts 砸
	ts 则	ts 窄	t 特	p 白
ok:ok	k 谷	k 郭	ts 昨	ts 浊
	ts 竹	ts 桌	t 读	t 铎

6.3.1.2　录音设备与数据处理

录音设备包括：笔记本电脑，HYUNDAI－M30 麦克风。使用 Praat 软件录音和剪辑。

录音采样率为 22050kHz，采样精度 16 位，单通道，只采集语音信号。

录音地点：横县教育局。

数据处理：用 Praat 软件对每个音节进行切分和标注；对基频进行归一化处理，用"音高提取程序"提取每个声调的时长和每个声调 10 个归一点原始基频数据，导入到 Excel 进行统计，计算每个音节在 10 个采样点上的原始基频数据的平均值（见表 6－6）；再将发音人基频数据的平均值转换成对数，带入每个调类的时长；最后根据 T 值公式转换成五度值[①]，并做出五度音高 T 值图（见图 6－1）。

[①]　T 值公式为：T＝（lgx－lgb）／（lga－lgb）×5，见石锋：《语音学探微》，北京大学出版社，1990，第 68 页。

表 6-6   陶圩平话基频、时长均值

调类	1	2	3	4	5	6	7	8	9	10	时长
阴平	239	235	237	240	245	249	253	257	262	263	0.41
阳平	202	196	196	199	204	210	216	221	224	229	0.45
阴上	239	235	236	236	236	236	237	236	235	238	0.49
阳上	218	215	214	214	214	214	214	214	212	213	0.59
阴去	305	310	312	314	315	315	316	316	318	318	0.51
阳去	277	281	279	272	261	243	220	199	183	177	0.48
上阴入	265	261	258	257	256	257	257	257	256	255	0.17
下阴入	241	237	236	236	235	234	234	234	235	234	0.25
上阳入	220	215	212	211	210	209	208	208	207	208	0.17
下阳入	219	214	212	211	210	209	209	208	208	208	0.27

6.3.2   陶圩平话声调的音高曲线特征

图 6-1 是根据陶圩平话 10 个调类的基频均值和时长均值数据做出的五度音高曲线图。图中纵轴 T 值 1～5 分别与五度值对应。其中 0～1 为 1 度，1～2 为 2 度，2～3 为 3 度，3～4 为 4 度，4～5 为 5 度。

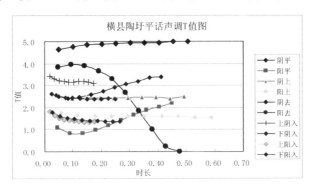

图 6-1   陶圩平话声调五度音高示意图

从图 6-1 看，阴平调是一个中升调，调值为［34］；阳平调是个低升调，调值为［13］；阴上调是个平调，整条曲线都在 3 度区间内，整条曲线呈现出"平"的特点，调值定为［33］；阳上调是一个低平调，音高曲线位于

2 度区间内，也呈现出"平"的特点，调值定为［22］；阴去调是一个高平调，音高曲线位于 5 度区间内，尽管整条曲线有微微上升的趋势，但总体呈现出"平"的特征，调值为［55］；阳去调是一个高降调，起点在 4 度区间，终点落在 1 度区间，调值为［41］；上下阴入都为平调，其中上下阴入调值相差一度，分别为［4］和［33］；上下阳入音高曲线合并，虽然微微下降，但都在 2 度区间，属于平调，上阳入调值为［2］，下阳入调值为［22］。陶圩平话的调类和调值见表 6-3。

6.3.3　陶圩平话声调特点

从上面的分析我们可以得到陶圩平话声调的特点。

（1）今横县陶圩平话有 10 个声调，古平声、上声、去声和入声字按古声母的清浊今各分为阴阳两调。其中阴入和阳入又各分为上下两小类。

（2）10 个调类中 7 个声调的调型均为平调，只有阴平和阳平是升调，阳去为降调。

（3）入声与舒声相配，入声的调值与舒声调值相同或相近，而且阴调类配阴调类，阳调类配阳调类。具体表现为：上下阳入的调值与阳上的调值重合，都是［22］，只是促声和舒声的差别。上下阴入的调型与阴上相同，都为平调。下阴入与阴上的调值重合，均为［33］，也只是促声与舒声的差别。

（4）入声均以［-p、-t、-k］收尾，都是短促调。从时长看，上类入声要短于下类入声。从听感上可以感觉到上类入声较下类入声更为短促。

从上述特点可以看到，陶圩平话声调调位，由调型、调值、时长共同作用来承担音位功能。

6.4　陶圩平话声调的时长分析

在汉语的声调研究中，基频的变化能够区别意义，因而是非常重要的参数，但是在陶圩平话中，音长往往也具有音位功能，对区别声调起到一定的作用。本节我们对陶圩平话声调的时长进行测量和统计学分析。

6.4.1 实验说明

录音词表：声调时长的录音词表设计原则是为确保韵母段的准确，声母不选鼻音、边音等次浊声母。因为声调主要体现在韵母上，测量声调时长，主要是测量韵母段的时长。鼻、边音属于浊声，其基频曲线容易与后面的韵母混淆在一起，不容易区分。在每个调类中，尽量保证有韵母的各种结构类型。每个调类选 16 个字，10 个声调共 160 个实验字，每个字读 2 遍，共得到 320 个样本；将每个字的时长数据导入 Excel 表中进行统计，计算出每个舒声调和促声调的时长均值，然后作图分析。实验词表见表 6-7：

表 6-7 陶圩平话时长实验字

调类	例字							
	1	2	3	4	5	6	7	8
平阴	碑	拖	姑	沙	刀	妻	歪	开
	潘	砖	阴	军	风	腔	声	框
阳平	皮	驼	茄	肥	球	槽	何	台
	还	寻	陈	群	营	床	朋	成
阴上	把	普	主	写	够	巧	底	考
	坦	稳	滚	闪	请	纺	躺	颈
阳上	坐	肚	唐	社	罪	弟	距	厚
	见	伴	晚	菌	养	幸	动	静
阴去	借	怕	过	泄	盖	菜	配	去
	店	碳	训	算	唱	抗	放	胜
阳去	谢	罢	巨	贺	度	住	卖	跪
	运	饭	阵	暂	洞	仗	幸	郑
上阴入	骨	匹	一	逼	卿	色	古	福
	屋	急	吸	摘	北	得	侧	黑
下阴入	甲	鸦	刮	挖	客	迫	割	国
	剥	接	节	切	雪	血	雀	约
上阳入	入	习	十	栗	蜜	疾	日	特
	局	读	欲	服	翼	役	食	剧
下阳入	合	杂	砸	纳	罚	额	白	舌
	舌	绝	月	药	没	夺	夜	薄

6.4.2　舒声调时长分析

表6‐8　陶圩平话舒声调时长均值（单位：ms）

项目	阴平	阳平	阴上	阳上	阴去	阳去	舒声平均
时长均值	528.0	505.1	487.2	477.3	456.1	445.0	483.1
时长顺序	1	2	3	4	5	6	

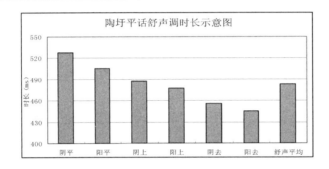

图6‐2　陶圩平话舒声调时长示意图

　　图6‐2是根据表6‐8作的陶圩平话舒声调时长均值示意图。从上述图表中我们可以看到陶圩平话舒声调时长的一些特点。

　　（1）舒声调各个调类时长均值全部超过了400毫秒，舒声6个声调平均时长为483.1毫秒。时长排列顺序由长到短排列：阴平＞阳平＞阴上＞阳上＞阴去＞阳去。

　　（2）阴调时长均长于阳调时长。

6.4.3　促声调时长分析

　　陶圩平话的促声有4个声调——上阴入、下阴入、上阳入、下阳入，均以塞音收尾。促声调时长分析分两步进行，首先考察促声调时长的总体情况，其次选取有长短对立的最小对立对的入声音节进行时长的测量和分析。

6.4.3.1　促声调总体时长

表6-9　陶圩平话促声调时长均值（单位：ms）

项目	上阴入	上阳入	下阴入	下阳入
促声各调类时长均值	280.2	323.5	396.2	402.2
上下类促声时长均值	301.85		399.2	
促声调时长总平均	336.46			
时长由长到短排序	4	3	2	1

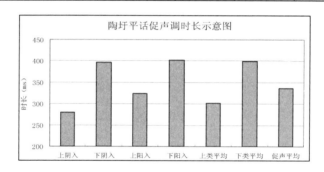

图6-3　陶圩平话促声调时长示意图

从上述图表我们可以看到陶圩平话促声调各个调类时长均值全部小于舒声调，促声4个声调平均时长为336.46毫秒。时长排列顺序由长到短为下阳入＞下阴入＞上阳入＞上阴入。就促声总体而言，下类入声要长于上类入声，上类入声时长均值为301.85毫秒，下类入声平均时长均值为399.2毫秒。同类入声音节时长，阳调要长于阴调，恰好与舒声相反。

舒声时长均值和入声时长均值数据的 T 检验结果为：舒声调与促声调的声调音节时长差异显著，Sig. 值（双侧）为 0.000。时长实验结果显示：在横县陶圩平话调位系统中，时长的音位功能不仅表现为舒声和促声的对立，而且表现在上下类促声的对立上。

6.4.3.2　促声调最小对立对时长

陶圩平话有 19 个入声韵母，构成上下类入声对立的韵母有四对，我们进一步对这四对最小对立对音节时长进行测量分析，考察其时长特点，并进行统计学上的分析。

表 6‑10　陶圩平话入声最小对立对音节时长均值（单位：ms）

韵母	上类		下类	
	调类	时长	调类	时长
ap/ aːp	阴入	159.47	阴入	218.67
	阳入	170.85	阳入	258.19
at/ aːt	阴入	174.26	阴入	274.37
	阳入	142.30	阳入	269.82
ak/ aːk	阴入	155.23	阴入	222.72
	阳入	198.63	阳入	250.67
ok/ oːk	阴入	170.76	阴入	318.28
	阳入	193.55	阳入	357.71
平均	阴入	164.92	阴入	258.51
	阳入	176.34	阳入	284.10

最小对立对音节时长实验结果与促声总体时长结果相似。从表 6‑10 看，上类入声时长均短于下类入声时长，同类入声音节时长阴入又短于阳入。上类入声韵母的时长均小于 200 毫秒，上阴入平均时长为 164.92 毫秒，上阳入的平均时长为 176.34 毫秒。下类入声韵母的时长均大于 200 毫秒，下阴入的平均时长为 258.51 毫秒，下阳入平均时长为 284.10 毫秒。我们将其平均时长由长到短进行排序，顺序为下阳入＞下阴入＞上阳入＞上阴入。

时长数据的 T 检验结果为：上类入声韵母时长短于下类元音时长，差异显著，Sig. 值均小于 0.000。可以认为陶圩平话中入声的内部分化，时长因素有显著差异。

6.4.4　小结

通过对舒声 6 个声调音节时长和促声 4 个声调音节时长的测量和分析，可以得出下列结论：

（1）10 个声调的时长由长到短顺序是阴平＞阳平＞阴上＞阳上＞阴去＞阳去下阳入＞下阴入＞上阳入＞上阴入。

（2）T值检验结果显示，舒声调时长均值与促声调时长均值有显著差异，Sig. 值（双侧）为0。舒声6个声调韵母时长均值为483.1毫秒，促声4个声调时长均值为336.46毫秒。

（3）舒声调时长特点是阴调时长均长于阳调时长。促声调时长特点是下类入声要长于上类入声，上类入声时长均值为301.85毫秒，下类入声平均时长均值为399.2毫秒。同类入声中阳调要长于阴调，恰好与舒声调相反。

（4）T值检验结果显示，上类入声时长与下类入声时长有显著差异，Sig. 值均小于0。

6.5　陶圩平话入声韵元音共振峰分析

6.5.1　元音的调音音质

语音学是从舌位的高低和唇形的圆展来定义调音音质的，在声学上主要是从共振峰结构上来量化。从陶圩平话的音高看，上下阳入的基频曲线重合，基频曲线没有本质的差异；阳入内部的分化除了时长以外，是否在调音音质上存在对立，分化是否与元音的调音音色有关，需要我们对陶圩平话的元音音质进行考察。方法是提取元音共振峰F1和F2参数，用共振峰均值做出横县陶圩平话的声学元音图，对上下类入声的元音音质进行量化分析。

我们选取入声韵中有时长对立的4对韵母，分别提取共振峰F1和F2数据，同时还提取了陶圩平话 [i]、[u] 两个元音的共振峰作为参照，画出陶圩平话声学元音图。

6.5.2　陶圩平话声学元音图

表6-11　陶圩平话入声韵元音共振峰均值（单位：Hz）

	a̱	a	e̱	e	o̱	o	i	u
F1	955	980	684	777	696	724	415	469
F2	1450	1532	2168	1991	1204	1166	2756	983

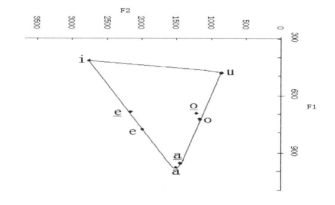

图6-4　陶圩平话声学元音图

图6-4是根据表6-11的共振峰均值数据制作的声学元音图。从声学元音图可以看出，上类入声［a］、［o］、［e］的F1都要小于下类入声［a］、［o］、［e］的F1，在生理上体现为上类入声元音的开口度都比下类入声元音的略小一些，F2差别不大。也就是说，上下类入声的元音在调音音质上没有明显差别，可以认为元音音色在陶圩平话上下类入声中不存在音位对立。

6.6　陶圩平话入声发声分析

6.6.1　频谱分析方法

频谱分析主要是测量第一谐波和第二谐波的振幅，从其差值或比值都可以反映嗓音发声类型的性质。谐波振幅的差值在一般情况下能反映声带振动时的紧张程度。H1－H2 的数值越大，嗓音高频的能量就越小，即声源谱的能量就衰减得越快，声带表现为松或漏气；数值越小，嗓音高频的能量就越高，即声源谱的能量就衰减得越慢，声带体现为越紧。本实验提取的参数主要有第一、二谐波 H1、H2 的振幅（dB），这一类参数主要是测量声带的松紧，从 H1 和 H2 的差值来看嗓音的发声性质。但这种方法的主要局限是，在测量数据时共振峰对谐波能量会有影响。为了避免这一局限对本研究数据的影响，我们选择较低的元音［a］作为分析的样本，这是因为［a］的第一共振峰比较高，因而对第一、二谐波的能量影响比较小或者没有影响，这样就可以得到比较稳定和有规律的数据。

6.6.2　录音字表

字表设计充分考虑到最小对立对原则，实验字分别选取上下类入声有对立的 4 对韵母：ap:ap｜at:at｜ak:ak｜aok:ok，每个韵母上下类各选两个字，4 个声调共计 32 个字（4×2×4）组成实验字表。录音字表见表 6－5。

本实验的参数主要有：每个样本选取三个断面分别做功率谱，提取每个断面的第一、二谐波 H1、H2 的振幅（dB）。录音时每个音节读 3 遍，32 个音节共得到 96 个样本（32×3）。谐波振幅参数主要是测量声带的松紧，从 H1 和 H2 的差值来看嗓音的发声性质。

6.6.3　陶圩平话元音功率谱分析

图 6－5 与图 6－6 是陶圩平话上下类阴阳入声四个音节"质、札、集、杂"一个断面上的功率谱，断面都取在元音开始后 30～60 毫秒处。从图中可以看出，上类入声的 H1 均小于 H2，H1－H2 谐波差均为负值，下类入声的 H1 均大于 H2，H1－H2 谐波差均为正值。这说明下类入声较上类入声较松，上类入声较下类入声较紧。为了进一步考察入声的发声音质，我们对陶圩平话上下类入声的韵母分别做了三个断面的功率谱。

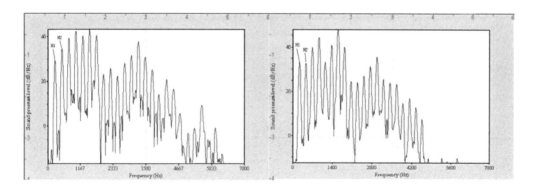

图 6-5　陶圩平话上阴入"质"［a］和下阴入"札"［a］元音功率谱

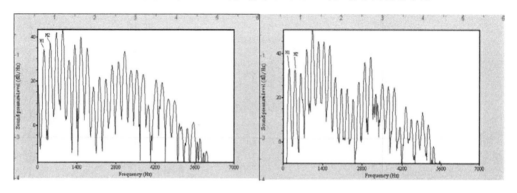

图 6-6　陶圩平话上阳入"集"［a］和下阳入"杂"［a］的元音功率谱

　　谐波振幅值的测量方法是，分别取每个音节韵母段发音的开始阶段、发音过程中和发音结束段的各一个断面，分别测量 H1 和 H2 的振幅值，并将数据进行平均，得到陶圩平话上下类阴阳入声四对韵母三个断面的功率谱 H1－H2 的差值，见表 6-12。

表 6‑12　陶圩平话上下类入声元音三个断面谐波差值数据（单位：dB）

入声韵	调类	例字	H1－H2 1	H1－H2 2	H1－H2 3	调类	例字	H1－H2 1	H1－H2 2	H1－H2 3
ap/aːp	阴入	k 急	−4.5	−3.9	−7	阴入	k 级	−4.2	−1.9	−4.8
		k 夹	−2.1	−1.5	−0.4		k 甲	0	1.5	1.1
at/aːt	阴入	k 骨	−8.6	−4.9	−9.9	阴入	k 刮	−2.2	1.7	0.6
		p 笔	−2.3	0.1	−2.1		p 八	0.7	0.2	0.3
ak/oːk	阴入	k 谷	−4.8	−4.1	−4.9	阴入	k 郭	−1.6	−0.8	−3
		ts 竹	−7.3	−8.9	−10.2		ts 桌	−6	−2.5	−3.1
ak/aːk	阴入	p 北	−4.3	−1.4	0	阴入	p 百	−1.2	0.1	0.4
		ts 则	−7.1	−0.9	−0.8		ts 窄	−0.1	0	−2.7
	平均		−5.39	−3.24	−4.96	平均		−1.56	−0.16	−0.85
	均差		−3.74	−3.04	−4.11					
ap/aːp	阳入	ts 集	−4	−0.4	−2	阳入	ts 杂	−0.4	0.4	0.2
		ts 习	−2	1	−1.4		ts 闸	−0.7	0.8	1.2
at/aːt	阳入	f 佛	−0.5	2.3	1.7	阳入	f 罚	−1.2	3.7	4
		t 突	0.3	2	−2		t 达	−0.3	0.7	2.6
ak/oːk	阳入	ts 昨	−8.9	−4.9	−3.7	阳入	ts 浊	−4.7	−1.3	−2.7
		t 读	−2.3	−2.2	−4.4		t 铎	−1.5	−1.4	−1.4
ak/aːk	阳入	ts 贼	−0.9	−1.1	0.6	阳入	ts 砸	−1.1	0.8	4.2
		t 特	−0.2	1.3	2.7		p 白	0.7	2.9	3.1
	平均		−2.31	−0.25	−1.06	平均		−1.15	0.83	1
	均差		−1.16	−1.08	−2.46					

　　表 6‑12 中的数字 1、2、3 分别代表发音起始、发音过程和发音结束的三个断面。均差是指上类入声减下类入声的谐波差均值得到的差值。为了使数据更直观，我们使用柱形示意图来显示表中的数据。

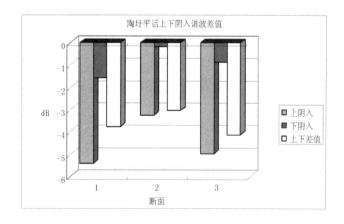

图6-7　陶圩平话上下阴入谐波差值

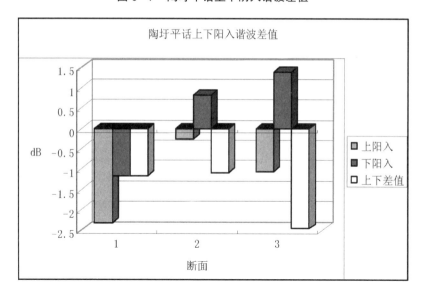

图6-8　陶圩平话上下阳入谐波差值

从图6-7可以看出，上下类阴入三个断面的谐波差均值虽然都为负值，即第二谐波 H2 的振幅要大于第一谐波 H1 的振幅，但上类阴入的谐波差均值要远远小于下类阴入，上下两类阴入三个断面的平均差分别为－3.74dB、－3.04、－4.11，可以确定上下类阴入是两类不同的发声。

从图6-8可以看出，上下类阳入发音的起始断面的谐波差均值均为负值，均差为－1.16，第二、第三断面的谐波差均值为：上类阳入为负值，下类阳入为正值，均差分别为－1.08 和－2.46。说明上下类阳入的发声也是不同的。

从数据看，上类入声的谐波差值在发音的起始、发音过程中和发音结束阶段都要小于下类入声，H1－H2 值小，反映出频谱高频能量上升，形成紧元音音色；下类入声的 H1－H2 值较大，反映出频谱能量下降，声带较松。上类入声在发音时声带确实比下类入声紧张，体现出一种紧嗓音的发声性质；下类入声第一谐波能量较强，表现为正常嗓音的发声类型。

我们进一步对上下类入声的 H1－H2 的谐波差做了 T 检验，检验结果见表 6-13：

表 6-13   陶圩平话入声谐波差 T－test

项目		均值	标准差	t	df	Sig.（双侧）
对 1	阴上 1－阴下 1	－3.82500	1.95868	－5.523	7	0.001
对 2	阴上 2－阴下 2	－3.07500	2.39508	－3.631	7	0.008
对 3	阴上 3－阴下 3	－4.11250	4.08602	－2.847	7	0.025
对 4	阳上 1－阳下 1	－1.16250	1.84464	－1.782	7	0.118
对 5	阳上 2－阳下 2	－1.07500	1.45676	－2.087	7	0.075
对 6	阳上 3－阳下 3	－2.46250	1.34476	－5.179	7	0.001

表 6-13 的配对 T 检验结果显示，阴入第一、三两个断面双侧检验 Sig. 值分别为 p＝0.001 和 p＝0.025，均小于 0.05，说明上类阴入与下类阴入在发音起始阶段和发音结束阶段的发声有显著差异。阳入第一、第二断面虽然无显著差异，但第三个断面双侧检验 Sig. 值为 p＝0.001，小于 0.05，说明上下类阳入在发音结尾处的发声有显著差异。

从上述数据可以看出，发上类入声时，整个声带处于较紧张的状态，嗓音能量衰减较慢，高频能量较强，声音听起来较为洪亮，形成紧元音音色，下类入声则相反，在音色上没有紧元音的音色，与上类嗓音发声状态相比，能量比基本上处于正常发声状态。因此，可以说横县陶圩平话上类入声的紧元音是由声带紧缩而产生的一种紧元音，在发声类型上属于紧喉音，这种紧喉音是一种能使声调升高的紧音。由此我们可以认为，陶圩平话入声属于两种不同的发声类型，上类入声的紧元音音色限制了音节时长，因而在时长上要短于下类入声。

6.7　小结

本章从音高、时长、音质、发声等方面的综合研究，得出横县陶圩平话上下类入声内部分化的几点结论：

（1）从喉头机制看，横县陶圩平话上下类入声属于不同的发声类型，上类入声是一种能使声调升高的紧音，在发声类型上属于紧嗓音，下类入声为正常嗓音。

（2）横县陶圩平话上下类入声的内部分化由不同的喉头机制和时长因素互为伴随来承担音位功能。也就是说，横县陶圩平话入声的分化机制是时长因素和不同的喉头机制共同作用的结果。

（3）上下类入声的音节时长有显著差异，上类入声的音节时长比下类入声的音节时长短，平均时长顺序为下阳入＞下阴入＞上阳入＞上阴入。上阴入平均时长为 164.93 毫秒，下阴入平均时长为 258.51 毫秒，平均时长差为 93.58 毫秒；上阳入平均时长为 176.34 毫秒，下阳入平均时长为 284.1 毫秒，平均时长差为 107.76 毫秒。

（4）上下类入声音节的元音共振峰 F2 没有明显差别。但 F1 有差异，主要表现为上类入声元音的 F1 比下类入声元音的 F1 略小，在生理上体现为上类入声元音的开口度比下类入声元音的要小，舌位略高些，但在调音音色上没有明显差别。

第七章 横县陶圩平话阴阳入声时长的 听辨实验

7.1 引言

桂南平话入声复杂，阴阳入声内部分化为上下两类。而学术界对入声分化的条件众说纷纭，没有统一的结论。杨焕典等（1985）认为，元音长短对入声上下类分化不起作用；闭克朝（1985）持截然相反的意见，认为横县平话入声都以元音的长短分上下两类，上类入声的元音都要长于下类入声。已有的对横县四镇平话的调查结果显示，百合、那阳的入声韵未见记载有长短对立的特征；横州、陶圩上下类入声则有长短对立，但对立的情况有所不同。无论对立是否与时长有关，阴阳入声内部分化为上下两类是不争的事实。

第六章的研究实验结果显示，横县平话入声内部的分化机制是由时长因素和不同的喉头机制共同作用的结果。那么时长和发声是如何共同作用的？哪种特征是入声内部分化的主要因素？哪种特征是音位功能承载的主要特征，哪种特征是伴随特征？这是本章要研究的问题。

范畴化理论是认知语言学的理论基础之一，体现人们将对象进行分类的能力，它是人类认知的一种过程。言语的范畴感知理论，是解释人耳对声音的敏锐度如何随着语音成分的变化而发生变化。其经典范式为，制作一个连续体，并使连续体中的变体彼此间在某些物理参数上存在差异，并因此在听感上划分为若干音位范畴（Phoneme Categories）。不同音位变体之间模糊的叠加区域就是音位边界（Phoneme Boundaries）。

范畴感知是 20 世纪中期在言语感知中被广泛研究的一个内容，早期范畴感知研究主要集中在音段的区别特征方面，如辅音和元音。研究结果尽管还存在争议，但对辅音和元音的感知性质取得了共识：辅音的区别特征基本上是属于范畴感知（Liberman，1957），元音的感知基本上是连续感知（Fry，1962）。之后，范畴感知的内容扩大到了对超音段区别特征的研究。作为超音段特征中比较有代表性的区别特征——音高，是超音段区别特征的感知研究关注较多的方面。

王士元（1976）运用范畴感知理论，最早对汉语普通话阴平和阳平进行了感知实验。这一试验证明，汉语普通话声调感知具有范畴性。Abramson（1979）以泰国被试为研究对象，考察了他们对母语三个平调的感知情况。他通过逐渐改变合成声调的基频高度，采用辨认实验与区别实验两种方法，得出了与王士元不同的结论：泰语三个平调是非范畴的连续感知。相同语言背景的两个实验得到结果截然不同：一个高平调到一个高升调的连续统属于范畴感知，一个平调到另一个平调的连续统属于连续感知，揭示了音高运动的重要性特征。

不同语言背景的被试在感知同一声调时是否存在差异，是范畴感知研究关注的另一个方面的内容。王士元（1976）的实验结果证明，中国被试对声调连续统的感知存在语言范畴边界，而美国被试存在心理范畴边界，是连续感知。Gandour（1983）研究了五种语言背景对声调感知的影响。他将被试分为三组进行对比：声调语言被试/无声调语言被试，泰语被试/普通话被试，粤语被试/普通话被试/闽南语被试。实验结果显示，不同母语背景的被试对声调感知有一定影响。Lee，Vakoch 和 Wurm（1996）对粤语被试和普通话被试的感知实验表明，母语被试对母语的感知最好，证明了不同的语言背景对音高感知有影响。上述研究揭示了音高运动的重要性和语言经历对音高感知的影响。

范畴感知实验有两种基本范式：辨认实验和区别实验。辨认实验和区别实验的结果是相互印证和互为补充的。两种实验的操作方法是：

在辨认实验（Identification Task）中，刺激项被单独呈现给听辨人。要求听辨人给他们听到的每个刺激项进行辨认。具体来说，就是给出一个刺激项，问听辨人这是哪个字。比如在本实验中，我们把阴入或阳入中上类或者下类中的一个刺激项呈现给听辨人，要求他们辨认听到的音是"A"还是"B"。根据所有被试者的辨认结果，计算出被试者将刺激项辨认为A或者B的辨认率，辨认实验的结果将通过辨认函数（Identification Function）呈现出来。

在区别实验（Discrimination Task）中，刺激项被成组成组地呈现给听辨人，要求听辨人区别他们听到的刺激项是相同还是不同。通过计算被试对刺激材料区别的正确率，我们可以观察被试在不同情况下对刺激材料做出的选择。常用的区别形式有ABX，AXB，AB等组合方式。如在Liberman（1957）的感知实验中，受试被要求在听完一组三个语音ABX后，判断语音X是和语音A相同，还是和语音B相同。区别实验的结果，将通过区别函数（Discrimination Function）呈现出来。

目前国内的语音研究，大多集中在语音的声学领域，对语音的生理研究和心理感知研究的成果相对缺乏。从声学上看，处于同一音位的几个音，其声学特征由于性别、年龄等个体差异因素的影响可以不同，而不同的声学模式的音，可以处在同一个音位中。因此，面向语音学的声学研究，仅仅停留在声学研究，是远远不够的。应该进一步关注语言的生理研究和心理感知研究，这样才能全面认识语言的本质，从而揭示大脑对语言嗓音发声类型的认知过程。本章内容正是基于上述理论，从语音的感知角度来考察横县陶圩平话阴阳入声内部分化的音位学问题。

7.2　实验设计

7.2.1　实验材料

7.2.1.1　实验字表

利用 Praat 软件改变上下类入声的时长关系，考察时长和发声在入声分化中的作用。

本研究的实验材料选取有对立的四对入声韵，从中各选出上下类中阴阳对立的 7 组字，我们将上类实验字记为 Ad，下类实验字记为 Bc①。改变其时长关系，制成刺激项。见表 7 - 1：

表 7 - 1　陶圩平话实验字表

韵母	阴入		阳入	
	上 Ad	下 Bc	上 Ad	下 Bc
ap:ap	k 急	k 夹	ts 集	ts 杂
	k 级	k 甲	ts 习	ts 闸
at:at	k 骨	k 刮	f 佛	f 罚
	p 笔	p 八	t 突	t 达
ok:ok	k 谷	k 郭	ts 昨	ts 浊
	ts 竹	ts 桌	t 读	t 铎
ak:ak	p 北	p 百	ts 贼	ts 砸

7.2.1.2　听辨实验问卷

听辨问卷分两个部分，第一部分用于辨认实验，第二部分用于区别实验，听辨问卷如下：

---

① Ad、Bc 中的 d 表示"短"，c 表示"长"。

表 7-2　陶圩平话听辨实验问卷

听辨人信息：

姓名：_____

性别：男□　　　　女□

出生年月：_____

方　　言：_____

职　　业：_____

所属村落：_____

教育程度：_____

联系电话：_____

听辨时间：_____

听辨地点：_____

第一部分

请根据录音，判断你听到的音是 A 还是 B（只能在 AB 里选一个）并在相应的位置打钩。

（一）

1	A. 急□	B. 夹□
2	A. 北□	B. 百□
3	A. 骨□	B. 刮□
4	A. 谷□	B. 郭□
5	A. 笔□	B. 八□
6	A. 竹□	B. 桌□
7	A. 级□	B. 甲□
8	A. 急□	B. 夹□
9	A. 骨□	B. 刮□
10	A. 北□	B. 百□
11	A. 谷□	B. 郭□
12	A. 笔□	B. 八□
13	A. 级□	B. 甲□
14	A. 急□	B. 夹□
15	A. 竹□	B. 桌□
16	A. 笔□	B. 八□
17	A. 级□	B. 甲□
18	A. 谷□	B. 郭□
19	A. 骨□	B. 刮□
20	A. 北□	B. 百□
21	A. 竹□	B. 桌□
22	A. 急□	B. 夹□
23	A. 笔□	B. 八□
24	A. 级□	B. 甲□
25	A. 谷□	B. 郭□
26	A. 北□	B. 百□
27	A. 骨□	B. 刮□
28	A. 竹□	B. 桌□

（二）

1	A. 贼□	B. 砸□
2	A. 佛□	B. 罚□
3	A. 昨□	B. 浊□
4	A. 读□	B. 铎□
5	A. 集□	B. 杂□
6	A. 贼□	B. 砸□
7	A. 突□	B. 达□
8	A. 习□	B. 闸□
9	A. 读□	B. 铎□

10	A. 昨□	B. 浊□	5	相同□　不同□
11	A. 佛□	B. 罚□	6	相同□　不同□
12	A. 集□	B. 杂□	7	相同□　不同□
13	A. 突□	B. 达□	8	相同□　不同□
14	A. 贼□	B. 砸□	9	相同□　不同□
15	A. 习□	B. 闸□	10	相同□　不同□
16	A. 读□	B. 铎□	11	相同□　不同□
17	A. 佛□	B. 罚□	12	相同□　不同□
18	A. 集□	B. 杂□	13	相同□　不同□
19	A. 突□	B. 达□	14	相同□　不同□
20	A. 习□	B. 闸□	15	相同□　不同□
21	A. 贼□	B. 砸□	16	相同□　不同□
22	A. 昨□	B. 浊□	17	相同□　不同□
23	A. 读□	B. 铎□	18	相同□　不同□
24	A. 佛□	B. 罚□	19	相同□　不同□
25	A. 集□	B. 杂□	20	相同□　不同□
26	A. 习□	B. 闸□	21	相同□　不同□
27	A. 突□	B. 达□	22	相同□　不同□
28	A. 昨□	B. 浊□	23	相同□　不同□

第二部分

请根据录音，判断你听到的每一组音中是否相同，并在相应的位置打钩。

（一）

1	相同□　不同□	24	相同□　不同□
2	相同□　不同□	25	相同□　不同□
3	相同□　不同□	26	相同□　不同□
4	相同□　不同□	27	相同□　不同□
		28	相同□　不同□
		29	相同□　不同□
		30	相同□　不同□
		31	相同□　不同□
		32	相同□　不同□

33	相同□	不同□	61	相同□	不同□
34	相同□	不同□	62	相同□	不同□
35	相同□	不同□	63	相同□	不同□
36	相同□	不同□	64	相同□	不同□
37	相同□	不同□	65	相同□	不同□
38	相同□	不同□	66	相同□	不同□
39	相同□	不同□	67	相同□	不同□
40	相同□	不同□	68	相同□	不同□
41	相同□	不同□	69	相同□	不同□
42	相同□	不同□	70	相同□	不同□
43	相同□	不同□		（二）	
44	相同□	不同□	1	相同□	不同□
45	相同□	不同□	2	相同□	不同□
46	相同□	不同□	3	相同□	不同□
47	相同□	不同□	4	相同□	不同□
48	相同□	不同□	5	相同□	不同□
49	相同□	不同□	6	相同□	不同□
50	相同□	不同□	7	相同□	不同□
51	相同□	不同□	8	相同□	不同□
52	相同□	不同□	9	相同□	不同□
53	相同□	不同□	10	相同□	不同□
54	相同□	不同□	11	相同□	不同□
55	相同□	不同□	12	相同□	不同□
56	相同□	不同□	13	相同□	不同□
57	相同□	不同□	14	相同□	不同□
58	相同□	不同□	15	相同□	不同□
59	相同□	不同□	16	相同□	不同□
60	相同□	不同□	17	相同□	不同□

18 相同□	不同□	45 相同□	不同□
19 相同□	不同□	46 相同□	不同□
20 相同□	不同□	47 相同□	不同□
21 相同□	不同□	48 相同□	不同□
22 相同□	不同□	49 相同□	不同□
23 相同□	不同□	50 相同□	不同□
24 相同□	不同□	51 相同□	不同□
25 相同□	不同□	52 相同□	不同□
26 相同□	不同□	53 相同□	不同□
27 相同□	不同□	54 相同□	不同□
28 相同□	不同□	55 相同□	不同□
29 相同□	不同□	56 相同□	不同□
30 相同□	不同□	57 相同□	不同□
31 相同□	不同□	58 相同□	不同□
32 相同□	不同□	59 相同□	不同□
33 相同□	不同□	60 相同□	不同□
34 相同□	不同□	61 相同□	不同□
35 相同□	不同□	62 相同□	不同□
36 相同□	不同□	63 相同□	不同□
37 相同□	不同□	64 相同□	不同□
38 相同□	不同□	65 相同□	不同□
39 相同□	不同□	66 相同□	不同□
40 相同□	不同□	67 相同□	不同□
41 相同□	不同□	68 相同□	不同□
42 相同□	不同□	69 相同□	不同□
43 相同□	不同□	70 相同□	不同□
44 相同□	不同□		

7.2.2 刺激项的制作

刺激项的制作的具体方法是：

（1）将上类实验字 Ad 按照下类实验字 Bc 原有的时长计算出时长比例，利用 Praat 合成，得到 Ac。

（2）将下类实验字 Bc 按照上类实验字 Ad 原有的时长计算出时长比例，利用 Praat 合成，得到 Bd。

（3）上下阴入和上下阳入 4 套韵母各有 7 组，每组有 4 种组合形式 Ad、Bc、Ac、Bd，一共得到刺激项 112（4 套×4 种×7 组）项，用于辨认实验。

（4）将刺激项 Ad、Bc、Ac、Bd，两两组合得到 AdBc，AdAc，Ad-Bd，AcBc，BcBd，AcBd 6 种组合形式；再将其分别各自组合，得到 Ad-Ad，BcBc，AcAc，BdBd 4 种组合形式，一共 10 种形式。阴入和阳入各有 7 组字，每组按 10 种形式组合，一共得到刺激项 140 对（10 种×7 组×2 类），280 个音节，用于区别实验。

7.2.3 实验程序

本研究设计了辨认实验和区别实验两个实验。按照阴入和阳入两组分别进行。

辨认实验：将 112 个刺激项分成阴入、阳入两组，打乱顺序，通过电脑随机呈现给被试听辨，相邻刺激项间隔时间为 1 秒。同时以纸质形式给被试提供选项，被试逐一听实验刺激项后判断所听到的刺激项是"A"还是"B"，并在相应刺激项后面打钩。

区别实验：将 140 对刺激项分成阴入、阳入两组，打乱顺序，通过电脑随机呈现给被试听辨，每对刺激项间隔时间为 1 秒。同时以纸质形式给被试提供选项，让被试区别听到的每一对音是否相同，并在候选项"相同、不相同"中选择其中一个选项。

7.2.4 被试

参加实验的被试共 9 人，4 男 5 女，母语均为陶圩平话。年龄在 27～54 岁之间，平均年龄为 40 岁。有 4 人职业是教师，其余 5 人均为农民。

7.3 结果分析

7.3.1 辨认实验结果

辨认实验样本数应为 504 对（56 种×9 人），有效样本为 462 对，其中阴入样本为 226 对，阳入样本为 236 对。辨认实验样本分四种类型统计：Ad、Bc，是原始音，Ac、Bd 是合成音，是改变原始音的时长后得到的。四类实验结果统计如表 7－3 所示：

表 7－3 辨认实验结果统计

项目	阴入		阳入	
	正确率	错误率	正确率	错误率
Ad（原始）	100%	0%	98%	2%
Ac（合成）	82%	18%	92%	8%
Bc（原始）	100%	0%	98%	2%
Bd（合成）	36%	64%	18%	82%

从数据可用看出，无论阴入还是阳入，被试对原始音 Ad 和 Bc 的辨认率非常高，分别达到了 100% 和 98%，这是必然的。但是在对合成音 Ac 和 Bd 的辨认结果则表现出明显不同。将原始短音 Ad 时长拉长与 Bc 相等后，被试仍然能将合成音 Ac 辨认出是原始短音 Ad，阴入的正确率达到 82%，阳入的正确率达到 92%，说明短音拉长后，被试仍然认为是一个短音，改变短音时长对辨认 Ad 无明显影响；将原始长音 Bc 时长缩短与 Ad 相等后，被试不能很好地将合成音 Bd 辨认出是原始的长音 Bc，而是被判断为一个短音 Ad。阴入正确率为 36%，阳入的正确率仅为 18%，这一结果说明，

长音变短后，被试不能很好地辨识 Bc，改变长音时长，对辨识 Bc 有明显影响。影响听辨的原因我们将在下面讨论。

7.3.2　区分实验结果

区分实验样本数应为 1260 对（140 对×9 人），阴入阳入各 630 对，有效样本 1206 对，其中阴入样本为 589 对，阳入 617 对。

区分实验样本将刺激项 10 种形式按照时长相同和时长不同分为两组，每组又分为字同组合和字异组合两类进行统计。即①AdAd/ AcAc/ BcBc/ BdBd，②AcBc/ AdBd，③AcAd/ BcBd，④AcBd/ AdBc。①②为时长相同的两种组合，③④为时长不同的两种组合，①③为发声类型相同的组合，②④为发声类型不同的组合。其中 Ad、Bc 为原始音，Ac、Bd 是在 Ad、Bc 原始音基础上拉长或缩短时长的合成音，统计结果见表 7 - 4 所示。下面按阴入和阳入分别讨论。

7.3.2.1　阴入调

表 7 - 4　阴入区别实验结果统计（单位：%）

阴入		样本类型	识别为相同	识别为不同
时长相同	①	AdAd/ BcBc	100	0
		AcAc /BdBd	100	0
	②	AdBd	47	53
		AcBc	4	96
时长不同	③	AcAd	86	14
		BcBd	91	9
	④	AcBd	35	65
		AdBc	0	100

从表 7 - 4 中数据看，被试在对时同字同①的识别中，识别为相同率非常高，其中 AdAd 和 BcBc 都是原始音，识别为相同音是常理所在，Ac 和 Bd，是 Ad 拉长后和 Bc 缩短后的合成音，其组合 AcAc /BdBd 只是时长改变，但发声类型没有改变，被试同样识别为相同，这说明时长因素对入声

长短的辨认影响不大。

时同字异②的组合特点是，发声类型不同，时长相同。被试对 AdBd 和 AcBc 两种组合的识别表现不太相同，在 AcBc 中，也就是将短音拉长后，被试能很好地区分二者的不同，识别为不同率达到 96%，说明时长对入声的辨认影响很大；但在 AdBd 中，即将长音缩短后，被试不能很好地区分二者，识别为不同的占 53%，与识别为相同的 47% 差不多各占一半，这种情况与听辨实验中对 Bd 的辨认表现一致。

时异字同③的组合特点是发声类型相同，时长不同。被试在对 AcAd 和 BcBd 的识别中，两组都能很好地识别，识别为相同的比率非常高，其中 AcAd 识别为相同的比率为 86%，BcBd 识别为相同的比率为 91%，说明时长对入声的识别影响不大。

时异字异组④的组合特点是，AdBc 是原始音，发声不同，时长不同；AcBd 是合成音，发声不同，时长不同。前者识别为不同的比率为 100%，后者识别为不同的比率为 65%，合成音的识别率比原始音的识别率要低。

7.3.2.2　阳入调

表 7-5　阳入区别实验结果统计（单位:%）

阳入		样本类型	识别为相同	识别为不同
时长相同	①	AdAd/BcBc AcAc/BdBd	100	0
	②	AdBd	43	57
		AcBc	48	52
时长不同	③	AcAd	57	43
		BcBd	17	83
	④	AdBc	0	100
		AcBd	9	91

从表 7-5 中数据看，被试在对时同字同①的识别中，识别为相同的比率非常高，其中 AdAd 和 BcBc 都是原始音，识别为相同音是常理所在；AcAc 和 BdBd，是 Ad 拉长后和 Bc 缩短后的合成音，但被试同样识别为相同，这说明时长因素对入声长短的辨认影响不大。

被试在对时同字异②的识别中，无论是对 AdBd 还是对 AcBc 组合，被试都不能很好地区分二者的不同，识别为不同比率的分别为 57% 和 52%，刚刚超过 50%。这一比率属于随机猜测的比率。与阴入相同的是，被试对 AdBd 的组合不能很好地区分，这种情况与听辨实验中对 Bd 的辨认表现一致，但是被试对 AcBc 的组合也不能很好地区分，这是与阴入区别实验不一致的地方。

在对时异字同③的识别中，被试对 BcBd 能够很好地识别为不同，识别为不同的比率为 83%；而对 AcAd，即短音拉长后，被试则不能很好地区分，识别为相同的比率为 57%，识别为不同的比率为 43%。

在对时异字异④的识别中，被试对原始音 AdBc 识别为不同的比率 100%，对合成音 AcBd 也能够很好地区分，识别为不同的比率为 91%。

7.4　讨论

7.4.1　辨认实验讨论

在辨认实验中，被试对短音 Ad 拉长合成 Ac 后，仍能较好地辨认出是原来的短音 Ad，正确率阴入为 82%，阳入为 92%，这说明短音的辨认受时长的影响不大，被试可能是依据发声特征来做出判断的。陶圩平话的上类入声（短音）为紧音，下类入声（长音）为松音，在发声上是有区别的。短音拉长，只是改变时长，发声类型并没有改变，所以被试依据发声线索能够较好的辨认出是原来的短音。在这里，发声特征对短音辨认影响较大。但是从辨认结果看，阴入和阳入对短音辨认的正确率表现并不完全一致，阴入要略低于阳入，这又是什么原因导致的呢？我们认为，可能是受到音高干扰所致。我们知道，阴入的上类入声音高要比下类入声高一度，短音拉长后，其原有的音高并没有改变，发声也没有改变，被试在辨认时会受到两个线索的干扰，有的被试可能会利用发声，有的被试可能会利用音高，导致辨认的正确率要略低于阳入。

被试对长音 Bc 缩短后合成 Bd 后的听辨中，却不能很好地辨认出是原来的长音，无论阴入还是阳入，被辨认为短音的比率似乎更高一些，而被辨认为长音的正确率很低，阴入为 36％，阳入为 18％。这说明，缩短了的长音其发声特征在一定程度上受时长的制约，被试不能利用发声线索，因而更多地选择了时长因素来辨识，造成辨识正确率过低。可见，发声一旦受到时长制约，被试就无法很好地辨识。与短音辨认结果不同的是，阴入的正确率要略高于阳入，说明被试在辨认过程中还利用了音高的线索，时长缩短后，发声特征受到限制，但是音高特征没有改变，音高特征突显出来，这在一定程度上有利于被试利用音高线索进行辨认，而阳入的上下类没有音高的区别，在发声特征受到限制后，被试只能利用时长这一线索去辨认，所以阳入的正确率要低于阴入。

从辨认实验结果看，发声特征对上下类入声的辨认影响更大，当发声特征受到时长限制时，时长才对上下类入声的辨认产生一定的影响，其中对阴入上下类的辨认，音高也起到一定的作用。

7.4.2　区别实验讨论

在区别实验中，被试对①短音拉长 AcAc 和长音缩短 BdBd 的辨别，正确率都达到跟原始音 AdAd/BcBc 一样的效果，识别为相同的比率都是 100％，说明被试还是利用发声特征的线索，而时长对入声的识别没有影响。

在阴入和阳入的区别实验中，被试仍然不能很好地区别②组中字异时同的 AdBd 组合，Bd 是原始长音在 Bc 时长的基础上缩短时长后合成的刺激项，Bc 在陶圩平话中是一个松音，Bd 则是缩短时长后的一个松音，由于时长缩短后发声类型受到了制约，导致被试不能很好地区分 AdBd，从识别比率看，识别为相同的比率为 47％，识别为不同的比率为 53％，识别为相同的与识别为不同的比率大体各占 50％，说明被试随机猜测的可能性是很大的。这一结果与辨认实验中不能很好地辨认 Bd 相对应。说明时长相同的上下类入声的发声特征一旦受到限制，被试则很难对入声做出正确的判断。可见，发声特征对入声辨认的影响是非常大的。

在阳入的区别实验中，被试除了对 AdBd 不能很好地识别外，还对字异时同的 AcBc 和字同时异的 AcAd 两组的识别不理想。从组合特点来看，在 AcBc 组合中，Bc 是一个具有松音特征的原始长音，Ac 则是由具有紧音特征的原始短音 Ad 拉长时长后的一个紧音，在这里，时长对发声类型的干扰仍然使得被试不能有效地利用发声特征很好地识别，选择识别为不同的比率为 52％；同理，在 AcAd 中，Ad 为原始短音，是一个紧音，Ac 则是被拉长后的紧音，虽然发声特征相同，但由于时长不同，导致被试也不能很好的区别它们，选择识别为相同比率的为 57％。这两组的实验结果说明被试随机猜测的可能性很大，同时也说明，发声特征对上下类入声的分化是一个非常关键的要素，一旦发声特征受到制约，无论时长相同或相异，被试都无法正确识别入声的类别。

我们还发现了一个有趣的现象，在阴入的区别实验中，被试对同样是字异时同的 AcBc 和字同时异的 AcAd 两组，却有很好的识别比率，这与阳入有较大的差异。我们推测，差异的原因是由于音高特征造成的。陶圩平话的上类阴入在音高上比下类阴入要高一度。在 AcBc 中，Ac 为上类入声，Bc 为下类入声，从音高来看，Ac 要高于 Bc 一度。当发声类型相异的特征被相同时长掩盖后，被试会借助音高的特征将它们轻松地区分开来，识别为不同的比率高达 96％。而对于 AcAd 一组，被试也同样采用了音高的特征来识别，Ac 和 Ad 同为上类入声，虽然没有音高的差异，但二者具有相同的音高特征，被试也能凭借这一特征将它们识别为一类，识别为相同的比率为 86％。而上类阳入和下类阳入的音高相同，当发声类型相异的特征被相同时长掩盖或相同的发声特征被不同时长干扰时，被试无法凭借音高特征来判断，因而识别效果不好。识别为相同或相异的比率几乎是各占一半，属于随机猜测的范围。

7.5 小结

从上面的听辨实验结果和讨论分析中，我们可以得到以下结论：

（1）辨认实验和区别实验的结果互相印证，说明陶圩平话的入声时长是入声发声的依附特征，松音伴随长音，紧音伴随短音。被试主要依靠发声特征作为分辨上下类入声的线索，当发声类型相异的特征被相同时长掩盖或相同的发声特征被不同时长干扰时，被试不能很好地区分上下类入声的不同。

（2）时长是陶圩平话上下类入声的显性表现，发声类型则是上下类入声内在的本质特征。发声特征对陶圩平话入声的内部分化影响要大于时长的影响。

（3）被试对阴入的听辨结果总体上要好于阳入，上下类阴入音高的不同，在一定程度上对入声的辨识会产生一定的影响。

第八章　平乐同安镇土话内爆音的声学特征分析

——兼论永福堡里、全州文桥的内爆音

8.1　引言

内爆音是一种气流机制特殊的非肺部音，内爆音的特点是喉头气流机制造成往内爆发。内爆音是近年来在语音、方言、民族语多个领域内的研究热点。近几年的研究显示，在我国许多方言中都发现了内爆音，如北部赣语的内爆音（朱晓农等，2009），潮州闽语的内爆音（朱晓农等，2008），桂北全州文桥土话音节的四分发声活动（朱晓农、关英伟，2010），有的是作为音位出现，有的是作为变体出现。来源和分布也不尽相同。北部赣语的内爆音分布在常态浊爆音中，其中包括古全浊和次清声母；潮州闽语的内爆音分布在古帮端并定等八个声母中，全州土话的内爆音主要来自阴声韵和入声韵的古帮端母字，而且是作为音位出现的。

辅音发音方法的差异性是在时域上展开的，VOT（嗓音起始时间）是研究辅音时域特性的一项声学参数，用来表征辅音的清浊属性特征。Lisker 和 Abramson（1964）利用这一特征，区分了英语中浊塞音、不送气塞音和送气清塞音三类辅音。各种语言的辅音会有塞/塞擦、送气/不送气、

清/浊之分，但它们的 VOT 可能不同，这就表现出了每种语言的特点（陈嘉猷、鲍怀翘、郑玉玲，2002）。

根据我们对平乐同安镇土话、永福百姓话和全州文桥话的调查，我们发现三处土话都存在具有语言学意义的内爆音。这三处的内爆音与学术界已经发现的内爆音在分布范围上不太相同。本章在重点考察分析同安镇土话内爆音的基础上，提取声学参数 VOT 对三处方言的内爆音的 VOT 时长和分布范围以及声调配列关系及其内爆音的来源进行比较分析，并对它们的特点进行分析。

8.2　平乐县概况

8.2.1　平乐县地理位置及语言概况

平乐县位于广西东北部，桂林地区东南部，东京 $110°34'\sim111°02'$，北纬 $24°16'\sim24°53'$。县城东临钟山县，南接昭平县，西靠荔浦县，西北毗邻阳朔县，东北连恭城瑶族自治县。县城陆路距南宁 439 公里，桂林 118 公里、梧州 295 公里，柳州 176 公里。全县人口 391679 人。其中汉族人口占 82.42%，县内还有瑶族 12.14% 和壮族 5.11%（《平乐县志》，1995）。

平乐县以县城北平乐溪得名。县内语言比较复杂，有汉语、壮语、瑶语三种。汉语主要有官话、本地话、白话、阳山话、客家话、江西话、福建话、湖南话和船民话等。其中官话是县内的通用方言，一般操其他语言或方言的平乐人基本都会讲，平乐人称之为"平乐话"。平乐话的使用范围很广，包括平乐县、附城乡、福兴乡、大扒乡、长滩乡、沙子镇等 6 个乡（镇）及二塘、桥亭、源头等乡镇的大部分地区，占全县人口 55% 以上的人使用。本地话是平乐县的第二大方言，使用人数约占全县人口的 34%。使用这种土话的人在县内定居较早，他们自称"本地人"，其使用的语言因而被称为"本地话"。"本地话"分布于阳安乡、青龙乡、张家镇、同安镇及源头、二塘、桥亭等乡镇的部分地区。阳山话比较接近本地土话，说阳山话的人约占全县人口的 0.8％，因其祖先来自广东阳山县而得名，主要分布于二塘、张家、源头、同安等乡镇的部分自然村。本地话和阳山话都属于粤语次方言的一种土语。

同安镇以共同安居乐业故名，位于县境东部。东与钟山县接壤，北接恭城县。辖 13 个村（街）公所，90 个村委会、112 个自然村。全镇人口 43351 人，大部分为汉族，还有壮、瑶、苗、侗、回、布依、仡佬等民族。操粤语次方言土语本地话、阳山话和客家话。

2010 年 8 月，我们对同安镇的土话进行了调查，发现了该土话中有丰富的内爆音。下面介绍平乐同安土话的音系及其特点。

8.2.2 平乐同安镇土话音系

8.2.2.1 声母及其特点

平乐同安镇土话的声母共有声母 26 个，涉及一种特殊有喉头升降引发的发声活动——内爆音，其中爆发音四分：普通的清不送气，清送气，还有特殊的发声态内爆音和弛声。表 8－1 概括了其声母系统：发声、调音方式、调音部位。内爆音涉及喉头升降，可以看作一种特殊的发声活动。

表 8－1 平乐同安土话声母

	部位	唇	齿/龈	腭前	软腭	零
发声活动	方式					
特殊 内爆		ɓ	ɗ			
弛声		p̈	ẗ		k̈	
普通 清不送气	爆发	p	t		k	ø
清不送气	塞擦		ts	tɕ		
清送气	爆发	pʰ	tʰ		kʰ	
清送气	塞擦		tsʰ	tɕʰ		
清	擦	f	s	ɕ	x	
浊	鼻	m	n	ȵ	ŋ	
浊	近		l			
浊	边近		ɬ			

声母例字：

[ɓ] 包膘鞭冰八　　[ɗ] 倒等糟左嘴
[p̃] 爬牌皮袍平　　[t̃] 题头条团谈　　　　　　　[k̃] 茄棋旗穷拳
[p] 杯摆本肥吠　　[t] 刀到动醉对　　　　　　　[k] 过家高关茄
　　　　　　　　　[ts] 针种烛盏竹　[tɕ] 朱追枝砖长
[pʰ] 铺喷破怕匹　 [tʰ] 推天清村七　　　　　　　[kʰ] 亏敲肯欠困
　　　　　　　　　[tsʰ] 初铲冲抽春　[tɕʰ] 车处拆状插
[f] 飞风斧扶蜂　　[s] 神剩查柴杀　[ɕ] 城箸书诗烧　[x] 咳兴好响吃
[m] 麻棉门密问　　[n] 难浓女暖闹　[n̠] 人二让日硬　[ŋ] 鹅牙牛鱼瓦
　　　　　　　　　[l] 来梨连零蓝
　　　　　　　　　[ɬ] 西酸墙层坐

[ø] 鞋咸旱黄鸦（[j] 移野腰烟一；[w] 禾话外瘟云；[y] 丸遇圆云冤）

平乐同安土话声母包括零声母共 26 个，发音比较特殊。主要有以下性质：

（1）爆发音按发声活动分四套：清不送气、清送气、内爆、弛声。前二种是发声态及其次类。后一种内爆音一般是作为不同的气流机制：非肺部气流机制的辅音。内爆音是喉头气流机制，发音时涉及声门升降活动，是靠操纵喉头的发声活动来发音的，所以较常态发声不一样。

（2）古全清帮、端母今大多读为内爆音，少数为清不送气。帮母字无论阴声韵、阳声韵还是入声韵一律读内爆音 [ɓ–]，如"菠包把比｜边兵饼变｜八北百壁"等，部分非母和并母字也读内爆音，如"粪、放、便、病"。大部分古端母字无论阴声韵、入声韵还是阳声韵一律读内爆音 [ɗ–]，如"多堆嘴兜｜倒鸟颠墩｜灯钉端胆｜得"等；个别从母定母字也读如内爆音 [ɗ–]，如"蹲、截、队、兑"，还有少部分读 [t–] 和 [l–]。精母字有一半读内爆音 [ɗ–]，有一半读 [t–]，规律不太明显；从韵尾看，读内爆音的字，元音韵尾、鼻音韵尾和喉塞韵尾的都有，如"租早左嘴｜精剪蒋井｜接节"。

（3）古全浊声无论平仄，今一律读为清不送气，少数并母字今读内爆音 [ɓ–]。

（4）古精、清声母分别与端、透母合并。古精母字今读为清爆音［t］，或内爆音［ɗ］，如"租、椒、蕉、钻、精、左、挤、嘴、早、酒"等，读内爆音的分布在果、假、效、流、蟹、咸、山、宕、梗等各摄中，其中以效摄开口一、三等，遇摄合口一等，梗摄开口三等字为最多。

（5）心母、从母、邪母大部分读边近音［ɬ］。其中从母个别字读为内爆音［ɗ］，如"蹲、脏、截"等。

（6）古知、庄、章三组合流，知、庄、章三母大部分今读为送气、不送气两套腭前塞擦音，洪音前读［ts］和［tsʰ］，细音前读［tɕ］和［tɕʰ］。心、生、书、从、澄、崇今读擦音，洪音前读［s］，细音前读［ɕ］。

（7）古见组见母今读［k］。溪母今读［kʰ］和［x］，其中梗、江、通、宕、遇、蟹、止、流等摄多读［x］，山、咸、臻、曾、通、果、假、流、效等摄多读［kʰ］。群母大多数今读为弛声［k̤］。晓母字今读［x］，少部分今读［f］。

（8）日母字今读［ȵ］。匣、云、影三摄绝大多数今都读零声母。

（9）疑母今读［ŋ］和［ȵ］。果摄开口一等，假摄、效、流摄、蟹、止、遇摄合口三等，山摄开口二等，咸、臻摄开口二等，今读［ŋ］；梗、山摄合口三等，止摄开口三等，今读［ȵ］，此外还有一些今读为零声母。

8.2.2.2　韵母及其特点

平乐同安土话共有46个韵母，其分布和例字如下。

表8-2　平乐同安土话韵母

	阴声韵（19）				阳声（声化）韵（15）				入声（短）韵（12）			
	−ø−	−j−	−w−	−ɥ−	−ø−	−j−	−w−	−ɥ−	−ø−	−j−	−w−	−ɥ−
1		i	u	y	ŋ̍	ĩ				iʔ	uʔ	yʔ
2	a	ia	ua		ã		uã	yã	aʔ	iaʔ		
3					ä	iä						
4	ai		uai									
5	o	io		yo	õ	iõ			oʔ			
6	ø				ø̃			ỹø	ø̃ʔ			
7	ɛ	iɛ	uɛ		ɛ̃	iɛ̃			ɛʔ	iɛʔ	uɛʔ	
8	ə		uə		əŋ		ũə					
9		iou								iouʔ		
10			uəi								uiʔ	

韵母例字：

		开口呼(17)	齐齿呼(13)	合口呼(11)	撮口呼(5)
阴声韵	1		[i]比梨被是字	[u]补布高桃买	[y]书树住举师
	2	[a]茶架虾画咳			
	3	[ai]带街底米蚁	[ia]白麦药硬近	[ua]瓜寡挂桂话	
	4	[o]包头豆毒交	[io]九旧舅油有	[uai]归鬼拐快	[yo]学
	5	[ø]才坐歌锅菠			
	6	[ɛ]杂辣实密瞎	[iɛ]车蛇直急斜	[uɛ]骨滑	
	7	[ə]杯吹醉水灰		[ə]会汇外盒	
	8		[iou]表条漂潮少		
	9			[uəi]岁堆吠嘴堆	
阳声韵（声化韵）	1	[j̃]含五伍碗暗	[ĩ]名饼领零顶腥		
	2	[ã]板谈陈顺本		[uã]裙军关万稳	[yã]穿船软拳远
	3	[ã]灯等藤蹲脏	[iã]肠常丈姜金		
	4	[õ]东中公通动聋	[iõ]糠堂床双穷		[yõ]唰
	5	[ø̃]竿官看劝案			
	6	[ɛ̃]惊影田听浅尖	[iɛ̃]称正先棉盐认		
	7	[əŋ]搬盆短官酸		[ə̃]换	
入声韵	1		[iʔ]织滴节接匹	[uʔ]扑	[yʔ]曲缺血雪
	2	[aʔ]拉刻黑咳	[iaʔ]百格魄拍脚		
	3	[oʔ]福叔谷竹磕			
	4	[øʔ]托割刮竹磕			
	5	[ɛʔ]吃笔北发鸭	[iɛʔ]一出插夹鳖	[uɛʔ]挖	
	6		[iouʔ]国角捉索壳		
	7			[uiʔ]泼阔	

同安话的 46 个韵母中阴声韵 19 个，阳声韵（声化韵）15 个，主要具有短时性的入声韵 12 个。其性质如下：

8.2.2.2.1　阴声韵和入声韵

（1）单元音 8 个，其中［a、ø、o、ɛ、i］既可以构成鼻化韵母，又可以构成入声韵母。［u、y］不能构成鼻韵母，［ə］不能构成入声韵母。

（2）元音韵［ai］和［uai］的动程非常小，　［ai］的实际音值应为［aɛ］，听感上像个单元音［a］；［uai］的实际音值应为［uaɛ］，听感上像个二合元音［ua］。

（3）没有舌尖元音［ɿ］和［ʅ］，止摄开口韵的字绝大部分都念为［i］，如"诗、时、祠、纸、是、市"，只有个别字念［ai］，如"尼、腻、蚁、使"；合口见系声母字今读［uai］，知章组声母字今读［uəi］，帮系声母字今读［i］，有自成音节的声化韵母［ŋ̍］。

（4）果摄大都变成非合口韵，今读为单元音韵母［ø］，只有少部分合口一等字今读［u］，如"过、禾、果、火、伙、祸、货"。

（5）流摄开口一、三等合流，今读为单元音韵母［o］，只有少部分开口三等字保留 i 介音，今读［io］，如"忧、邮、油、球、九、久、韭、有、舅、救、佑、旧"。

（6）效摄开口一等今读［u］，与果摄合口一等部分读［u］韵的字合流；开口二等读［o］，与流摄开口一、三等合流；开口三、四等读［iou］。

（7）蟹摄开口一等读和［ø］，一部分开口一等字与开口二、四等合流读［i］；合口一等大部分读［ə］，一部分读［uəi］和［uə］；合口二等读［uai］，合口三、四等有读［uai］也有读［uəi］，规律不明显。

（8）遇摄合口一、三等今分别读为［u］和［y］。假摄开口二等读［a］，开口三等读［iɛ］，合口读［ua］和［a］。

（9）入声韵在舒化途中，阴阳有别。阳入塞尾消失，并入其他调类，阴入大部分字已无喉塞尾，但仍保留较短的时长，一般为 140～170 毫秒，表现出从短到中等长度的过渡。韵母表中用了个上标小喉塞符号ʔ表示其短时性和少部分字的弱喉塞尾。

8.2.2.2.2　阳声韵

（1）古阳声韵今绝大部分鼻化，甚至还有个别鼻韵尾脱落变成元音韵尾的现象，只有山摄、臻两摄合口一等韵中部分保留了鼻音，今读［ʊŋ］。

（2）山摄开口二等和一等非见系字今读［ã］，见系字读［õ］，开口三等在今洪音前读［ɛ̃］，细音前读［iɛ̃］，开口四等与合口四等今读［iɛ̃］。

合口一等大部分读［ən］，与臻摄合口一等合流，合口二等读［uã］，合口三等读［yã］。

（3）臻摄合口一等今读［ən］和［uã］，见系声母读［uã］，如"婚、瘟、魂、滚、捆"，端系和帮组声母读［ən］，如"盆、门、村、孙、嫩"；合口三等读［uã］和［ã］。开口一等和开口三等知系字读［ã］，见组字读［iã］，知、章、日组字读［iɛ̃］。

（4）咸摄开口一等［ã］，开口二、三、四等读［iɛ̃］。

（5）深摄大部分今读［ã］，少部分一读［iã］，如"金、琴、檩"；一读［iɛ̃］，如"襟、阴、音"。

（6）梗摄开口二等今读［iã］，开口三、四等今读［ĩ］。

（7）曾摄开口一等，梗摄开口二等，深，臻两摄开口三等一部分字与宕摄开口三等合流，今读为［iã］。曾摄开口三等今读［iɛ̃］和［ɛ̃］。深摄开口三等另一部分今读［ã］，与山摄合流。

（8）咸摄开口一等，山摄开口二等，臻摄合口三等部分字如"分、熏、春、轮、蚊、唇、准、粉、笋、粪、问、顺、份"和深摄开口三等部分字如"针、心、深、林、淋、沉、寻、枕、婶、浸、渗"合流，今读［iɛ̃］。

（9）山摄合口四等，开口三等今细音字与咸摄开口二、三、四等，臻摄开口三等部分字如"镇、疹、震、印、认"和深摄部分字合流，今读［iɛ̃］。

（10）通、江、宕、梗四摄全部鼻化。通摄今读［õ］；江摄今读［iõ］；梗摄开口二等，今读［iã］；开口三、四等，今读［ĩ］。宕摄合口与通摄合并，今读［õ］；宕摄开口一等与江摄合流，今读［iõ］；宕摄开口三等与梗摄开口二等以及一小部分深摄字合流，今读［iã］。

从上述阳声韵分化的情况，我们可以看到古阳声韵在平乐同安镇土话中绝大部分已经鼻化，其分化情况也是错综复杂的，尤其是山、臻、咸、深四摄，更是你中有我，我中有你。这说明同安镇土话受周边方言土话的影响，反映出不同的层次。

8.2.2.3　声调及其特点

平乐同安镇土话有6个声调：

表8-3   平乐同安土话声调

调类	阴平	阳平	上声	阴去	阳去	阴入
调型	全降	中降	中降	平	中升	高平
调值	51	31	42	44	24	<u>55</u>

平乐同安土话声调共6个，阴平、阳平、上声、阴去、阳去、阴入。阴平字有一部分读成[44]，可能是受官话的影响。阳上与阴去合并，阳入喉塞消失，一部分派入阳去，一部分派入阳平。阴入有较弱的喉塞，但不太明显，发音短促（不到170毫秒），小部分阴入字归入阴平，读[51]。从阴入的情况看，我们可以认为，同安土话的入声处在消失的过程中，分布极不稳定。平乐土话调类演变情况和例字见表8-4。

表8-4   平乐同安土话调类演变及例字

中古调类		阴平 51	阳平 31	上声 42	阴去 44	阳去 24	阴入 <u>55</u>
古平声	清	高猪低					
	次浊		驴来名				
	全浊		旗桥球				
古上声	清			举土水			
	次浊					五女染	
	全浊					近柱坐	
古去声	清				盖帐醉		
	次浊					岸让漏	
	全浊					病大树	
古入声	清	割搭百					竹铁笔
	次浊					麦入六	
	全浊		舌俗福			食读白	

8.3   实验材料与实验方法

本实验涉及三个点的研究材料。我们分别对平乐同安、永福堡里、全州文桥三个点的内爆音的 VOT 时长进行测量，比较三处方言内爆音的 VOT 时长。

　　在对桂东北片方言的语言学田野调查中，我们发现内爆音现象非常普遍，如灵川大圩高桥，永福堡里、广福，桂林潜经，平乐同安，贺州钟山，全州文桥镇仁溪、石塘、洋田、东安区等处的土话都有内爆音。由于我们只对平乐同安、永福堡里和全州文桥的音系进行了整理，所以本次实验材料只涉及这三处的内爆音，其余方言的内爆音留待以后研究。

　　每个方言点分别选内爆音 [ɓ]、[ɗ] 后接 5 个韵母实验字，选词原则是：

　　（1）首选三处方言中共有的韵母 [i、u、a]，如果方言没有与 [i、u、a] 搭配的内爆音音节时，次选发音部位接近的韵母，以保证实验数据均值的可比性。

　　（2）每个方言内部 [ɓ]、[ɗ] 后接韵母尽量保持一致。实验如表 8‑5 所示：

表 8‑5　平乐、全州、永福内爆音实验字

平乐			全州			永福		
后接元音	ɓ	ɗ	后接元音	ɓ	ɗ	后接元音	ɓ	ɗ
u	宝	祖	u	补	刀	u	宝	刀
i	比	挤	i/y	辈	雕	i	鳖	底
o	胞	左	o/e	波	呆	e	杯	知
a/ə	把	兑	a/ə	疤	赌	a	疤	打
iu	表	椒	ie	拜	戴	iu	彪	雕

　　录音时每个音节读 3 遍，5 个韵母得到 15 个样本量，每个方言的 [ɓ]、[ɗ] 组合共得到 30 个样本。分别对每个韵母的 VOT 时长进行平均，再分别对 [ɓ]、[ɗ] 组合的 5 个韵母的 VOT 时长进行平均，得到的数据用于分析三个方言的内爆音 VOT 时长。

　　三个方言点发音人均为男性，平均年龄 38 岁。发音人情况如表 8‑6 所示：

表 8 - 6 发音人情况

	姓名	性别	出生年月	职业	文化程度	籍贯住址
1	李建某	男	1976 年 12 月	教师	本科	平乐同安镇
2	易海某	男	1979 年 5 月	教师	本科	全州文桥镇下易家村
3	梁九某	男	1972 年 6 月	务农	初中	永福堡里乡罗田村

8.4 平乐同安土话的内爆音

8.4.1 内爆音的生理机制

内爆音是一种气流机制特殊的非肺部音，内爆音的特点是喉头气流机制造成往内爆发。发音时口腔前部形成阻塞，发双唇音则双唇紧闭，发舌尖齿龈音则舌尖抵住上齿龈，声门关闭、喉头下降，喉头下降可以向下移动最大两厘米，在喉头下降的过程中，声门上口腔面积逐渐增大，声门下气压和口腔气压差越来越大，造成声带振动幅度越来越大，我们可以从内爆音的声波图上看到出现了越来越大的振动脉冲。当声门上气压低于声门下气压时，部分肺气流向上挤出，声带振动，同时除阻，由于内外气压差，外部气流冲入口腔。在声波图上显示出波形由小到大的变化趋势。

内爆音与普通浊爆音的不同之处在于，普通浊爆音在除阻之前，声带已经开始振动，同时来自肺部的气流通过声门不断进入口腔中，随着气流在口腔聚集，声门下气压差逐渐减小，由于压差减小，声带振动也逐渐变小。表现在声波图上，振动脉冲呈现幅度逐渐变小的趋势（周学文，2010）。

8.4.2 平乐同安土话内爆音的分布

平乐同安镇土话的内爆音 [ɓ]、[ɗ] 是成系统出现的，主要表现在古帮、端母上，部分古精母字与端母合并后也读为内爆音 [ɗ]。在古并、定、非、从母中，也会有内爆音的变体读音出现在平乐同安土话中。

平乐同安镇土话的帮母字，无论阴声韵还是阳声韵或入声韵都一律读成内爆音［ɓ］，只有极个别字读清爆音［p］，如"笔"；此外，"搬"读成［m］。一些古非母和并母字也并入帮母字，读成内爆音［ɓ］，如"粪放｜暴便病"等。下面是平乐同安土话的四张内爆音语图，来自不同的古声母。图8-1的"比、跛"来自古清声的帮母，图8-2的"放、病"，分别来自古全清的非母和古浊声的并母。

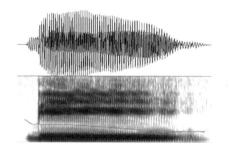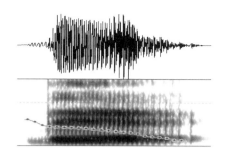

图8-1　平乐同安内爆音"比"［ɓi］和"跛"［ɓø］语图

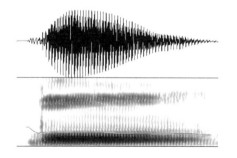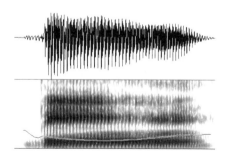

图8-2　平乐同安内爆音"放"［ɓuɔŋ］和"病"［ɓã］语图

平乐同安镇土话的端母字，绝大多数都读成内爆音［ɗ］，只有极个别字读同部位清爆音［t］，如"刀、东、答"等；此外，"冻、雕"读［l］。平乐同安的古精母字并入端母字，大部分今读内爆音［ɗ］，一小部分今读为同部位的清爆音［t］。还有个别定母字如"队、兑"和从母如"蹲、截"也读成内爆音［ɗ］。下面是平乐同安土话的六张内爆音语图，来自不同的古声母。图8-3的"赌、短"来自古清声的端母，图8-4的"借、挤"，分别来自古全清的精母；图8-5的"队、截"，分别来自古浊声的定母和从母。

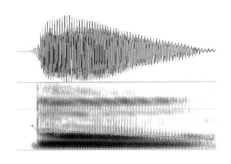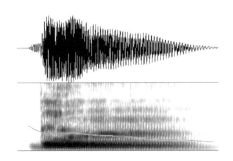

图 8-3　平乐同安内爆音"赌"［ɗu］和"短"［ɗən］语图

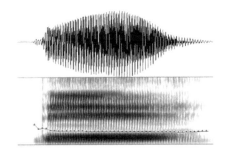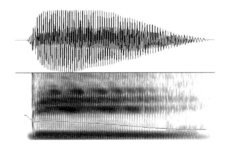

图 8-4　平乐同安内爆音"借"［ɗi］和"挤"［ɗi］语图

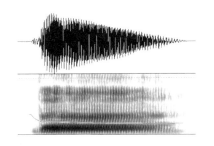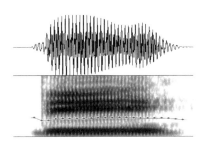

图 8-5　平乐同安内爆音"队"［ɗo］和"截"［ɗiʔ］语图

从以上语图可以看到，语图中上方声波图内可看到声母辅音的波形从小到大的变化，这是内爆音典型的声学特征之一。因为发内爆音时喉头明显下降，上声道扩大，造成口/咽腔内负气压，爆发时气流冲入口腔，就会在声波图上显示出波形由小到大的变化，这也是区别浊爆音的一个重要特征。其次，从起始基频看，每幅图中的基频线都有一个高调头，高频起音是内爆音的另一个声学特征。因为发内爆音时，要降低喉头，这会拉紧声带，致使基频提高；所以，尽管内爆音是个浊音，但它可以跟高调并存，而普通的浊爆音只能引起低调头，在低调中出现。从平乐同安镇土话看，内爆音只出现在阴调类中，阴调的各个调类都要高于阳调的各个调类。其中阴平［51］，阴上［42］，阴去［44］，阴入［55］。也就是说内爆音跟高调搭配。

8.5　平乐、全州、永福内爆音 VOT 实验结果

8.5.1　内爆音的 VOT

VOT 是嗓音起始时间（Voice Onset Time），指塞音除阻与声带开始振动之间的时间关系，这个时间通常在辅元音结构中才能表现出来，单位是毫秒。VOT 是表征辅音的清浊属性的参数。有 0 值、负值（浊辅音）和正值三种值。如果辅音的发音部位与元音舌位比较接近，辅音除阻后立即接上元音，即破裂之后声带马上振动，这样 VOT 就是零值；如果辅音的发音部位与元音舌位相差较远，辅音除阻之后还存在一段静止，或者辅音除阻后还要经过送气段，然后才接上元音，VOT 就是正值；如果辅音是浊的，那么在除阻之前声带已经开始振动，VOT 就是负值。

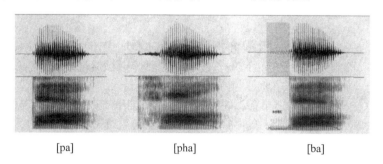

[pa]　　　　　[pha]　　　　　[ba]

图 8 - 6　塞音除阻与声带开始振动的时间关系示意图（彭春芳，2010）

图 8 - 6 显示了塞音除阻与声带开始振动之间的三种关系：图左显示塞音除阻后紧跟着是元音出现，VOT 值等于零；图右的 VOT 值为负值，图右显示在声带除阻前就有浊音横杆，表明嗓音已经开始振动；从图中可以看到，塞音除阻后有较长一段送气段，之后才接上元音，VOT 值远远大于零为

正值。

内爆音都是浊音，因而其 VOT 值都是负值。根据内爆音的 VOT 时长，我们可以比较不同方言内爆音的 VOT 值，从中找到一些规律。表8-7 是实验数据。

表 8-7　VOT 实验数据（单位：ms）

	平乐	ɓ	ɗ	全州	ɓ	ɗ	永福	ɓ	ɗ
	u	−28	−15	u	−87	−53	u	−83	−66
	i	−32	−36	i/y	−53	−76	i	−88	−55
	o	−18	−14	o/e	−51	−76	e	−33	−56
	a/ə	−21	−16	a/ə	−9	−49	a	−78	−39
	iəu	−30	−38	ie	−74	−.43	iəu	−70	−69
平均		−26	−24		−72	−136		−70	−57

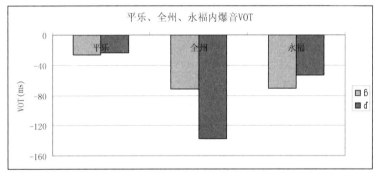

图 8-7　平乐、全州、永福内爆音 VOT 时长示意图

从表 8-7 实验数据和图 8-7 看，平乐、全州、永福三处方言的内爆音值从大到小依次排列为，双唇内爆音：全州［ɓ］（−72）＞永福［ɓ］（−70）＞平乐［ɓ］（−26）；齿龈内爆音：全州［ɗ］（−136）＞永福［ɗ］（−57）＞平乐［ɗ］（−24）。可以分成三类，第一类是全州文桥的内爆音，无论双唇内爆音还是齿龈内爆音，VOT 值都最大；第二类是永福的内爆音，VOT 值次之；第三类是平乐的内爆音，VOT 值最小。从内爆音的发音部位看，这三类的特点也很明显。全州齿龈内爆音［ɗ］要大于双唇内爆音［ɓ］；永福则相反，双唇内爆音［ɓ］的 VOT 值要大于齿龈内爆音［ɗ］；平乐内爆音的 VOT 值，两种发音部位没有明显差异。

8.5.2　平乐、全州、永福内爆音分析

从上面的分析我们可以知道，平乐土话的各个阴调都要高于阳调，从声调配列关系上看，平乐土话的内爆音只跟阴调相配，跟高调相配。

永福百姓话中古帮、端母字今读内爆音 [ɓ、ɗ]；古知组大部分字和古定母少部分字与端组合流，今读如 [ɗ]。如：猪 [ɗue#453] | 朝 [ɗiu#453] | 知 [ɗe#453] | 张 [ɗiə#453] | 转 [ɗũ44] | 竹 [ɗuaʔ54] | 胀 [ɗiə44] | 杜 [ɗu44] | 队 [ɗy44] | 兑 [ɗy44] 等。从声调配列关系上看，永福百姓话的内爆音只跟阴调相配。在永福百姓话中，阴调各个调类均高于阳调，为高调，分别是阴平 [#453]、上声（阴上）[52]、阴去 [44]、阴入 [54]。可以说，内爆音也是跟高调相配。

全州文桥话中古帮母字逢阴声韵、入声韵读内爆音 [ɓ]，如"布、保、疤、霸、北、八、白、笔、剥"等；逢阳声韵则读为鼻冠音 [mb]，如"边、变、半、本、帮"等。古端母字逢阴声韵、入声韵读内爆音 [ɗ]，如"刀、到、低、赌、斗、得、跌"等；逢阳声韵读为鼻冠音 [nd]，如"东、短、党、胆、灯、懂、凳"等。古知母部分字与端母合流，今读内爆音 [ɗ]；古并母、定母、非母个别字与帮、端母相混，今读内爆音，如"雹鼻辫 | 斧放 | 跌掉"等。

从声调配列关系上看，全州文桥土话的内爆音只跟阴调相配。在全州文桥话中，古清上和古浊上合并为上声、古清去和古浊去合并为去声，但内爆音也只出现在古清上字和古清去字中。阴平和阴入为高调，阴平为 [55]、阴入为 [51]；上声、去声是中低调，分别是 [24] 和 [33]。可以说，由于调类合并，全州文桥话的内爆音既可以与高调相配，也可以与低调相配，但在声调配列关系上，内爆音只跟阴调相配。

从来源看，三处方言的内爆音来源相同，都来源于古全清声母的帮端母字；从声调配列关系看，三处方言也大致相同，只与阴调相配而不与阳调相配。但是从 VOT 时长看，三处方言的 VOT 大小不同，呈现出三种格局。图 8‑8 与图 8‑9 是三处方言的内爆音语图：

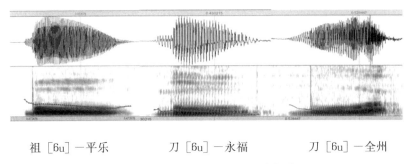

　　祖［ɓu］—平乐　　　　刀［ɓu］—永福　　　　刀［ɓu］—全州

图 8-8　平乐、永福、全州双唇内爆音语图

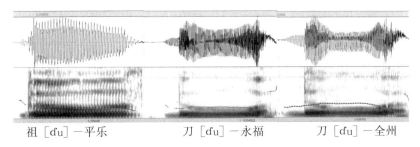

　　祖［ɗu］—平乐　　　　刀［ɗu］—永福　　　　刀［ɗu］—全州

图 8-9　平乐、永福、全州齿龈爆音语图

　　从图 8-8 和图 8-9 看，三处方言的内爆音 VOT 依次增大，平乐最小、永福次之，全州最大。从起始基频看，由于三处方言的内爆音都是与调值较高的阴调相配，故起始基频都呈现出高调头模式。

　　全州方言比较特殊，由于上声来源于古清上和古浊上，去声来源于古清去和浊去，上声和去声在全州文桥话中已不再分为阴阳两调，虽然内爆音还是出现在阴调中，但是从内爆音的起始基频看，内爆音与中低调相配时，表现出两种模式，既有高调头也有低调头。

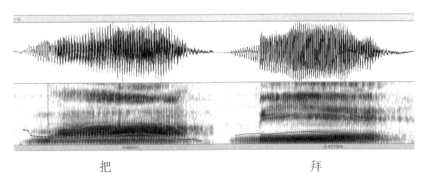

　　　　　　把　　　　　　　　　　　　　　拜

图 8-10　全州上声、去声双唇内爆音语图

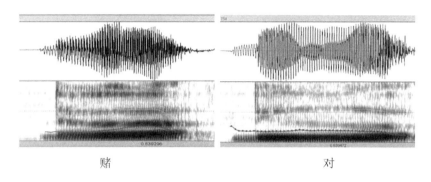

赌　　　　　　　　　　　　　　对

图 8-11　全州上声、去声齿龈内爆音语图

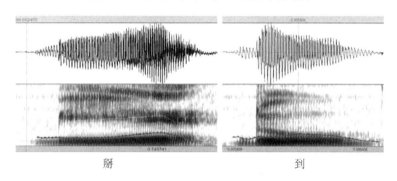

掰　　　　　　　　　　　　　　到

图 8-12　全州上声、去声双唇、齿龈内爆音语图

由图 8-10、图 8-11 和图 8-12 可见，在全州文桥话中，无论双唇和齿龈内爆音出现在上声［24］调前还是出现在去声［33］调前，起始基频可以是高调头模式，也可以是低调头模式。

而平乐和永福方言的调类在发展过程中同样也出现了分合情况，但与全州文桥土话的不同之处是，平乐土话的上声来源于古清上，因而保留高调形式；古全浊上声归入古清去中合并为今阴去调，阳去来源于古浊去。去声在平乐土话中仍然分阴阳，所以阴去仍然保留高调。永福百姓话的上声来源于古清上和一部分古清入，仍然保留高调；阴去来源于古清去和古浊上，阳去来源于古浊去，去声在永福百姓话中仍然分阴阳，所以阴去仍然保留高调。由于平乐和永福的这种情况，两处方言的内爆音只跟阴调的高调结合，在基频起始处只有一种高调头的模式。

8.6 小结

从目前发现的有内爆音的方言来看，来源有二，一是来源于古全浊声母的浊爆音，二是来源于古全清声母的清爆音。来源于浊爆音的方言又有两类：第一类是北部赣语中作为常态浊爆音变体出现的内爆音（朱晓农、刘泽民、徐馥琼，2009），北部赣语中的常态浊爆音，是古全浊声母"并、定、群"母和次清声母"滂、透、溪"合流的结果。第二类是汕头闽语中来源于常态浊爆音的内爆音，汕头闽语的常态浊爆音，是古次浊声母明母鼻音塞化的结果。来源于清爆音的方言也有两类：第一类是吴语中来源于古全清声母"帮、端、见"的内爆音和潮州海南闽语中作为不送气清爆音变体出现的内爆音。第二类是全州文桥土话中作为音位出现的来源于阴声韵和入声韵的古帮端（知母）的内爆音和来源于潮州海南闽语的古帮端知母（朱晓农、关英伟，2010；朱晓农、洪英，2008）。这次调查的广西平乐同安镇土话、永福百姓话和全州文桥土话三处方言的内爆音主要分布在古全清声母帮端精母中。它们的分布见表 8-8。表中括号内的是指内爆音的零星分布或分布条件。

表 8-8　内爆音来源分布

内爆音来源	中古声母	方言
浊爆音	1. 古全浊并定群母（次清滂透溪母）	北部赣语
	3. 古次浊明母微母（古帮端并定）	汕头闽语
清爆音	1. 古全清帮端见母	吴语
	2. 古全清帮端知母（古全浊并定奉澄）	潮州海南闽语
	3. 古全清帮端知母（阴声入声韵）	全州文桥土话
	4. 古全清帮端精非母	平乐同安土话
	5. 古全清帮端精非母	永福百姓话

综上所述，平乐、永福、全州三处方言内爆音主要有以下特点：

（1）三处方言的内爆音主要来源于古全清声母帮、端母。古知组大部分字和古并、定母少部分字与帮、端组合流，今读内爆音。

（2）VOT 呈现出三种类型，由长到短排列顺序为全州＞永福＞平乐。

（3）从声调配列关系看，三处方言也大致相同，只与阴声调相配而不与阳声调相配，发声为浊声，声调为阴声调。

（4）从内爆音起始基频看，平乐、永福两处方言内爆音只与高调相配，起始基频表现出高调头模式；全州方言内爆音既可以与高调相配，也可以与中低调相配，起始基频既可以表现为高调头模式，也可以表现为低调头模式。

三处方言的内爆音的嗓音发声是否相同，在共时平面上是否有联系，其发展演变是否以 VOT 为条件，它们是否有着共同的来源？这些问题值得我们深入研究。在研究方法上，对内爆音的研究仅仅从语图信息上和声学研究方法是远远不够的，还必须加强语音的生理研究方法。只有真正认识了内爆音的发声机制，才能揭示内爆音历史音变与语音内在机制的必然联系，这对解释语音变化的过程有重要的意义。

第九章　恭城直话单字调和双字调变调的声学研究

9.1　引言

从声调形成的物理机制看，声门每开闭一次，就出现一个相同的周期波形，在单位时间里出现的周期波形的多少就代表音高的差别。从生理机制看，声调的音高变化与声带的松紧及单位时间内声带振动的频率有关，它通过基频的变化来区别不同的意思，具有超音段的性质。声调的产生属于发声的研究范畴。

汉语声调实验研究始于 20 世纪 20 年代，刘复先生创立了语音乐律实验室，为我国语音实验研究奠定了基础。他首先用浪纹计研究汉语声调得到了声调音高 F_0 曲线。他的《四声实验录》是我国实验语音学的开山之作，他发明的乙一声调推断尺和乙二声调推断尺为汉语声调研究提供了测量手段。

赵元任先生（1930）主张用实验的方法研究声调，他用简单乐器和渐变音高管模拟声调的音高来确定声调的调值，为中国语言的声调研究奠定了基础。稍后的声学实验著作有白涤洲的《关中声调实验录》（《史语所集刊》，1934）、王力的《博白方音实验录》、周辨明的《厦语声调实验录》

和岑麒祥的《粤语发音实验录》等。林茂灿等（1980）的《普通话二字词变调的实验研究》和吴宗济（1982，1985）的《普通话语句中的声调变化》《普通话三字组变调规律》等，把声调的实验研究从静态的单字调研究推向动态的变调研究。老一辈学者的研究成果，开创了我国声调实验研究的先河，用实验方法来研究声调，使人们由对声调的感性认识，进入到探究声调本质特征研究的一个新领域。

方言声调是声调实验研究关注的另一个方面，廖荣蓉、石锋、徐云扬、郭锦桴、鲍怀翘等，都开始用实验方法建立各方言点的单字调格局和双字调模式。同时，他们还把实验结果同传统口耳听辨得出的结果进行比较，对传统结论进行证实或证伪。方言声调实验研究专著的出版，如平悦铃等的《吴语声调的实验研究》（2001）、朱晓农的《上海声调实验录》（2005）和刘俐李等的《江淮方言声调实验研究和折度分析》（2007）、明茂修的《毕节方言声调实验研究》（2012）等，反映了我国汉语方言声调的实验研究取得的成果。

在理论研究方面，石锋致力于声学参数与音系学对应关系的研究，提出了"声调格局""元音格局""辅音格局"等语音格局的理论模式。语音格局是语音学和音系学相结合的平台，是二者的交汇点。在语音格局分析中引入语音实验，将语音学和音系学的分析结合起来，可以把人们对于语音格局的观念具体化，用数据和图表显示出语音的分布格局。孔江平（2001）在对大量少数民族语言的实验研究中，提出了基于言语声学的语音学理论框架。这一框架明确了声调的产生应该属于发声的范畴，指出声调研究应该区别声调的时域特征和频率域特征；从"调时"和"调声"两个方面提出了声调"调质"的概念；并利用基频、开商、速度商等参数，建立了普通话单、双字调的"调时模式"和"调声模式"。

语音实验研究为我们摆脱对口耳之法的依赖从而更加精确深入地研究汉语方言声调找到了一条新途径，是人们对声调认识进一步深化的必然结果；同时也拓展了声调研究的范围，语音实验仪器的使用和声学实验方法的运用，延伸了人的手、眼、耳的功能。这不仅可以弥补听觉的不足，可以对声调做出定性和定量的分析，而且通过语音的物理解释，为声调研究提供客观抽象的语言学依据，使得声调实验研究向更为微观的层面深入。

本章研究是基于声学数据的时域参数 F_0，对恭城直话单、双字调模式的声学研究。

9.2　恭城概况

9.2.1　恭城地理位置及语言概况

广西恭城瑶族自治县位于广西东北部，桂林地区东南部。县城距自治区首府南宁市公路里程 466 公里，距桂林 108 公里。就目前所知，县内有瑶语、壮语等少数民族语言。瑶语属汉藏语系苗瑶语族瑶语支的一种勉语方言，通行观音、三江的大部分地区和西岭、栗木、莲花、平安乡（镇）的部分地区；壮语属汉藏语系壮侗语族壮傣语支的壮语方言，原通行于莲花乡的东寨一带地区，今只有少数年长的人会讲，实际使用人口不多。汉语方言有西南官话、湘语、闽语、客家方言和系属尚未清楚的土话等。西南官话当地称恭城官话，是境内各民族交往的共同语；保庆话属汉语湘方言的一种次方言，通行于三江、观音、栗木西岭等瑶族乡镇的部分地区；闽南话为船民使用；客家话通行于嘉会、平安、莲花乡和栗木恭城镇的少部分地区。

栗木镇位于恭城瑶族自治县最北部，与湖南交界，南与嘉会乡毗邻，西接灵川县，北接灌阳县。全镇人口 4.3 万人，共 17 个行政村，一个居委会。有 9 个行政村说土话，占栗木镇 18 个行政村（居委会）的 50%。说土话的人口 1.6 万人，占全镇人口的 37%。栗木镇说土话的行政村主要位于栗木河东北、东南。东北部与灌阳县（湘方言）和观音乡（瑶话）交界，东南部是龙虎乡。据当地人的语感，各村之间的土话语音差异不大，只是上灌、高岭以及已从栗木镇分割出去归龙虎乡管辖的龙岭村的土话，当地人认为尾音略有不同，但不影响交际。各行政村及说土话人数见表 9-1。

表 9-1　栗木镇行政村土话分布

上宅村	上枧村	大合村	石头村	马路桥村	上灌村	高岭村	大枧村	栗木村	合计
3500 人	3000 人	2600 人	2500 人	1500 人	1000 人	1000 人	350 人	300 人	15750 人

本文研究的恭城直话当地人称为土话，是大合行政村黑石垒村口音。大合村下辖的 8 个自然村中，有 4 个村讲土话——上大合、下大合、黑石垒、何家坝，都姓欧阳，其余 4 个自然村讲官话。据发音合作人自称，他们的祖先欧阳晨共四兄弟，最早是在明朝时从江西吉安府太合县（即大合村名称来源）鹅拱桥村迁来此地，一说是从江西吉安府太合县六步屯迁来的。今"大合村"村名直接得名于祖先的来源地"太合县"。当地村民称，"太合县"的"太"原为"泰"，后改为"太"，为纪念祖宗来源地，并以示尊敬，"太"字去掉一点，改为"大"，即今"大合村"名的由来。在大合的欧阳晨排行第二，其余三兄弟都择居湘南，长兄欧阳宴居湖南道洲，另外两个弟弟欧阳旻居湖南宁远，欧阳昇居湖南永州。

恭城直话其属性尚未清楚，当地人称之为"土话"，说"土话"的人自称 $[ti^{41}xua^{41}]$，$[ti^{41}]$ 是"直"的发音，$[ti^{41}xua^{41}]$ 就是直话。使用直话的人原先都是汉族，在 70 年代恭城改为恭城瑶族自治县时，大多数改为瑶族。从已有研究中对平话范围的划分看，不属于桂北平话。曹志云（2006）将恭城土话划为桂北土话的范围。本文研究名从主人，称为"直话"。

9.2.2　恭城直话的语音特点

恭城直话有声母 22 个；韵母 30 个，其中单韵母 9 个，复韵母 13 个，鼻韵母 8 个；声调 7 个，其中平、上、去各分阴阳，阳入归并到了阳去。其主要的语音特点有：

（1）古全浊声母今逢阳平有轻微浊流，塞音和塞擦音一部分读不送气，一部分读为送气。今逢阳上、阳去读清音，声母清化，塞音和塞擦音今读不送气清音。

（2）古非、敷、奉母今多读双唇音。例如：分 $[pi^{33}]$｜反 $[pe^{35}]$｜蜂 $[p^hou^{33}]$｜捧 $[p^hua^{35}]$｜肥 $[ba^{21}]$｜房 $[ba\eta^{21}]$。少部分字读

[x、r]，例如：方 [xua³³] ｜凡 [rie²¹]。还有少部分字在合口呼前读 [ɸ]，例如：夫＝呼＝[ɸu³³] ｜飞＝挥＝[ɸuei³³] ｜方＝慌＝[ɸnaɲ]。

（3）古微母字今读 [m] 和零声母，例如：[m] 的如尾 [ma⁵⁵] ｜蚊 [mua²¹] ｜望 [maɲ⁴¹] ｜网 [maɲ⁵⁵] ｜问 [mi⁴¹] ｜文 [y²¹] ｜万 [ye⁴¹] ｜袜 [ya⁵³] ｜雾 [u²⁴] ｜味 [uei⁴¹]。

（4）古知母、澄母字大部分与端、透、定母合流，读 [t、d]。例如：猪 [te³³] ｜柱 [te⁵⁵] ｜癫 [te³³] ｜迟 [da²¹]。

（5）阳声韵中除江摄外，其余各摄都不同程度地读开尾韵。例如：耽咸单山 [tuo³³] ｜闪咸选山 [se³⁵] ｜凡咸闲山行梗 [rie²¹] ｜犯咸贩山 [xye²⁴] ｜深深新臻 [si³³] ｜林深轮臻 [ly²¹] ｜临深邻臻菱曾灵梗 [lio²¹] ｜针深真臻蒸曾征梗 [tsi³³] ｜肿通 [tsi³⁵] ｜灯曾东通 [tua³³] ｜藤曾同通 [dua²¹]。

（6）古入声韵尾消失，例如：插咸 [tʰsia⁵³] ｜答咸 [tuo⁵³] ｜八山 [pia⁵³] ｜滑山 [ya²¹] ｜急深 [kie⁵³] ｜骨臻 [kua⁵³] ｜落宕 [lu⁴¹] ｜北曾 [pua⁴¹] ｜脉梗 [mua⁴¹] ｜六通 [liɔ⁴¹] ｜角江 [kiou⁴¹]。

（7）古平上去依古声母清浊各分为两类，清声母今读阴调类，浊声母今读阳调类。古清声母入声今读入声，古浊声母入声字今读阳去。

详细分化情况和同音字汇见附录三。

9.3　实验说明

9.3.1　录音词表和发音人

录音词表分单音节字表和双音节字表两个部分。单音节选择 [a][i][u][ɤ] 4 个元音，基本照顾了前、后、高、低各个位置，声母尽量用塞音或塞擦音，包括栗木直话的 7 个声调共 28 个音节。双音节按 8 个声调两两组合选词，得到共 64 个组合，每个组合保证选词至少 4 个，64 个组合共256 个词，512 个音节。声母首选塞音或塞擦音，同时尽量照顾各种结构。

单音节每个字录音时念三遍，每个声调是 12 个样本，7 个声调共计 84

个样本。双音节每个词各念一遍，共得到 512 个样本。实验字表写不出本字的音节用"□"表示，并在右下角加数字释义或直接注释。实验字见表 9-2 和 9-3。

发音合作人是大合行政村黑石垒村的欧阳某，男，1956 年出生，中师毕业，在栗木镇教育组工作。

表 9-2　恭城直话单字调实验字

		[i]	[a]	[u]	[ɤ]
T1	阴平 33	分 [pi]	知 [ta]	多 [tu]	午 [pɤ]
T2	阳平 21	盆 [bi]	迟 [da]	驼 [du]	□₃ [bɤ]
T3	阴上 35	本 [pi]	紫 [tsa]	左 [tsu]	补 [pɤ]
T4	阳上 55	辬 [pi]	□₁ [ta]	舵 [tu]	簿 [pɤ]
T5	阴去 24	畚 [pi]	大爸爸 [ta]	剁 [tu]	布 [pɤ]
T6	阳去 41	薄 [pi]	地 [ta]	凿 [tsu]	步 [pɤ]
T7	入声 53	钵 [pi]	□₂ [ta]	脱 [tʰu]	□₄ [pɤ]
备注	□₁：～鸡：野鸡　　　　□₂：拥挤　　□₃：双手捧：～茶　　　　□₄：xa⁴¹～：这里				

表 9-3　恭城直话双字调实验字

	1	2	3	4	5	6	7	8
1	勾刀	梯田	砧板	单被	高凳	高大	苞谷	初十
1	冬天	鳅鱼	敲鼓	春社	争气	开会	金竹	咽舌
1	天光	胶鞋	灯草	单被	天价	抽尿	猪脚	膏药
1	□□明天	猪槽	天□天干	天旱	猪□猪肉	空肠	收谷	抓脉
2	长工	耙田	粪桶	犁座	传票	耙地	甜竹	成夜
2	篱笆	年头	螃蟹	黄鳝	蛇□蛇肉	黄豆	陪客	齐□整齐
2	狂风	锄头	鞋底	朋友	旁□旁边	挨□挨打	毛笔	伶俐
2	黄瓜	头伏	丸子	茄子	棉裤	痨病	捶脚	学历
3	狗公	补鞋	手表	嫂妇	水架	诊病	水笔	草药
3	表哥	水田	讲古	小肚	炒菜	炒饭	响壁	起夜

续表

	1	2	3	4	5	6	7	8
3	起痧	火炉	水桶	讲理	手套	体面	颈骨	爽□干净
3	紫姜	鸟排	表姐	炒米	狗肉	草帽	小脚	洗脚
4	野鸡	下台	雨水	佬弟	肚痛	旱地	犯法	坐席
4	马钉	米行	下底	两□妯娌	上菜	有病	岭脚	老实
4	被心	老同	岭顶	道理	下坑	下面	卖屋	五十
4	老姜	眼皮	老表	□痒抓痒	近□附近	岭地	坐月	社日
5	畚箕	做田	□水开水	过社	送灶	做地	晒谷	照着
5	菜刀	欠条	扫杆	锯子	胃痛	告状	小雪	四十
5	跳高	调皮	处暑	钉被	扣襻	过渡	送客	气息
5	汽车	布鞋	潲桶	跳远	布告	剃匠	篙竹	听脉
6	豆筋	畔田	大暑	稗子	谢孝	地上	大雪	树叶
6	外公	渡船	尿桶	大女	打卦	大字	豆角	二十
6	大筐	外头	饭碗	县子	会见	上面	字帖	大月
6	汗斑	面前	背手	侄女	睡觉	寿轿	第八	面麦
7	北风	骨牌	脚掌	谷雨	泼菜	铁匠	脚骨	竹叶
7	挖姜	吐痰	撮斗	蛤母	脚背	瞎子	拆屋	八十
7	谷筛	脱皮	竹笋	濯米	发票	发汗	杀鸭	缩鼻
7	割猪	笔筒	黑板	橘子	出账	搭话	一百	发热
8	立春	磨盘	历本	落雨	独凳	白露	落雪	磨石
8	腊鸡	月头	月底	立夏	夜边	木匠	白鸭	利息
8	脉经	药房	墨水	吃奶	腊肉	石匠	落脚	六十
8	吃斋	白糖	药水	麦子	药铺	绿豆	腊八	杂木

9.3.2 声调段的确定

恭城直话的声调虽然有阴阳对立，但与声母的清浊已经没有对应关系，从听感上可以感觉到阳平还带有浊音的痕迹，但从语图中我们并没有发现阳调有浊音的迹象，因此，本文的声调段等同于韵母段。我们确定声调段的方法是，声调起点等同于发声起点，一般以 F2 的第一个声门直条清晰可见处。声调终点的确立标准是：降调基频终点是在宽带图上的基频直条有规律成比例的间隔结束处，升调基频终点定在窄带语图上的基频峰点处，平调参照降调的标准。

9.3.3　实验过程和方法

本次实验的录音软件为 Cooledit，录音时使用 B‑2PRO 麦克风加外接声卡直接录入计算机，以波形文件形式储存。采样率为 44100Hz，单通道，采样精度为 16 位。所有声学参数的提取都是通过 Praat 声学分析软件完成，全部数据使用 Excel 电子表格进行统计和分析。

我们首先在 Cooledit 软件上对录音样本进行切分，然后将切分好的样本导入到 Praat 中，对每个样本进行声调段的标记，在此基础上，运行"音高提取程序"，提取 10 个基频点数据；再将数据导入 Excel 电子表格中进行处理，计算发音人在 10 个时刻点上 7 个声调基频数据的平均值和标准差。

9.3.4　五度值的换算方法

为了方便与田野调查的五度值记调结果进行比较，本文对所有单字调和双字调组合的基频数值进行了 T 值换算。T 值法的公式如下（石锋，1990）：$T = (lgx-lgb) / (lga-lgb) \times 5$

其中，a 为调域上限频率，b 为调域下限频率，x 为测量点频率。在本文中，单字调的 a、b 分别取平均后的 7 个声调基频数据点中的最大值和最小值，双字调的 a、b 则分别取平均后所有声调组合中基频数据的最大值和最小值。

9.4　单字调实验结果分析

我们根据基频均值和归一后的 T 值数据，分别做出恭城直话单字调基频平均曲线图 9-1 和 T 值音高曲线图 9-2。

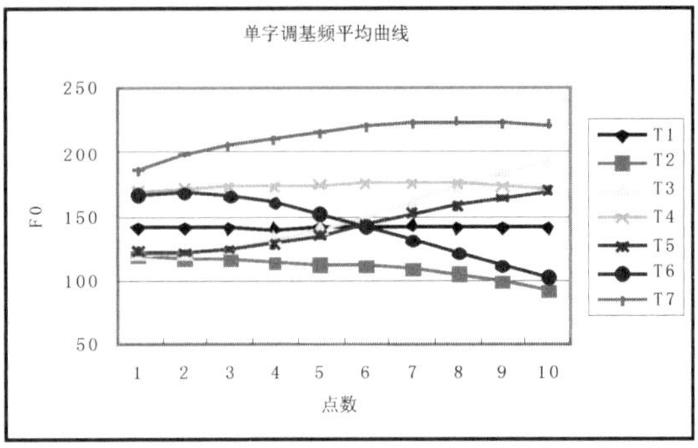

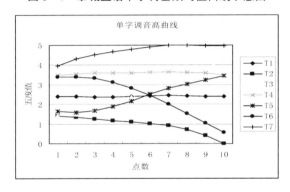

图 9-1   恭城直话单字调基频均值曲线示意图

图 9-2   恭城直话单字调音高曲线示意图

从图 9-1 显示的基频曲线可见，恭城直话的 7 个声调中，有 2 个平调：阴平 T1 和阳上 T4；2 个降调：阳平 T2 和阳去 T6；3 个升调：阴上 T3、阴去 T5 和阴入 T7。其中，最高点是阴入调的终点 223Hz，最低点是阳平调的终点 92Hz。

图 9-2 是进行基频归一后的五度值音高曲线。从显示的五度音高曲线看，阴平 T1 呈一条平直曲线位于调域中部的 3 度区间。阴上 T3 和阳去 T6 一升一降斜跨调域的 2 度至 5 度区间，相交于 T1 中段，三条曲线在 T1 调长的二分之一处汇成一个交叉点。阳上 T4 与阴平 T1 平行，比 T1 高 1 度，位于调域的 4 度区间。阴去 T5 与阴上 T3 的整体走势十分相似，前二分之一重合，后二分之一才逐渐分开，只是终点比 T3 低了 1 度。阴入 T7 是一个高升调，起点位于 4 度区间，终点升至调域的最顶部。

这里我们发现了一个有意思的现象，除 T7 外的其余 6 条曲线如果以它们的相交点为中心线，左右两边基本呈对称现象，而且它们的音高曲线或相交或相接连在一起。只有 T7 的音高曲线孤立于调域上方，似乎与这 6 个声调"格格不入"。

根据 T 值换算的结果如图 9-2 所示，我们把恭城直话的单字调实验结果获得的五度调值与田野调查的结果放在一起进行比较，见表 9-4。

表 9-4　单字调五度值对比

调类调值	阴平 T1	阳平 T2	阴上 T3	阳上 T4	阴去 T5	阳去 T6	阴入 T7
五度值 I	33	21	35	55	24	41	53
五度值 II	33	21	25	44	24	41	45

表 9-4 中五度值 I 是田野调查的结果，五度值 II 为本次实验的结果。

在前期对恭城直话进行语言学调查的过程中，对该方言中阴入调的调值一直存在争议，有的认为是一个降调 [54]，有的认为是升调 [45]，还有的认为是平调 [55]。在后期的研究中，我们通过提取单字调的基频 F_0 数据做出音高曲线后发现，恭城直话的阴入调是一个高升调 [45]。

从表 9-4 中我们可以看出，实验的结果与田野调查的结果大体相同，调型走向和调值的构拟也基本一致。只有阴入调 T7 差异较大：田野调查结果我们定为降调，调值定为 [53]，而实验结果显示为一个升调，调值定为 [45]。究其原因，也许正是受阴入调的"格格不入"的特点影响所致。在恭城直话调类系统中，T7 游离于其余 6 个声调之外，音高位于调域顶部，曲线微微呈上升趋势。我们凭听感确定其调值的时候，就很难确定其到底是高升调、高平调抑或高降调。其实，[55]、[44]、[54]、[45] 从听感上很难将其严格区分开来。我们定为 [53] 是平衡了各个调类及其调值的情况后，出于让 T7 的调值不要过于"游离"于其他调类之外的一种考虑。本次实验结果为恭城直话单字调 T7 调值的正确构拟提供了声学依据，弥补了听感上的局限，这也是本次实验的一个新发现。

从生理上而言，人耳对 [54] 或 [45]、[55]、[44] 的差异是很难感知出来的，并不是研究者听音记音的能力问题，出现不同的人记成不同的声调调值也很正常。声音的感知和声音的物理量之间有一定的关系，但这种关系不是简单的线性关系，因而有了不同的声音感知单位，如音高的声学单位是"基频"，而感知单位是"美"；音强的声学单位是"分贝"，而感知单位是"方"。从归纳音位的角度看，只要能与其他调位在意义上加以区分，在音系描写上加以区分即可。但是从声学角度看，升调和降调、平调的声学机制和生理机制都不同。在面向语言学的语音学研究中，这些细微的变化，也许能够成为解释语音变化的重要线索，在这种情况下利用声学分析进行声调的确定和描写就显得非常必要。

9.5　双字调实验结果分析

　　基于以上单字调的分析，本节讨论双字调连调式的语音变调，即只在语音层面上发生声调变异，变调后不引起意义变化，其功能是调节发音。在恭城直话双字调连调式中，我们没有发现 T1、T4、T5 发生变调的情况，其余 T2、T3、T6、T7 4 个声调都会在一定程度上发生变调。为了便于比较，我们采用 T 值音高曲线图。下面我们分别讨论变调的具体情况。

9.5.1　T2 的变调

　　从听感上分辨，T2 的后字根据其双音节的结构形式的不同有两种变调，我们分为 T2a 和 T2b 两类来考察。T2a 为偏正结构，T2b 为动宾结构，见图 9 - 3 与图 9 - 4。

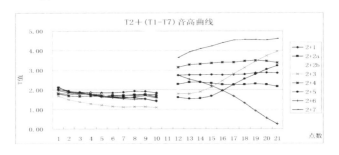

图 9 - 3　T2＋（T1－T7）音高曲线

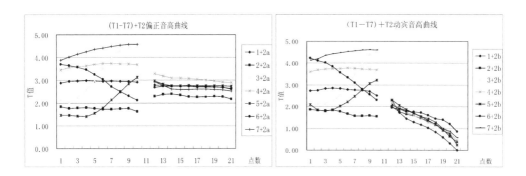

图9-4　（T1-T7）+T2音高曲线

从图9-3看，T2位于前字时，声调调型由单字调的降调变成了平调，位于调域的2度区间。

图9-4是T2位于后字时的音高曲线，T2在图中一分为二。偏正结构T2a的音高曲线大都集中在调域的3度区间，呈一条平直的曲线，而动宾结构T2b的音高曲线呈下降趋势，起点比T2的单字调起点高出1度，位于调域的3度区间。

9.5.2　T3的变调

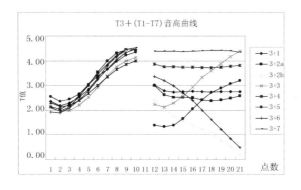

图9-5　T3+（T1-T7）音高曲线

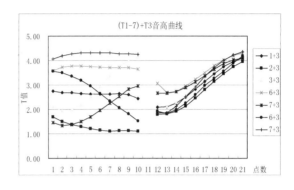

图 9-6　（T1-T7）+T3 音高曲线

从图 9-5 看，T3 位于前字时，声调调型没有改变，但起点升幅提高，由单字调的 2 度上升到了 3 度。

图 9-6 显示，T3 位于后字时，整体情况与其在前字时的音高曲线相同，起点升幅虽然略比前字低，但比单字调要高，大多数都到达了 3 度区间。

9.5.3　T6 的变调

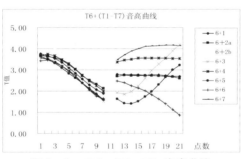

图 9-7　T6+（T1-T7）音高曲线

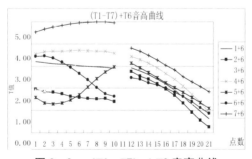

图 9-8　（T1-T7）+T6 音高曲线

图 9-7 和图 9-8 中，T6 位于前字位置时，前字起点比较集中，终点降幅比位于后字位置的 T6 要减少，大多数都在 2 度区间的上部和 3 度区间的下部。后字起点和终点都比较分散，后字终点的降幅也比前字的下降幅度增加，大多数落在 1 度区间。

9.5.4 T7 的变调

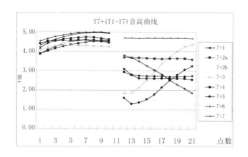

图 9-9 T7+（T1-T7）音高曲线

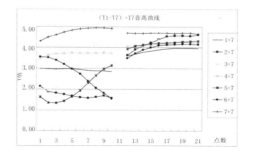

图 9-10 （T1-T7）+T7 音高曲线

从图 9-9 看，T7 位于前字时，虽然大部分位于 5 度区间，但仍然可以看出是一个上升的调型，除了与 T3 和 T5 两个升调连读时，调型因为异化变成一个高平调，与其他声调组合时，仍然保持一个升调。从图 9-10 中可以看到，后字 T7 有两个变体 [45] 和 [55]，T7 与 T3、T5 和 T7 三个升调组合时，由于声调异化的作用，为了避免拗口，调型变成了一个高平调 [55]。而 T7 与其他非升调组合时，如 T1、T2、T4、T6 仍然保持一个高升调的调型。

9.6 讨论

9.6.1 双字调调位模式和变体

9.6.1.1 双字调调位模式

我们依据平均值来归纳双字调的调位。具体做法是，将双字调的每一声调位于前后音节时的 T 值数据进行平均，据此画出位于前后音节的 7 个声调的音高曲线，并根据音高曲线来归纳双字调的调位。见图 9-11 和图 9-12。

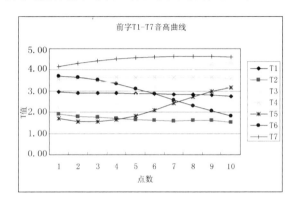

图 9-11　前字 T1-T7 音高曲线

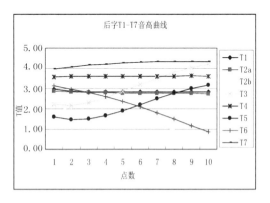

图 9-12　后字 T1-T7 音高曲线

从图 9-11 和图 9-12 看，恭城直话双字调 T1、T4、T5、T7 无论位于前字还是后字位置，声调大体没有发生变化，但在实际组合中会有一些因为协同发音带来的变化；T2、T3 无论位于前字还是后字位置都会发生变调；其中 T2 位于前字时由低降调［21］变为低平调［22］；位于后字时根据结构不同分化出两种变调：偏正结构 T2a 变为［33］，与阴平后字的声调合并，动宾结构 T2b 变为［31］，升幅比单字调上升 1 度。T3 位于前字和后字位置时，起点升幅提高，由［25］变为［35］。T6 位于前字降幅比单字调减少，调值定为［42］，T6 位于后字时，调值没有发生变化，调值仍为［41］。

恭城直话 7 个声调两两组合共 49 组双字调，连读变调时 T2 后字根据结构不同分化出两个变调类型，故应有 56 种组合，但由于 T2a 变调模式与 T1 后字变调模式相同，合并后仍然是 49 种组合，具体调位模式见表 9-5。

表 9-5 恭城直话双字调调位模式

序号	调位模式（五度值标写）	调类组合（声调分类标写）	序号	调位模式（五度值标写）	调类组合（声调分类标写）
1	33+33	T1+T1，T1+T2a	25	44+44	T4+T4
2	33+31	T1+T2b	26	44+24	T4+T5
3	33+35	T1+T3	27	44+31	T4+T6
4	33+44	T1+T4	28	44+55	T4+T7
5	33+24	T1+T5	29	24+33	T5+T1，T5+T2a
6	33+31	T1+T6	30	24+31	T5+T2b
7	33+55	T1+T7	31	24+35	T5+T3
8	22+33	T2+T1，T2+T2a	32	24+44	T5+T4
9	22+31	T2+T2b	33	24+24	T5+T5
10	22+35	T2+T3	34	24+31	T5+T6
11	22+44	T2+T4	35	24+55	T5+T7
12	22+24	T2+T5	36	42+33	T6+T1，T6+T2a
13	22+31	T2+T6	37	42+31	T6+T2b
14	22+55	T2+T7	38	42+35	T6+T3
15	35+33	T3+T1，T3+T2a	39	42+44	T6+T4
16	35+21	T3+T2b	40	42+24	T6+T5
17	35+35	T3+T3	41	42+31	T6+T6

续表

序号	调位模式 （五度值标写）	调类组合 （声调分类标写）	序号	调位模式 （五度值标写）	调类组合 （声调分类标写）
18	35＋44	T3＋T4	42	42＋45	T6＋T7
19	35＋24	T3＋T5	43	45＋33	T7＋T1，T7＋T2a
20	35＋31	T3＋T6	44	45＋31	T7＋T2b
21	35＋55	T3＋T7	45	55＋35	T7＋T3
22	44＋33	T4＋T1，T4＋T2a	46	45＋44	T7＋T4
23	44＋31	T4＋T2b	47	55＋24	T7＋T5
24	44＋35	T4＋T3	48	45＋31	T7＋T6
			49	45＋55	T7＋T7

9.6.1.2 双字调调位变体

恭城直话双字调调位变体是根据 49 种组合的实际情况归纳出来的。我们将每种组合分别提取基频数据并做出 T 值图，得到恭城直话的双字调调位变体，见表 9－6：

表 9－6　恭城直话双字调调位变体

调位		变体	出现条件
T1，T2a	[33]	[33]	连调组合中前字和后字，偏正结构位于连调组合中的后字
T2	[21]	[21]	与 T2 组合中的后字
		[22]	连调组合中的前字
		[31]	动宾结构位于连调组合中的后字
T3	[35]	[35]	连调组合中前字和后字
T4	[44]	[44]	连调组合中前字和后字
T5	[24]	[24]	连调组合中前字和后字
T6	[42]	[42]	连调组合中的前字
		[31]	连调组合中的后字
T7	[45]	[45]	连调组合中的前字，与 T2、T6 降调组合中的后字
		[55]	与 T3、T5、T7 所有升调组合中的后字，与升调 T3、T5、组合中的前字

从表 9－6 中可以看出，双字调调位由于 T2a 变调后的调值与单字调

T1 相同，故可以合并，仍为 7 个调位，49 种组合，调位变体有 12 个。在双字调的 7 个调位中，T1、T4、T5 与单字调相同，没有变体，即在双字调组合中没有发生变调；T2、T6、T7 三个调位至少有两个变体，T3 的调值由单字调的［25］变成了［35］，起点升高了一度，调型没有变化；说明它们在组合中都发生了变调。

再从各个调位的调值所在的调域区间看，我们可以看到一个有趣的规律：变调都发生在起点或终点，都处在调域上限或下限两极的声调中，如 T2［21］、T3［25］、T6［41］、T7［45］。T2 和 T6 的终点位于调域最底部［1］，T3 和 T7 的终点位于调域最顶部［5］，它们在组合中都发生了变调；而 T1［33］、T4［44］、T5［24］它们的起点或终点都没有达到调域的两极，所以在组合中都没有发生变化。我们将在下面对双字调变调的具体分析中，结合这一规律做进一步的考察。

9.6.2 恭城直话变调的类型和条件

恭城直话变调的类型都属于语音性的连读变调，语音性的连读变调是指连读变调的发生只与语音方面的环境条件有关，而不论词汇和句法方面的因素如何（石锋，2009）。其中又分为两类：调位性变调和非调位性变调。

9.6.2.1 调位性变调

调位性变调是语音性连读变调的一种，变调后的结果可以看作是另一个已有的声调或是一个跟已有的声调都不同的新调。恭城直话两字组声调组合有 49 种，其中有 7 种是调位性变调，即连读后变为另一个声调，见表 9-7：

表 9-7 恭城直话的调位性中和型连读变调

序号	中和型连读变调			
1	阴平＋阳平→阴平＋阴平	T1＋T2a→T1＋T1	33＋21→33＋33	前字 不变调
2	阳上＋阳平→阳上＋阴平	T4＋T2a→T4＋T1	44＋21→44＋33	
3	阴去＋阳平→阴去＋阴平	T5＋T2a→T5＋T1	24＋21→24＋33	
4	阴入＋阳平→阴入＋阴平	T7＋T2a→T7＋T1	45＋21→45＋33	
5	阳平＋阳平→阳平＋阴平	T2＋T2a→T2＋T1	21＋21→22＋33	前字同时 发生变调
6	阳上＋阳平→阳上＋阴平	T3＋T2a→T3＋T1	25＋21→35＋33	
7	阳去＋阳平→阳去＋阴平	T6＋T2a→T6＋T1	41＋21→42＋33	

　　上述 7 种连读变调是"中和型连读变调"，即"为减少连调式总数从而构建较为简化的连调系统而发生调类中和"[①]。这种中和型连读变调是由于后字 T2a 的变调引起的。阳平 T2a，都是偏正结构，处在双字调组合后字位置时，总是变同阴平 T1 的调值［33］，即阴平与阳平在后字位置上失去对立，发生调位中和，从而将 14 种两字组合并为 7 种连调式。

　　在上述组合中，除了后字 T2a 发生中和型变调外，前字也有两种情况：一种是前字没有发生协同变调，保持原调。没有变调的原因是：（1）前字为平调，平调连读时较少发生变调，如表 9 - 7 第 1、第 2 类的 T1［33］和 T4［44］；（2）前字声调的起点和终点都位于调域中部，调域的剩余空间为双字调组合提供了协调的条件，故前字没有发生变调，如第 3 类的 T5［24］；（3）前字 T7［45］为升调，终点位于调域顶部，按理应该发生变调，变成一个平调，但由于后字 T2a 变读为平调，两个平调发生异化，故 T7 让位于 T2a，保持了原调。

　　另一种是由于简化的需要，前字为了适应后字的变调会再次发生协同变调，形成前后字同时变调的现象，如表 9 - 7 第 5、第 6、第 7 三类连字调中的 T2、T3 和 T6。它们的声调终点都位于调域两极，所以我们认为，前字发生协同变调，与声调所处的调域位置有很大的关系。

9.6.2.2　非调位性变调

　　非调位性变调是语音性连读变调的另一种类型，在恭城直话的 49 组双字调组合中，除了上述 7 种中和型变调是调位性变调以外，其余 42 种都是语音性的非调位性变调。非调位性变调是指变调后的结果只是与前后的声调相连的调节变化，跟原来的声调没有调位的区别。分为异化型连读变调和简化型连读变调两种。

　　（1）异化型连读变调。

　　异化型连读变调，是使字组内部相邻音节调型有所区别而发生的异化变调。李小凡（2004）认为，汉语有要求字调平仄相间、错落有致的倾向，

---

　　① 李小凡：《汉语方言连读变调的层级和类型》，《方言》2004 年第 1 期。

同调字组不符合这种要求。平调的同调连读易造成发音单调，非平调同调连读易发生拗口，因此同调连读较易发生变调。恭城直话的异化型连读变调见表9-8：

表9-8　恭城直话异化型连读变调

序号	平调＋平调(4)		序号	升调＋升调(9)		序号	降调＋降调(4)	
1	阴平＋阴平（TI＋T1）	33＋33	5	阴上＋阴上（T3＋T3）	25＋25→35＋35	14	阳平＋阳平（T2＋T2b）	21＋21→22＋21
2	阴平＋阳上（T1＋T4）	33＋44	6	阴上＋阴去（T3＋T5）	25＋24→35＋24	15	阳平＋阳去（T2＋T6）	21＋41→22＋31
3	阳上＋阴平（T4＋T1）	44＋33	7	阴去＋阴去（T5＋T5）	24＋24→24＋24	16	阳去＋阳去（T6＋T6）	41＋41→42＋31
4	阳上＋阳上（T4＋T4）	44＋44	8	阴去＋阴上（T5＋T3）	24＋25→24＋35	17	阳去＋阳平（T6＋T2b）	41＋21→42＋31
			9	阴上＋阴入（T3＋T7）	25＋45→35＋55			
			10	阴入＋阴入（T7＋T7）	45＋45→45＋55			
			11	阴入＋阴上（T7＋T3）	45＋25→55＋35			
			12	阴去＋阴入（T5＋T7）	24＋45→24＋55			
			13	阴入＋阴去（T7＋T5）	45＋24→55＋24			

恭城直话有两个平调，阴平 T1 ［33］和阳上 T4 ［44］，两个平调的声调都处在调域的中部，从恭城直话的平调同调连读看，T1 和 T4 无论是平调之间的连读或者同一个平调的连读，都没有发生异化变调，见表9-8。

恭城直话有 3 个升调，阴上 T3 ［25］、阴去 T5 ［24］和阴入 T7 ［45］，其中阴去 T5 的声调起点和终点都没有处在调域两极，故 T5 与 T5 的同调连读没有发生异化变调。T3 和 T7 的声调终点都位于调域最顶端 5 度，它们之间连读或同调连读都发生了异化变调的情况。有两种变调方式，一是高升调 ［45］变读为平调 ［55］，一是中升调起点升幅提高，由 ［25］变读为［35］，见表 9 - 8。

从变调发生的位置和引起变调的因素的方向关系看，有顺向变调，即连读变调是由前面的音节引起的，在后面的音节发生变调；也有逆向变调，即变调是由后面的音节引起的，在前面的音节发生变调；还有双向变调，即前字和后字互为条件都发生变调。变调的方向是由 T3 和 T7 这两个升调位于双字调组合中的位置决定的。当 T3 与 T3 同调组合或 T7 与 T7 同调组合时，由于这两个声调的终点都位于调域最顶端，所以发生双向变调；当 T3 和 T7 分别与 T5 组合时，如果它们位于前字，就会发生逆向变调，如果它们位于后字，就会发生顺向变调，T5 无论在什么位置上总是不变调。

恭城直话有 2 个降调，阳平 T2［21］和阳去 T6［41］，两个降调的终点都位于调域最底部。降调之间连读或同调连读时，全都发生了异化变调的情况。变调的方式有两种，一是低降调 T2 位于前字时［21］变读为平调［22］，位于后字时变读为［31］或保持原调；二是高降调 T6 位于前字时由［41］变读为［42］，终点提高 1 度，位于后字时，变读为［31］，起点降低 1 度。由于两个降调的终点都位于调域最底部，所以它们之间的组合或同调组合都是双向变调，见表 9 - 8。

从引起变调的原因来看，变调的方向跟声调所处调域的位置有非常密切的关系。连读变调是声调在调域内部进行高低、升降、曲直、长短的调节，调域的空间大小为变调提供了调节的条件。如果终点处于调域两极的声调，调域调节的空间过小，其组合后往往会发生变调，而处于调域非两极的声调，调域调节的空间较大，其组合则不易发生变调。

从表 9 - 8 的变调情况和变调位置可以看出，两个平调都位于调域中部，有较大的协同连读空间，故其组合没有发生变调异化变调；升调组合中，阴去 T5［24］终点和起点都没有位于调域两极，所以，只有 T5 和 T5 之间的同调组合没有发生变调；而 T3［25］和 T7［45］，其终点都处在调域的两极，同调组合时，没有空间可以协调，所以连读时它们都发生了异化变调，变调的位置也取决于 T3 和 T5 所处的位置，如果它们处在前字，就发生逆向变调，处在后字，则发生顺向变调；如果是同调组合，则发生双向变调。降调的情况也是如此，阳平 T2［21］和阳去 T6［41］，它们的终点都位于调域最底部，它们的组合都会发生变调，而且是双向变调。

（2）简化型连读变调。

简化型连读变调主要是减少连调式调型的曲折，也包括降低升调的幅度。

表 9 - 9　恭城直话简化型连读变调

降＋升（6）		升＋降（6）	
阳平＋阴上（T2+T3）	21+25→22+35	阴上＋阳平（T3+T2b）	25+21→35+33
阳平＋阴去（T2+T5）	21+24→22+24	阴去＋阳平（T5+T2b）	24+21→24+31
阳平＋阴入（T2+T7）	21+45→22+45	阴入＋阳平（T7+T2b）	45+21→45+31
阳去＋阴上（T6+T3）	41+25→42+35	阴上＋阳去（T3+T6）	25+41→35+41
阳去＋阴去（T6+T5）	41+24→42+24	阴去＋阳去（T5+T6）	24+41
阳去＋阴入（T6+T7）	41+45→42+45	阴入＋阳去（T7+T6）	45+41→45+42
平＋升（6）		升＋平（6）	
阴平＋阴上（TI+T3）	33+25→33+35	阴上＋阴平（T3+T1）	25+33→35+33
阴平＋阴去（T1+T5）	33+24	阴去＋阴平（T5+T1）	24+33
阴平＋阴入（T1+T7）	33+45→33+55	阴入＋阴平（T7+T1）	45+33
阳上＋阴上（T4+T3）	44+25→44+35	阴上＋阳上（T3+T4）	25+44→35+44
阳上＋阴去（T4+T5）	44+24	阴去＋阳上（T5+T4）	24+44
阳上＋阴入（T4+T7）	44+45→44+55	阴入＋阳上（T7+T4）	45+44
平＋降（4）		降＋平（4）	
阴平＋阳平（TI+T2b）	33+21→33+31	阳平＋阴平（T2+T1）	21+33→22+33
阳上＋阳平（T4+T2b）	44+21→44+31	阳平＋阳上（T2+T4）	21+44→22+44
阴平＋阳去（T1+T6）	33+41	阳去＋阴平（T6+T1）	41+33→42+33
阳去＋阳上（T6+T4）	41+44→42+44	阳上＋阴入（T4+T6）	44+41

降调与平调或升调连读，连调式形成一个曲折，为了减少声调曲折的复杂度，就会发生变调，在恭城直话中，"降＋升""降＋平"组合时，降调的简化方式是：低降调 T2［21］变成平调［22］，高降调 T6［41］

变成 [42]，减少降幅。在"升＋降"和"平＋降"组合中，降调位于连调式后字，低降调 T2b 变成 [31]，起点升高，而高降调 T6 保持原调 [41] 不变。

升调的连读变调表现与降调类似，在"升＋降"和"升＋平"组合中，T3 都变成 [35]，起点提高；T7 没有变调，仍为 [45]。这是因为，T7 与降调组合时，由于后字 T6 是一个高降调，起点较高，位于调域 4 度区间，而 T3 起点升幅的提高，减少了曲折的复杂度，或者说降低了曲折度，符合发音省力的原则，故不需要变调。在"降＋升"和"平＋升"组合中，降调的简化方式是，T3 成 [35]，T7 或者保持原调 [45]，或者变成高平调 [55]。

9.7   小结

本章通过声学实验，考察了恭城直话双字调的语音性连读变调的调位及调位变体、变调类型、变调方式和变调条件，在此基础上总结出了恭城直话双字调变调的一些规律，小结如下：

（1）根据连读变调的结果在语音系统中的作用，恭城直话双字调连读变调可以分为调位性变调和非调位性变调两类。在调位性变调中，T2 后字根据结构不同分化出两个变调类型，偏正结构 T2a 和动宾结构 T2b，其中 T2a 变同阴平 T1 的调值 [33]，致使阴平与阳平在后字位置上失去对立，发生调位中和，将（T1—T7）＋T1 和（T1—T7）＋T2a 的 14 种连调式组合合并为 7 种连调式。我们称之为调位性中和型连读变调。非调位性变调分为异化型连读变调和简化型连读变调两种。

（2）实验结果显示，恭城直话的双字调连读变调与声调所处的调域空间位置有着密切的关系，调域的空间大小为变调提供了协同发音的条件。如果终点处于调域两极的声调，调域调节的空间有限，其组合后往往会发生变调，而处于调域非两极的声调，调域调节的空间较大，其组合则不易发生变调。

（3）恭城直话双字调变调的方向有顺向变调、逆向变调和双向变调三种，变调的方向也是受到调域空间大小制约的，位于调域两极的声调与位于调域非两极的声调组合时，变调的往往是前者，后者则不发生变调，由此形成顺向变调或逆向变调；位于非调域两极的声调组合，往往都不发生变调；位于调域两极的声调组合，前后都发生变调，由此形成双向变调。

（4）恭城直话双字调的变调方式主要有改变调型、减少降幅和提高升幅三种手段，降调的简化方式是：低降调 T2［21］变成平调［22］，高降调 T6［41］变成［42］，减少降幅；升调的简化方式是，起点升幅提高，如 T3［25］变成［35］，或者变成高平调，如 T7［45］变成［55］。

第十章　灵川灵田话的元音格局

10.1　引言

石锋（2002）通过北京话主要元音的声学分析考察了北京话的元音格局，并提出了元音格局的研究方法。格局即系统性表现，每一种语言和方言都有各自的语音格局，格局的观念非常重要。元音格局是元音系统性的表现，包括元音的定位特征，内部变体的表现，整体的分布关系等。元音格局分析就是依据主要元音跟韵母中其他成分组合关系的情况，划分出不同的级别。元音系统是隐性的，元音格局是依据主要元音在音节中的组合关系划分出不同的级别，再提取元音的共振峰声学参数 F1、F2 在坐标轴上绘制而成的元音分布格局系统，因而是显性的，它能够使人们更清楚、直观地找到规律。

元音格局分析首先立足于音节结构给元音划分层次，即依据主要元音跟韵母中其他成分组合关系的情况划分出四个级别，这四个级别的元音分别与传统音韵学中韵母结构的四种组合关系相对应。"出现在单韵母中的元音是一级元音，能够带韵头的元音是二级元音，能够带韵尾的元音是三级元音，既能够带韵头也能带韵尾的元音是四级元音。高级元音的数目一般相对要少于低级元音，同一个元音在不同的级别上表现出的相对关系和分布情况不一样，显示出语音的结构层次。每一级别上所有的元音都形成相互联系又彼此区别的分布格局"①。

　　元音格局分析立足于语音学与音系学相结合。在声学语音学中，元音音色是由声谱图上共振峰频率的分布来体现的。一般说来，元音音色上的差异主要取决于头两个共振峰频率 F1 和 F2 的不同。如果以元音的第一共振峰 F1 为纵轴和以第二共振峰 F2 为横轴，就可以画出声学元音图。声学语音学的研究表明，各元音在声学元音图上的位置与在生理元音图即舌位图的位置是大体相似的。由此可知，舌位的高低，与 F1 的大小相关，舌位的前后与 F2 的大小相关。虽然元音调音的生理参量和元音的共振峰频率并非一一对应，但共振峰频率分布与元音音色确有着很大相关性。因此，可以依据元音共振峰频率分布来讨论元音间的特性。元音格局分析从语音学出发，将不同特征元音的声学参量用声学元音图表现出来，考察元音的层次、分布及变体；并分析说明元音间内在的差别，凸显不同元音之间的相对关系，有助于深入分析元音的分合与变化。

　　元音格局的研究是语音格局研究方法运用的一个方面，格局的分析也可以用于声调，还可以用于辅音甚至语调。这种研究方法具有较强的解释力和延伸性，可用来研究少数民族语言及众多汉语方言的元音格局，具有类型学的意义。

　　本章对灵川灵田话元音的研究就是基于元音格局分析方法，对灵田话元音系统进行的语音学和音系学的考察。已有研究表明，灵川境内的平话内部差异很大。目前对灵川平话音系研究的论文主要涉及九屋话和三街话（李未，1987）、大圩镇毛村土话（白云，2005）、海洋乡江尾平话（陈然然，2007）、大圩镇高桥平话（王定康，2007）、青狮潭岩山平话（明茂修，2007）、定江土话（姚建伟，2008）等。从地理位置上看，这些点大部分集中在灵川东北部地区，灵田乡尚未有人调查过。本章在对灵田乡土话的音

---

　　① 石锋：《北京话的元音格局》，《南开语言学刊》2002 年第 1 期。

系进行归纳整理的基础上，用声学实验方法，提取灵田话元音的第一、第二共振峰参数，根据共振峰的声学参量构拟灵田话元音的声学格局，进而依据共振峰频率分布探讨元音之间的特性。

10.2　灵川县概况

10.2.1　灵川乡地理位置及语言概况

灵川县位于广西东北部，属桂林市管辖。为"历代楚粤往来之要冲"。地处东经 110°17′～110°47′，北纬 25°04′～25°48′。东、南、西环抱桂林市。东北与兴安县接壤，东南与灌阳、恭城县毗邻，南与阳朔县相连，西与临桂接壤，西北与龙胜各族自治县相邻。灵川县县境东西最大跨距 68 公里，南北最大跨距 83 公里，土地总面积 2257.9 平方公里。灵川县辖六镇五乡和两个民族乡：灵川镇、大圩镇、定江镇、三街镇、潭下镇、九屋镇、潮田镇乡、海洋乡、灵田乡、公平乡、青狮潭乡、大境瑶族乡和蓝田瑶族乡，共有 136 个行政村（街），1058 个村民委员会，总人口 35 万人。县人民政府驻灵川镇。

灵川境内通行两种话：一种是"官话"，与桂林话大同小异，主要为有文化的人和与外地经常交往的人所掌握；另一种是"平话"，其流行范围较小，为世居本县的绝大多数人所使用。灵川平话至少可以分为三个小系统。北片以九屋话为代表，包括潭下、九屋、青狮潭三个乡；中片以三街话为代表，包括三街、甘棠、宝江三个乡和灵川乡的一部分地区；东片以大圩话为代表，包括大圩、潮田、大境、海洋四个乡和灵川乡的另一部分地区（李末，1987）。由此可见灵川平话的复杂性。

灵田乡位于桂林市区北边，灵川县城东面。东与海洋乡、朝田乡相邻；西与灵川镇、大圩镇、市郊大河乡、朝阳乡交界；北与三街镇、兴安县高尚镇接壤。灵田乡距离灵川县城 20 公里，距离桂林市中心不到 15 公里，全乡辖区面积 250 平方公里，全乡总人口 27814 人。辖 10 个行政村，123

个自然村。本文调查的灵田话是属于当地平话。

10.2.2　灵田话的声韵调

10.2.2.1　声母及其特点

声母共 21 个，包括零声母，见表 10-1。有如下特点：

表 10-1　灵田土话声母

方法		双唇	上齿背	齿龈	龈腭	软腭	零声母
清不送气	爆发音	p	t			k	ø
清送气		pʰ	tʰ			kʰ	
清不送气	塞擦音				ts	tɕ	
清送气					tsʰ	tɕʰ	
浊	鼻音	m	n		ȵ	ŋ	
浊	边音		l				
清	擦音		f		s	ɕ	x
浊					ʐ		

（1）中古全浊声母今读塞音、塞擦音者，不论平声、仄声，大部分都读为不送气清音。例如，排 [pai²²]、痰 [tan²²]、潮 [tsau²²]。

（2）古端母字大部分今读为 [l]，例如，抵 [lai⁴⁵]、单 [lan¹²]、胆 [la⁴⁵]。古知组字中大部分今读为 [ts]，但是"竹"和"猪"比较特殊今读为 [liau²¹]、[ly¹²]。

（3）古微母字部分与明母字相混，今读为 [m]，例如，问微 [mə²²] ＝门明 [mə²²]、尾微 [mi²¹] ＝迷明 [mi²²]、袜微 [mo²¹³] ＝ 马明 [mo²¹]。

（4）古来母字今多读为 [l]，但有一部分与泥母相混，在深摄和通摄阳声韵前面今读 [n]，例如，林来 [nai²²] ＝ 泥泥 [nai²²]、聋来 [nuŋ²²] ＝ 浓泥 [nuŋ²²]、龙来 [nuŋ²²] ＝ 脓泥 [nuŋ²²]。在山摄和宕摄阳声韵前面读 [ȵ]，例如，连来 [ȵian²²] ＝ 念泥 [ȵian³³]、梁来 [ȵian²²] ＝ 酿泥 [ȵiaŋ²²]。

（5）不分尖团。精组（精清从心邪）和见组（见溪群晓匣）字在今细音前都变为 ［tɕ、tɕʰ、ɕ］，在洪音前分别读为 ［ts、tsʰ、s］ 和 ［k、kʰ、x］，例如，"浆、尖"（精组）的声母都读为 ［tɕ］，"经、九"（见组）的声母都读为 ［tɕ］。

（6）古知庄章三母合流，今多读为 ［ts］。例如，摘知 ［tsa²¹］ ＝ 窄庄 ［tsa²¹］、展知 ［tsan⁴⁵］ ＝ 枕章 ［tsan⁴⁵］、窄庄 ［tsa²¹］ ＝ 摘知 ［tsa²¹］ ＝蔗 ［tsa²²］。

（7）古日母字大部分今读为零声母 ［Φ］，例如，忍 ［in²¹］、让 ［iaŋ³³］、二 ［i³³］。少部分读为鼻音 ［n］，例如，热 ［nie²¹］、入 ［nie²¹］、日 ［nie²¹³］。还有两个特殊的今读浊擦音 ［ʐ］，例如，燃 ［ʐan²²］、染 ［ʐan²¹］。

（8）古见组字，除疑母字外今都读 ［tɕ］，有一部分与章组混读。例如，斤见 ［tɕin¹²］ ＝ 真章 ［tɕin¹²］、举见 ［tɕy⁴⁵］ ＝ 煮章 ［tɕy⁴⁵］、禁见 ［tɕin¹²］ ＝ 针章 ［tɕin¹²］。

（9）古疑母字今读 ［ŋ］ 和零声母 ［Φ］，例如，硬 ［ŋai³³］、鹅 ［ŋo²²］、饿 ［ŋu³³］、藕 ［au²¹］、蚁 ［i⁴⁵］、瓦 ［ua⁴⁵］。古疑母字今读零声母的部分与古云以影三母字合流，今读为零声母 ［Φ］，例如，藕疑 ［au²¹］ ＝凹影 ［au²¹］、疑疑 ［i²²］ ＝ 姨以 ［i²²］、鹦影 ［in¹²］ ＝ 营以 ［in¹²］、邮云 ［iou²²］ ＝油以 ［iou²²］、瓦疑 ［ua⁴⁵］ ＝ 碗影 ［ua⁴⁵］。

（10）古匣母字除部分今读零声母外，与晓母合流今多读为 ［x］、［ɕ］。例如，海晓 ［xai²²］、害匣 ［xai³³］、厚匣 ［xau³³］、好晓 ［xau⁴⁵］、显晓 ［ɕian⁴⁵］、县匣 ［ɕian³³］。

10.2.2.2　韵母及其特点

韵母总共 34 个，其中单韵母 7 个，复韵母 13 个，鼻韵母 13 个，鼻辅音 ［n̩］ 自成音节，见表 10 - 2。其特点如下：

表 10-2　灵田土话韵母

	阴声韵（20）				阳声韵（14）						
	—ø—	—j—	—w—	—y—	—ø—		—j—		—w—		—y—
1	ɿ	i	u	y			in		uŋ		yn
2	a	ia	ua		an	aŋ	ian	iaŋ	uan	uaŋ	yan
3	o		uo				ioŋ				
4	ə	ie		ye	ən				uən		
5	ai		uai								
6	au	iau									
7	ou	iou									
8	ei		uei		ṅ						

（1）古果摄一等字不论开合今多读 [uo]。例如，萝 [luo²²]、歌 [kuo¹²]、多 [luo¹²] | 和 [xuo²²]、果 [kuo²²]、朵 [luo⁴⁵]。少数常用一等字读 [o]、[u]，例如：鹅 [ŋo²²]、磨 [mo²²]、播 [po²¹³]、过 [ku¹²]、火 [fu⁴⁵]、饿 [ŋu⁴⁵]。

（2）古假摄今读 [a] [ia] [o] [ua] [uo]。

古假摄开口三等章组今多读 [a]，例如，车 [tsʰa¹²]、赊 [sa¹²]、蛇 [sa²²]。古假摄开口三等、二等见组今多读 [ia]，例如，加 [tɕia¹²]、衙 [ia²²]、夜 [ia³³]。假摄开口二等帮组今读 [o]，例如，把 [po¹²]、马 [mo¹²]。假摄合口二等见组今多读 [ua]，例如，瓜 [kua¹²]、花 [xua¹²]。假摄开口二等见组读 [ia] 外，晓组今都读 [uo]，例如，假 [kuo⁴⁵]、下 [xuo²¹]。

（3）古遇摄合口一等今多读 [u]，例如，姑 [ku¹²]、苏 [su¹²]、菩 [pu²²]；合口三等字今多读 [y]，例如，书 [ɕy¹²]、煮 [tɕy⁴⁵]、雨 [y²¹]。但是合口三等鱼韵庄组字和虞韵非组字、语韵的昌泥生母今读为 [u]，例如，初 [tsʰu¹²]、梳 [su²²]、女 [nu²¹³]。

（4）古蟹摄合口一等帮组、泥组、疑母字今读为 [ei]，例如，赔 [pei²²]、内 [nei³³]、外 [ei²¹]。古蟹摄合口一、三等今多读为 [uei]，例如，瑰 [kuei²²]、脆 [tsʰuei²¹³]。古蟹摄合口二等今读 [ua]、[uai]，例如，话 [xua³³]、怪 [kuai²¹³]。古蟹摄开口一、二、四等今多读为 [ai]，例如，该 [kai¹²]、解 [kai⁴⁵]、米 [mai²¹]；开口三等今读为 [i]，例如，世 [ɕi²¹³]、祭 [tɕi²¹³]。

（5）古止摄开口三等字中知庄章三组和精组字多读 [ʅ]，例如，质 [tsʅ²¹³]、事 [sʅ³³]、枝 [tsʅ¹²]；其余的读 [i]，例如，喜 [ɕi⁴⁵]、屁 [pʰi²¹³]。古止摄合口三等字中今多读 [uei]、[y]，例如，葵 [kʰuei²²]、追 [tɕy¹²]。

（6）古效摄开口一、二等字和三等知组字今多读 [au]，例如，糕 [kau¹²]、包 [pau¹²]、朝 [tsau²²]。开口二等见晓组和开口三、四等字多读 [iau]，例如，交 [tɕiau¹²]、飘 [pʰiau¹²]、桥 [tɕiau²²]、条 [iau²²]。

（7）古流摄开口一等字多数今读 [au]，例如，豆 [tau³³]、偷 [tʰau¹²]。开口一等见组今读 [iau]，例如，狗 [tɕiau⁴⁵]、勾 [tɕiau¹²]。开口三等字今多读 [iou]，例如，九 [tɕiou⁴⁵]、韭 [tɕiou⁴⁵]。开口三等字中章母、书母、澄母读 [ou]、[u]，例如，州 [tsou¹²]、抽 [tsʰu¹²]、绸 [tsou²²]。

（8）古咸摄舒声开口一等字、二等庄组字今读为 [an]、[a]，例如，柑 [kan¹²]、咸 [xa²²]、衫 [san¹²]。舒声开口二等、三等、四等今多读 [ian]，例如，淹 [ian¹²]、剑 [tɕan²¹³]、店 [tian²¹³]。古咸摄入声开口一等字今读多为 [a]、[uo]，例如，拉 [la²¹³]、鸽 [kuo²¹³]。入声开口二等字今读多为 [uo]，例如，眨 [tsuo²¹]、鸭 [uo²¹]，入声开口三、四等字今读多为 [ie]，例如，猎 [lie²¹]、贴 [tʰie²¹]。

（9）古深摄舒声来母字今多读 [ai]，例如，林 [ai²²]、檁 [lai²¹]；其余多读 [in]，例如，针 [tɕin¹²]、深 [ɕin¹²]。古深摄入声字今多读 [i] 和 [ie]，例如，急 [tɕi³³]、吸 [ɕi²¹]、入 [nie²¹]、十 [ɕie³³]。

（10）古山摄舒声开口一、二等，开口三等知庄章字今多读 [an]，例如，兰 [lan²²]、产 [tsʰan⁴⁵]、间 [kan¹²]、展 [tsan⁴⁵]；开口一、二等少部分读 [a]，例如，搬 [pa¹²]、眼 [ŋa²¹]。古山摄开口三、四等今多读

[ian]、[ie]，例如，千 [tɕʰian¹²]、剪 [tɕie⁴⁵]、片 [pʰian²¹³]、天 [tʰie¹²]。古山摄舒声合口一、二等字今多读 [ua]、[uan]，例如，端 [lua²¹]、惯 [kua²¹³]、欢 [xuan²¹]、关 [kuan¹²]。古山摄舒声合口三等见系和精组字今多读 [yan]，例如，拳 [tɕyan²²]、全 [tɕyan²²]。山摄入声韵尾和相应的舒声相混，古山摄入声一、二等字今读多为 [ua]、[uo]，例如，割 [kua²¹]、辣 [luo⁴⁵]、挖 [ua²¹³]。古山摄入声合口三等字今多读 [o]，例如，袜 [mo²¹³]、罚 [fo³³]。古山摄入声开口三等和四等今多读 [ie]，例如，灭 [mie²¹]、切 [tɕʰie²¹]。

（11）古臻摄舒声合口一等字今多读 [uən]，例如，村 [tsʰuən¹²]、婚 [xuən¹²]。古臻摄舒声合口三等非组字今多读 [ə]，例如，粪 [fə²¹³]、问 [mə³³]；章组今多读 [uən]，例如，春 [tsʰuən¹²]、顺 [suən³³]；见组今多读 [yn]，例如，军 [tɕyn¹²]。古臻摄舒声开口一等和三等章组字今多读 [ən]，例如，很 [xən⁴⁵]、神 [sən²²]；开口三今多读 [in]，例如，真 [tɕin¹²]、紧 [tɕin⁴⁵]。古臻摄入声韵尾读如舒声韵尾。古臻摄入声韵和舒声韵相混读，今多读为 [i]、[ie]，例如，笔 [pi²¹]、吉 [tɕie²¹]。

（12）古宕摄舒声开口一等字今多读 [aŋ]，例如，帮 [paŋ¹²]、堂 [taŋ²²]；开口三等知庄章三组今多读 [aŋ]、[uaŋ]，例如，伤 [saŋ¹²]、厂 [tsʰaŋ⁴⁵]、床 [tsuaŋ²²]。开口三等除知庄章组今多读 [iaŋ]，例如，两 [liaŋ²¹]、响 [ɕiaŋ⁴⁵]。宕摄舒声合口一等、三等字今多读 [uaŋ]，例如，筐 [kʰuaŋ¹²]、王 [uaŋ²²]。古宕摄入声韵尾读如舒声韵尾。古宕摄入声韵开口一等字今多读 [uo]，例如，索 [suo²¹]、托 [tɕuo²¹³]；开口三等字今多读 [iau]，例如，脚 [tɕiau²¹]、药 [iau²¹]。

（13）古江摄舒声字今多读 [aŋ]、[uaŋ]，例如，江 [kaŋ¹²]、双 [suaŋ¹²]。古江摄入声字韵尾读如舒声韵尾，主要读 [iau]、[uo]、[ye]，例如，学 [ɕiau³³]、剥 [puo¹²]、确 [tɕʰye²¹]。

（14）古曾摄舒声开口一等字今读多为 [ə]、[ən]，例如，层 [tsə²²]、朋 [pən²²]。开口三等字今读多为 [an]，例如，冰 [pan¹²]、称 [tsʰan¹²]。曾摄入声韵开口一等字与舒声韵一等字相混，大部分读 [ə]，例如，灯［lə¹²］、黑［xə²¹］；曾摄入声韵开口三等字今读多为［ie］，例如，力［lie²¹］、直［tie³³］。

（15）古梗摄舒声开口二等字今读较复杂，主要读为［ən］、［ai］、［uan］，例如，更［kən¹²］、名［mai²²］、撑［tsʰuan¹²］。梗摄舒声开口三、四等字今多读为［an］，例如：钉［lan¹²］、声［san¹²］；合口字很少可以忽略不计。梗摄入声开口二等字今大部分读为［a］，例如，百［pa²¹］、客［kʰa²¹］；梗摄入声开口三、四等字今读多为［i］，例如，吃［kʰi²¹］、踢［tʰi²¹］；也有少部分今读为［ie］，例如，尺［tsʰie²¹］、石［ɕie³³］。

（16）古通摄舒声字一、三等字绝大部分今读［uŋ］，例如，公［kuŋ¹²］、缝［fuŋ²²］。古通摄入声一等字今读多为［au］，例如，毒［tau³³］、屋［au²¹³］；古通摄入声三等字今读多为［u］，例如，福［fu³³］、叔［su］，少部分读为［iau］；例如，六［liau²¹］、绿［liau²¹］。

10.2.2.3　声调及其特点

灵田话有 6 个声调，见表 10 - 3。其特点如下：

表 10 - 3　灵田土话声调

调类	阴平	阳平	阴上	阳上	阴去	阳去
调值	12	22	45	21	213	33

（1）平声分阴阳。阴平大部分来自古清平字，其调值为［12］；阳平大部分来自古浊平字，其调值今为［22］。

（2）上声分阴阳。今阴上来自古清上字，调值为［45］；阳上来自古次浊上声和部分全浊上声字，调值为［21］；还有部分古全浊上声字归入阳去，调值为［33］。

（3）去声分阴阳。阴去字大部分来自古清去字，调值为［213］；阳去字大部分字来自古全浊和次浊去声字，其调值为［33］。

（4）入声消失。古清入字和大部分次浊入今归为阳上，调值为［21］；古全浊入声和一小部分古次浊入声今归为阳去，其调值为［33］。

10.3 实验说明

10.3.1 灵田话四级元音的确定

根据石锋（2002）提出的各级元音确定的原则，我们对灵田话的元音进行了分级，一级元音是出现在单韵母中的元音；二级元音是能够带韵头的元音；三级元音是能够带韵尾的元音；四级元音是既能够带韵头又能带韵尾的元音。各级元音在韵母中均处在韵腹的位置上。灵田话各级元音构成的韵母见表10-4。

表 10-4 灵田土话四级元音

元音级别		一级元音	二级元音		三级元音		四级元音		
各级数量	合计 21	7	3		7		4		
条件		单独做韵腹	韵母		韵母		韵母		
			带韵头		带韵尾		带韵头韵尾		
			韵头	韵腹	韵腹	韵尾	韵头	韵腹	韵尾
韵母/各级元音		a	ia		ai		iau		
		i	ua		an		ian		
		u	uo		aŋ		iaŋ		
		o	ie		au		yan		
		y	ye		ei		uan		
		ə			in		uaŋ		
		ɿ			uŋ		uai		
					ou		uei		
					ən		uən		
					yn		iou		
							ioŋ		
韵母数量	合计 33	7	5		10		11		

灵田话韵母共34个，除〔n〕自成音节不计，其余33个韵母出现在上

表的各级元音中，各级元音都出现在相应的韵腹位置上。从表 10 - 4 可见，灵田元音一共可以分为四级，一级元音 7 个，[a、i、u、y、o、ə、ɿ]，除了 [e] 外，都可以单独充当韵腹；二级元音 3 个，[a、o、e]，这个三个元音出现在韵头之后，可以组成 5 个复元音韵母；三级元音 7 个，[a、i、u、y、o、e、ə]，除了 [ɿ] 以外，7 个元音都可以带韵尾，这些元音可以出现在韵尾之前，组成 4 个复元音韵母和 6 个鼻韵母；四级元音 4 个，[a、e、o、ə]，这些元音可以出现在韵头和韵尾之间，组成 3 个复元音韵母和 8 个鼻韵母。

本实验的发音人蒋某，灵川县灵田乡蒋家村人，男，1987 年生，从小在灵川长大。

10.3.2　灵田话实验字表

实验字表是根据四级元音在不同结构层次的组合中分别选取不同结构的实验字组成，每级每个元音结构选 7 个字（词），一级元音有 7 个，每个元音组合选 7 个词，共 49 个词；二级元音有 5 个，每个元音组合选 7 个词，共 35 个词。实验词表由 84 个词组成。三、四级元音在实验过程中样本需求量较大，鉴于条件和时间所限，本文暂不讨论三级和四级元音。实验字表见表 10 - 5。

表 10 - 5　灵田土话一、二级元音实验字表

一级元音字表		二级元音字表	
[a]	车搬山担三胆打	[ie]	力直尺斜一七吉
[i]	急批披挤体欺屎	[ia]	滴嘉鸦借舔夜甲
[u]	过姑租抓鼓苦赌	[ye]	雀约鹊虐跃瘸确
[y]	猪书吹举煮鼠嘴	[ua]	瓜花划瓦化割刷
[o]	把可牙麻佛马虾	[uo]	索落薄歌锅波螺
[ə]	灯根喷砖船去门		
[ɿ]	只丝师诗柿字事		

10.3.3 实验过程和方法

本次实验的录音分析软件为 Praat，录音时使用麦克风加外接声卡直接录入计算机，以波形文件形式储存。采样率为 44100Hz，单通道，采样精度为 16 位。所有声学参数的提取都是通过 Praat 声学分析软件完成，全部数据使用 Excel 电子表格进行统计和分析。

录音时，要求发音人每个词读 3 遍，共得到一个发音人的一级和二级元音样本总量为 252 个（7×7×3＋5×7×3＝252）。

数据处理的具体步骤和方法是：

（1）在 Praat 软件上对每个样本的元音段逐一进行标注，用"共振峰提取程序"对每个元音的标注段逐一提取 10 个归一点的共振峰 F1 和 F2 数据，并将数据输入 Excel 表格，计算发音人在 10 个归一点上每个元音 F1 和 F2 的平均值。

（2）制作元音声学图：选取元音的第一共振峰（F1）的频率均值为 y 轴坐标，第二共振峰（F2）的频率均值为 x 轴坐标。把坐标的零点设在右上角。根据各元音 F1 和 F2 的频率值来确定它们在声学元音图上的位置，绘制出声学元音图。

（3）制作元音 V 值图：为了使声学数据接近听感的距离，我们把全部 F1 和 F2 的数据进行归一，从赫兹单位转换为 Bark[①] 单位。将转换为 Bark 值的共振峰数据带入 V 值计算[②]公式，再将 Bark 值转换为 V 值（石锋，2008）。需要指出的是，进入 V 值公式的数值并不是单个样本的测量值，而是样本经过统计整理的平均值。最后我们采用 Excel 和画图，根据所得的数据做出相应的 V 值图。

元音声学图和元音 V 值图能够将灵田话的元音系统直观、形象地显示出来。本研究基于元音声学图和 V 值图，对灵田话的元音特点进行分析，

---

① Bark 值转换公式：Bark＝$7 * \ln \{ (f/650) + [(f/650)^2 + 1]^{1/2} \}$，f 代表共振峰频率。见吴宗济、林茂灿：《实验语音学概要》，北京：高等教育出版社，1989。

② $V1 = B1x - B1min / B1max - B1min$；$V2 = B2x - B2min / B2max - B2min$。V1 是第一共振峰的相对值，V2 是第二共振峰的相对值，B1x 是表示第一共振峰的 Bark 值，B1min 为第一共振峰中最小的 Bark 值，B1max 为第一共振峰中最大的 Bark 值。

并对灵田话元音系统的构成进行声学解释。

10.4　实验结果分析

10.4.1　灵田话声学元音图

　　声学元音图是根据元音的 F1 和 F2 共振峰数据绘制而成的，能够反映元音舌位的前后、高低和嘴唇的圆展。在声学元音图中，我们看到每个元音音位并不是精确的一个点，而是一个区域，区域中的每个点就是一个元音音位的变体。这是由元音的样本量和发音特征决定的。因为一个特定的说话人，不可能在同一个舌位上发出两个绝对相同的元音来，它们总会有细微的差别，这说明同一个元音的发音，并不是在发音器官中的某一个点上，而是在一个有所限定的区域。声学元音空间图可以充分反映出人们发音的特征，同时也体现了同一元音音位内部变体的表现，以及不同元音之间的分布关系。

10.4.1.1　灵田话一级元音声位图

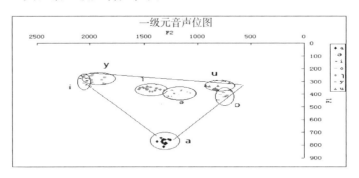

图 10 - 1　灵川灵田话一级元音声位图（单位：Hz）

　　图 10 - 1 是灵田话一级元音的声学元音图。从图中可以看出，灵田话有四个高元音，分别是 [i]、[y]、[u]、[ɿ]。其中 [i]、[y] 在最前高位，[i] 是不圆唇，[y] 是圆唇；[u] 在后高位，但是靠央，圆唇度略减；一个低元音 [a]，[a] 在最低靠央的位置。两个半高元音：[o]、[ə]。从集

聚度看，[ɿ]、[ə] 最分散，[i]、[a] 最积聚。这是由于 [ɿ]、[ə] 位于央的位置不稳定，具有游移性。由此我们可以看出灵田话的一级元音的两个主要特点：（1）中元音有高化趋势，如 [ə]。（2）央元音的集聚度最低，这是由于央元音不太稳定，发音时肌肉较松造成的。

10.4.1.2　灵田话二级元音声位图

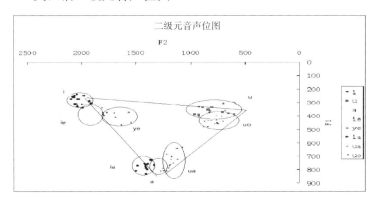

图 10 - 2　灵川灵田话二级元音声位图（单位：Hz）

图 10 - 2 是灵田话二级元音的声学元音图。图中 [i、a、u] 是一级元音所在位置，作为参照元音。灵川土话二级元音有 5 个组合，分别是 [ie]、[ye]、[uo]、[ia]、[ua]。由图可见，[ie] 和 [ye] 分别位于 [i [和 [a] 连线的两边，呈现对称的特点。因为 [e] 受到 [i] 和 [y] 发音部位的影响，所以 [ie] 比 [ye] 的位置靠前一些，[ia] 和 [ua] 分别位于 [i] 和 [a]，[u] 和 [a] 的连线上，也表现出对称性，二级元音 [a] 由于受到高元音 [i、u] 的影响，舌位要高于一级元音 [a]；同样，韵母 [ia] 和 [ua] 由于受到 [i] 和 [u] 发音部位前后的影响，[ua] 比 [ia] 位置靠后。[uo] 位于 [u] 和 [a] 连线上，也是受到高元音 [u] 的影响，[uo] 与 [u] 有交叉，格局的中央部分有空白。从集聚度看，二级元音普遍比一级元音要分散。由此我们可以得出灵田话二级元音的两个特点：（1）介音 [i] 和 [u] 的发音部位对二级元音有重要影响，致使由二级元音组成的韵母分别向前、后或高、低分布。（2）二级元音的聚集度都低于一级元音。

10.4.2 灵田话的元音格局

10.4.2.1 V 值图的比值关系

声学元音图的分析是采用元音 F1 和 F2 的绝对值来分析的，为了量化各级元音在系统中的关系，突显同一语言元音系统的共性特征，我们将共振峰数据用 V 值进行归一，得到的是一个相对的比值，再从比值关系来考察灵田话元音在整个元音系统中的特点。V 值图显示的是一种比值关系。这种比值关系表示的是一种语言的元音格局。

在 V 值图中，V1 值表示元音舌位的高低，V2 值表示舌位前后，最大值为 100，最小值为 0。V1 值越高，舌位越低；V2 值越大，舌位越前。我们根据 V 值可以将元音分为高、中、低和前、央、后两个维度。

高元音的 V1 值一般在 0%～30% 之间，中元音在 30%～70% 之间，低元音在 70%～100% 之间。

元音的前后维度要根据元音的高低位置不同来定。在高元音中，V2 在 0%～20% 之间是后元音，20%～80% 之间是央元音，80%～100% 之间是前元音。在中元音中，V2 在 0%～30% 之间是后元音，30%～70% 之间是央元音，70%～100% 之间是前元音。在低元音中，V2 在 0%～40% 之间是后元音，40%～60% 之间是央元音，60%～100% 之间是前元音。这只是大致的参考比值（石锋、时秀娟，2007）。比值关系的具体分布见表 10-6：

表 10-6 V 值比例关系（%）

比例值	V1	比例值	V2
70～100	低	60～100	前
		40～60	央
		0～40	后
30～70	中	70～100	前
		30～70	央
		0～30	后
0～30	高	80～100	前
		20～80	央
		0～20	后

10.4.2.2　灵田话一级元音格局

表 10-7　灵田土话一级元音 V 值（%）

元音	V1	V2	高低	前后
a	99	53	低	央
i	0	100	高	前
u	20	6	高	后
y	0	98	高	前
o	50	0	中	后
ə	30	46	中	央
ɿ	20	55	高	央

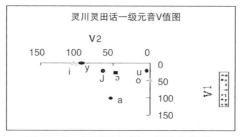

图 10-3　灵川灵田话一级元音格局

图 10-3 是根据表 10-7 绘制的灵田话一级元音格局图。从格局图看，声学元音图中的散点经过平均和归一变得更集中了。由图表的数据可以看到，从高低维度讲，灵田话的 [i]、[u]、[y]、[ɿ] 四个元音，它们在元音的高低域中的比值即 V1 值都在 0～30％之间，应该属于高元音。其中 [i]、[y] 比值最小，为 0％，因而最高，[ɿ] 次之，比值为 20％；[ə] 稍低，比值为 30％。[o]、[a] 的 V1 值分别为 50％和 99％，分别属于中元音和低元音。从前后维度讲，元音 [i]、[y] 在前后维度的 V2 值分别是 100％和 98％，是典型的前元音；[a]、[ə]、[ɿ]，它们的 V2 值分别是 53％、46％、55％，属于央元音；元音 [u]、[o] 的 V2 值分别是 6％和 0％，是典型的后元音。

值得讨论的是灵田话的 [ə]，它 V1 值在灵田话高低域中所占的比值是 30％，是介于高元音和中元音的临界值，可以划归高元音，也可以划归中元音；但从前后维度的比值看，[ə] 的 V2 值为 46％，从高元音界定的前后维度看，20％～80％之间是央元音的范畴，从中元音界定的前后维度看，30%～70%之间是央元音的范畴，无论从高元音还是从中元音所处的前后维度值来看，40%的 V2 值都是典型的央元音。因此，[ə] 应该属于中元音，其实际音值应该比普通话的 [ə] 要高，其实际音值为 [ə]。在确定 [ə] 的性质时，不应该只从高低维度值来看，应该综合两个维度来权衡。

由此我们可以得出灵田话的两个特点：第一，高低维度上，高元音 4 个；中元音 2 个；前后维度上元音分配均匀，前后均为两个。第二，中元音 [ə] 有高化趋势。

10.4.2.3　灵田话二级元音格局

表 10 - 8　灵田土话二级元音 V 值（%）

元音	V1	V2	高低	前后
a	99	53	低	央
i	0	100	高	前
u	20	6	高	后
ie	25	95	高	前
ye	30	80	高	前
ia	100	62	低	前
ua	95	10	低	后
uo	40	0	中	后

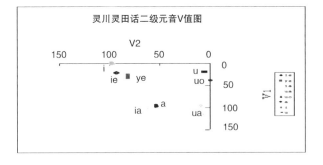

图 10 - 4　灵川灵田话二级元音格局

由图 10 - 4 和表 10 - 8 数据看灵田话的二级元音，可以看出，从高低维度上讲，[ia] 和 [ua] 的 V1 值分别是 100% 和 95%，因此它们都是典型的低元音。[ie] 和 [ye] 的 V1 值分别是 25% 和 30%，差别不大，都属于高元音。[uo] 的 V1 值为 40%，属于中元音。从前后维度上讲，[ia] 和

〔ua〕的 V2 值分别是 62％和 10％，〔ia〕属于典型的前元音，〔ua〕属于典型的后元音。〔ie〕和〔ye〕的 V2 值分别是 95％和 80％，都属于典型的前元音，其中〔ie〕中的〔e〕要前于〔ye〕中的〔e〕。〔uo〕的 V2 值是 0％，属于后元音。由此我们可以得出灵田平话二级元音的特点：（1）介音对后面的央低元音〔a〕的影响较大，这种影响主要表现在前后维度的变化上。介音的前后发音部位不同，会直接影响到后面元音的不同，致使央低元音的性质改变。如位于后元音介音后的〔a〕，其位置会受到影响而向后移动，性质由央元音变为后元音；位于前元音介音〔i〕后，其位置会受到影响而向前移动，性质由央元音变为前元音。（2）介音对中元音〔e〕、〔o〕的影响不大。无论中元音〔e〕、〔o〕位于前元音介音〔i、y〕后还是位于后元音介音〔u〕后，〔e〕、〔o〕的性质都没有太大的变化。

10.5　小结

通过对灵田话元音的分析，我们可以得出一级、二级元音的一些特点：

（1）灵田话单元音共 7 个，高元音占优势，共 4 个，〔i〕、〔u〕、〔y〕、〔ɿ〕；中元音两个，〔o〕、〔ə〕；低元音一个，〔a〕。

（2）灵田话的中元音有高化趋势。

（3）介音对后面的央低元音〔a〕的影响较大，这种影响主要表现在前后维度的变化上。介音的前后发音部位不同，会直接影响到后面元音的不同，致使央低元音的性质改变。如一级元音〔a〕，是一个央低元音，前面加了介音组成〔ia〕和〔ua〕后，位于第二层级中，其性质受到前面介音的影响，分别改变成前元音和后元音。

（4）介音对后面的中元音〔o、e〕的影响不大。〔o、e〕与介音〔i、u、y〕位于二级组合中，其性质仍然不会改变。

（5）从集聚度看，央元音的集聚度最低，这是由于央元音不太稳定，发音较松造成的。二级元音的集聚度普遍低于一级元音，这是由于介音发音部位不同造成的。

第十一章　博白松旺客家话声调模型构建

11.1　引言

语音合成，是将文字信息转化为可听的声音信息，相当于给机器装上了人工嘴巴。语音合成技术，是一种教会电脑说话的技术，也泛指利用电脑技术或数字信号处理技术重新产生人类言语声音的技术。

语音合成涉及声学、数字信号处理、计算机科学等多个学科技术，是中文信息处理领域的一项前沿技术，它与传统的声音回放系统有着本质的区别。传统的声音回放系统如磁带录音机，是通过预先录制声音然后回放来实现"让机器说话"，这种方式无论是在内容、存储、传输或者方便性、及时性等方面都存在很人的限制。而计算机语音合成则可以在任何时候将任意文本转换成具有高自然度的语音，从而真正实现让机器像人一样开口说话。

时域基频同步叠加法（TD－PSOLA）是语音合成应用的一种方法，它可以将存储在电子介质中的文件，或者将指定编码的数据流转换成自然语音输出。其原理是在时域上对波形进行处理，通过删除或重复分析信号或改变分析信号的同步标记间的距离，来改变时长和基频，从而得到合成语音波形。这种方法算法简单，运算量小，计算效率高，便于在实时系统中采用。

我国汉语方言资源丰富，方言是不可多得的语言样品，是语言的活化石，它是地域文化的重要载体和最直接的表现形式。每一种方言的消失意味着文化链的缺失和一种文明的断送。方言的保护和传承是方言研究的重要内容之一。探讨利用计算机技术合成方言语音的研究对保护和传承方言具有重要的意义和广阔的应用前景。

本章研究提取松旺镇客家话声调基频参数，采用基频同步叠加技术对松旺镇客家话声调进行语音合成，构建松旺镇客家话声调模型。该模型不仅能够在计算机上动态地、交互式地再现博白松旺镇客家话声调音高、音长和声调的凹凸变化特征的真实形态，而且还能构建和预测声调的发展变化轨迹，为声调演变提供解释的依据。听辨测试结果表明，合成出的音节自然度和基频参数控制的精度虽然还有待提高，但构建的声调模型是有效可行的。

11.2　博白县概况

11.2.1　博白县地理位置及语言概况

博白县，古称白州。位于广西壮族自治区东南部，地处东经 $109°38'\sim110°17'$，北纬 $21°38'\sim22°28'$。属玉林市管辖。东接广东省湛江市，南依北海市，西邻钦州市，北靠玉林市。古代曾经是百越人杂居的地区，随着客家人的迁入，在博白形成两种方言：地佬话和新民话。地佬话也称土白话，属于粤方言桂南系次方言，新民话也称涯话，属客家方言。博白新民话与陆川、合浦、浦北和广东省廉江、化州等县的客家方言连成一体，是广西客家方言连片地区较大的方言之一。"地佬"一词是当地新迁来的客家人对原住民的称呼，"地佬话"即为原住民讲的话；"新民"，即客家人，"新民话"即为客家人讲的话。

博白县是客家人聚居地，绝大部分居民都是历代从江西、福建、广东迁移过来的客家人，根据第五次人口普查数据，全县总人口 1247518 人。新民客家话是当地人的主要交际语言，主要在博白县东、中、南部的凤山、新田、宁潭、文地、三江、英桥、大垌、那卜、沙陂、合江、东平、沙河、菱角、松旺、双旺、龙潭、大坝以及西北部的黄凌、三育、江宁等 20 多个乡镇通行，使用人口约 96 万人，占全县总人口的 77％以上。

松旺镇是博白县第二大镇，地处北部湾畔，位于博白县西南部，南邻龙潭镇，东连那卜、大垌镇，西靠沙河、菱角镇，全镇总面积 183.5 平方公里，全镇辖 11 个村委会、196 个村民小组，总人口 5.3 万人，全镇通行客家话，除了沙河镇靠近顿谷的山桥和靠近江宁的长远两村村民讲地老话外，绝大多数人以讲客家话为主。讲地老话的人也能听懂客家话。

11.2.2　博白县松旺镇客家话声韵调

11.2.2.1　声母及其特点

声母 17 个，包括零声母，见表 11-1。

表 11-1　松旺镇客家话声母

部位	清不送气	清送气	清不送气	清送气	清	浊	浊	浊
	爆发	爆发	塞擦	塞擦	擦	擦	鼻	近
唇	p	pʰ			f	v	m	
齿/龈	t	tʰ	ts	tsʰ	s		n	l
软腭	k	kʰ				x	ŋ	
零声母		ǿ						

声母说明：

(1) ［v］的摩擦较轻，声带振动较弱。从语音波形上看，振幅较弱，呈现长三角形状，从语图上看，没有明显的共振峰，浊音横杠比较明显。

(2) ［n］与细音相拼时，音值接近［ȵ］。

(3) ［ts, tsʰ, s］与细音相拼时，音值接近［tɕ, tɕʰ, ɕ］。

(4) ［ŋ］在有些字中自成音节，例如"吴蜈鱼女"。

声母特点：

（1）古全浊声母已经清化，无论平仄，大都读同部位的清音声母或送气清音声母。例如，被［$p^h i^{45}$］，棋［$k^h i^{24}$］，跪［$k^h ui^{31}$］，下［xa^{33}］，跌［tet^3］，习［sip^5］。

（2）古非敷奉母字除了少数字仍保留重唇音读法，其他大都清化。例如，飞［fui^{45}］，浮［fou^{24}］，纺［fan^{31}］。

（3）古见溪群母字多读［k，k^h］。例如，歌［kou^{45}］，捆［$k^h un^{31}$］，柜［$k^h u i^{33}$］，记［ki^{33}］。

（4）古精庄知章组字多读［ts，ts^h］，例如，租［tsu^{45}］，只［tsa^{31}］，朝［$ts^h au^{24}$］，查［$ts^a 24$］。

（5）古疑母日母字多读［n，ŋ］，例如，鹅［$ŋo^{24}$］，语［ni^{45}］，二［ni^{33}］，硬［$ŋaŋ^{33}$］。

11.2.2.2　韵母及其特点

韵母 64 个，含自成音节的［m̩，ŋ̍］。

表 11-2　松旺镇客家话韵母

		阴声韵（22）				阳声韵（23）				入声韵（19）			
		—ø—	—i—	—u—	—y—	—ø—	—i—	—u—	y	—ø—	—i—	—u—	—y—
1		ɿ				m̩ ŋ̍							
2	a	ai au	ia iau			am an aŋ	iam ian iaŋ	uan uaŋ		ap at ak	iap		
3	o	oi ou				on oŋ	ion ioŋ			ot ok			
4	e	ei eu	ie	ui		en eŋ		un		ep et ek	iet		
5	i	io		uo		im in iŋ				ip it ik	iok	uok	
6	u	ua uai	iu					uŋ		ut uk	iup iuk		
7	y								yn yŋ				

韵母说明：

(1)［oŋ、ioŋ］韵主要元音［o］开口度略大，实际音值为［ɔ］。

(2)［eu］韵发主要元音［e］时唇形要更展些。

韵母特点：

(1) 鼻音韵尾［—m、—n、—ŋ］和塞音韵尾［—p、—t、—k］保留完整，例如，担［tam⁴⁵］，星［sen³¹］，瓶［pʰiŋ²⁴］，鸽［kap³］，雪［set³］，吃［sik⁵］。但是中古阳声韵尾与入声韵尾的相匹配格局已经有所变动，因为在曾摄和梗摄有部分字韵尾为［—n］。

(2) 古咸摄、深摄平上去声绝大部分字今读［—m］韵尾，相应入声字读［—p］韵尾。例如，范［fam³³］，金［kim⁴⁵］，踏［tʰap³］，涩［sep³］。

(3) 没有撮口呼韵母。普通话读撮口呼的字博白松旺镇客家话多读齐齿呼。

11.2.2.3　声调及其特点

声调6个，不包括轻声。

表 11-3　松旺镇客家话声调

调类	阴平	阳平	上声	去声	阴入	阳入
调型	高升	中升	中降	中平	中	高
调值	45	24	31	33	3	5

声调特点：

(1) 共有 6 个声调，其中平声、入声分阴阳，上声和去声不分阴阳。古平声清声母字大部分今读阴平，浊声母字大部分今读阳平。

(2) 古上声字绝大部分今仍然读上声。

(3) 古去声字绝大部分今仍然读去声。

(4) 古入声清声母字今读阴入，次浊声母字有的读阴入，有的读阳入，全浊声母字今读阳入。

11.3　实验说明

11.3.1　语音材料

语音材料为松旺镇客家话，录音软件 Praat。采样率 22kHz，从松旺镇客家话的阴平、阳平、上声、去声、阴入、阳入 6 个声调中各选 10 个字（词），6 个声调共得到 60 个实验用字，每个字读两遍，6 个声调共得到 120 个样本（6×10×2）。

本文的主要发音合作人陈某，男，1985 年生，广西师范大学研究生，玉林博白县松旺镇人，其家人都是地地道道的客家人，家庭成员之间交流都使用客家话。录音时间为 2011 年 6 月，录音地点在陈某家中。

11.3.2　录音和分析软件

本次实验的录音软件为 Praat，采样率为 22kHz，单通道，采样精度为 16 位。全部数据使用 Excel 电子表格进行统计和分析。

11.3.3　声学参数的提取和处理

首先在 Praat 软件上对录音样本进行声调段标注，在标注层上对声调段进行确定和标记。声调段的确定为韵母段，如果实验字（词）的声母是鼻音或边音时，声调段从鼻音、边音后面开始计算，在语图上从元音共振峰起点算起。

其次对基频进行归一化处理，用"音高提取程序"提取每个声调的时长和每个声调 10 个时刻点的基频数据，计算每个音节在 10 个采样点上的原始基频数据的平均值。再将每个发音人基频数据的平均值转换成对数，最后采用 T 值公式进行五度值转换，得到相对化和归一化的数据。

再利用 Matlab 中 linspace 和 plot 函数，对归一后的基频数据进行多项式拟合，做出声调系图，并建立松旺镇客家话声调的五度值数学模型，进行初步的语音合成实验。

11.4　博白松旺客家话声调建模

11.4.1　声调基频曲线和五度值转换

声调基频曲线提取方法和步骤：

（1）用归一化方法提取松旺镇客家话 6 个声调的基频数据。

（2）将 6 个声调的基频数据的平均值转化为五度值。

（3）用多项式拟合的方法得到基频曲线的数学表达式，建立模型，并绘制出声调模型图。

表 11-4 是根据上述实验方法得到的广西博白松旺镇客家话声调基频平均值和平均时长数据，图 11-1 是根据表 11-4 做的松旺镇客家话声调基频曲线。

表 11-4　松旺镇客家话声调基频均值

例字	10 个采样点的基频平均值（单位 Hz）										时长单位：ms
阴平	142.1	142.7	144.1	145.2	147.1	148.2	149.9	151.9	154.0	157.9	398.0
阳平	112.0	111.7	111.7	113.2	115.1	117.9	121.1	126.2	131.7	138.2	396.9
上声	125.5	122.5	120.2	116.3	113.6	110.8	107.6	104.1	100.7	99.1	349.3
去声	141.7	140.6	139.3	137.7	137.7	137.1	136.0	135.2	135.1	135.0	416.1
阴入	131.3	129.7	128.1	126.3	124.6	122.8	121.1	118.6	117.5	117.8	193.8
阳入	156.2	156.1	156.1	157.0	158.1	158.9	159.9	160.9	161.7	162.9	195.4

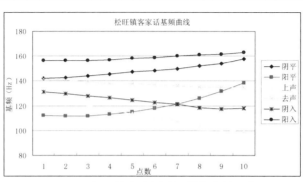

图 11-1　松旺镇客家话声调基频曲线示意图

从图 11‐1 我们可以看到，松旺镇客家话 6 个声调的基频曲线走向，阴平和阳平均为升调，但升幅不大；阴平比阳平略高，阴平起点为142.1Hz，终点为157.9Hz；阳平起点为112Hz，终点为138.2Hz。上声为降调，起点为125.5Hz，终点为99.1Hz。去声、阴入和阳入均为平调，阳入分布最高，去声次之，阴入最低。

11.4.2　松旺镇客家话声调的五度值

从声调形成的生理特征看，声调的音高变化与声带的松紧及单位时间内声带振动的频率有关，声带拉紧，振动快，频率高，声音就高，反之则低。声调的高低可以用基频来表示。基频是一个声学概念，在语音中基频是乐音周期变化的频率；在语言学上，声调是具有语言学意义即区别词汇意义的基频变化的模式。声调与基频有一定的关系，但不完全对应。用基频来表示声调并不完全符合人耳的听感，也不便于比较，所以，我们要把基频数据转换成符合听感的五度值。

五度标调法是赵元任先生创立的记录声调调值的方法，五度值所描写的调值是相对的，不管基频的绝对频率值是多少，也不管音域本身高低宽窄的变化有多大，一律都归并到相对的五度之中，这是符合人类对声调感知的客观实际的。转换公式见公式 1：

$$\frac{\log_{10}(X) - \log_{10}(Min)}{\log_{10}(Max) - \log_{10}(Min)} \times 4 + 1 \qquad (公式 1)$$

公式中 X 代表一个基频数据，Min 代表一组基频数据中的最小值，Max 代表一组基频数据中最大值。表 11‐5 是根据公式 1 得到的五度值数据。

表 11‐5　松旺镇客家话声调五度值数据

声调	五度值										时长（ms）
阴平	3.9	3.9	4.0	4.1	4.2	4.2	4.3	4.4	4.6	4.8	398.0
阳平	2.0	2.0	2.0	2.1	2.2	2.4	2.6	2.9	3.3	3.7	396.9
上声	2.9	2.7	2.6	2.3	2.1	1.9	1.7	1.4	1.1	1.0	349.3

续表

声调	五度值										时长（ms）
去声	3.9	3.8	3.7	3.7	3.6	3.6	3.6	3.5	3.5	3.5	416.1
阴入	3.3	3.2	3.1	3.0	2.8	2.7	2.6	2.5	2.4	2.4	193.8
阳入	4.7	4.7	4.7	4.7	4.8	4.8	4.9	4.9	4.9	5.0	195.4

根据表 11 - 5 数据，取横坐标为声调时长，单位 ms；纵坐标为五度值，利用 Matlab 中 linspace 和 plot 函数做出松旺客家话声调五度值示意图。见图 11 - 2：

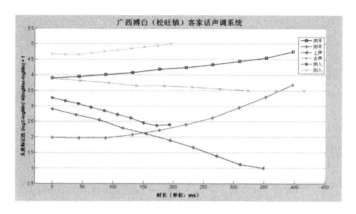

图 11 - 2　松旺客家话五度音高示意图

图 11 - 2 中纵轴表示 1 度～5 度，横轴代表时长。从图看，阴平调和阳平调均为升调，阴平调值曲线分布在 4 度～5 度之间；阳平调值曲线分布在 2 度～4 度之间；上声调为降调，调值曲线分布在 3 度～1 度之间；去声为弱降，调值分布在 4 度～3.5 度之间，但从听感上并不明显，所以可以近似看作平调；阴入调为降调，调值曲线分布在 2.5 度～3.5 度之间；阳入调为升调，调值曲线分布在 4.5 度～5 度之间。从时长上看，松旺镇客家话入声调比起非入声调时长要短了一半，为 200 毫秒左右，其中阴入为 193.8 毫秒，阳入为 195.4 毫秒。非入声调的时长都在 400 毫秒左右，其中阴平最长，为 398 毫秒；阳平次之，为 396 毫秒；上声为 349 毫秒。从听感上，阴平、阳平、上声和去声较为舒缓，而阴入和阳入显得较为急促。由于声调时长很短，我们在记调值时不考虑调型因素。由此我们可以得到松旺镇

客家话声调的五度调值：阴平［45］，阳平［24］，上声［31］，去声［33］，
阴入［3］，阳入［5］。

11.4.3　松旺镇客家话声调数学模型

博白松旺镇客家话声调都是升调、降调或者平调，没有曲拱特征，所
以其声调曲线的解析函数可以近似为一次函数，用"T ＝ A ＊ X ＋ B"公式
来表示，其中 X 表示时长，T 表示声调五度值，A 和 B 为一次函数的系数。
对应声调的形态来说，A 代表声调倾斜的情况，即斜率；B 代表声调初始
值。A 如果是正值，声调为升；是负值，声调则为降。

利用 Matlab 中的数据拟合函数 polyfit（x，y，n），令 X＝ linspace
（0，时长，10），单位为 ms，令 T＝［声调的五度值］，n 为多项式拟合最
高次次数，因为一次函数就可以满足要求，所以令 n＝1，这样就可以得到
一次函数"T ＝ A ＊ X ＋ B"中 A、B 的值，从而得到松旺镇 6 个声调的五度
值函数解析式：

阴平：$T1=0.0020 * X_1 + 3.8344$，（$0 < X_1 < M_1$；$273.8 < M_1 <$
471.3）；

阳平：$T2=0.0043 * X_2 + 1.6551$，（$0 < X_2 < M_2$；$299.7 < M_2 <$
493.7）；

上声：$T3=-0.0056 * X_3 + 2.9445$，（$0 < X_3 < M_3$；$303.4 < M_3 <$
390.5）；

去声：$T4=-0.0010 * X_4 + 3.8375$，（$0 < X_4 < M_4$；$316.2 < M_4 <$
533.9）；

阴入：$T5=-0.0050 * X_5 + 3.2620$，（$0 < X_5 < M_5$；$157.4 < M_5 <$
236.9）；

阳入：$T6=0.0018 * X_6 + 4.6135$，（$0 < X_6 < M_6$；$72.7 < M_6 <$
260.3）；

其中参数 M 是各个声调时长的取值范围。如图 11－3 所示：

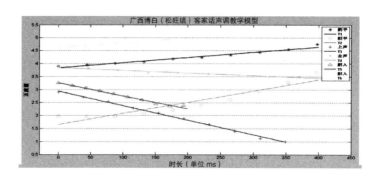

图 11‐3　松旺镇客家话声调数学模型示意图

图 11‐3 声调数学模型中的曲线为函数解析式的图像，是对松旺镇客家话声调的模拟，不同形状的点代表声调归一的 10 个采样点的五度值。曲线所表现出的高低、曲折代表声调的调型，曲线的长短代表声调的时长。

11.4.4　松旺镇客家话声调空间

我们以基频斜率为横坐标，基频平均值为纵坐标做出"基频斜率－基频均值"二维空间的松旺镇客家话声调散点图（见图 11‐4）。通过散点图，我们可以形象地看到松旺镇客家话声调系统在二维空间中的分布情况。

基频斜率和基频平均值数据通过公式 2 和公式 3 得到。

$$基频斜率 = \frac{终点基频－起点基频}{时长} \times 100 \qquad （公式 2）$$

$$基频平均值 = \frac{\sum 每个采样点基频}{采样点个数} \qquad （公式 3）$$

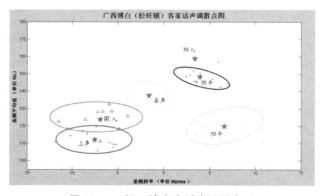

图 11‐4　松旺镇客家话声调散点图

图 11－4 中的 6 个圆圈分别代表博白松旺镇客家话的 6 个声调。由图可见，松旺镇客家话 6 个声调主要分布在二维空间右下方的大部分空间中，而且每个声调相互独立。二维空间的左上角为空白状。这种分布表明：

（1）每个方言都有其独特的声调分布空间，一个语言（方言）声调系统的各个声调之间具有其相对独立的分布空间，这种独特的分布形状可以反映出方言的一定特点。

（2）二维平面中空白之处可以为方言声调的演变提供生成空间和可能，同时也可以为有更多声调的语言（方言）提供解释的理据。

11.4.5 声调变化轨迹的构建

语言是不断处在变化当中的，作为语言要素之一的语音也是不断处在变化之中的。声调模型的建立不仅仅只是满足语音合成的需要，还应该能够对语音的演变进行跟踪和构建，这样才能使人们对语音本质有更深入的了解和认识。我们对此进行了尝试。

构建声调的变化，必须首先确定一个参照值。参照值就是用一些指标来量化声调并作为参照标准。

描述声调的主要指标是声调的调型、调值和声调时长，参照值的确定就是在松旺镇客家话声调模型的基础上定义调型、调值和时长三个参数的值。

首先是调型的确定。调型在模型中由基频斜率表示，由于松旺镇客家话的声调调型都是升调、降调和平调，调型比较单一，所以可以用一次函数的曲线斜率来代表调型，即用声调模型"T ＝ A ＊ X ＋ B"中的 A 值来表示。

其次是调值和时长的确定。调值是一个变化的量，它反映的是声调随时间的变化表现的高低升降的变化。可以用声调均值 C 来表示，参照值均值由公式 4 得到：

$$调值：C = \frac{T（0）+ T（M）}{2} \qquad （公式 4）$$

公式中 T（0）代表声调起点的五度值，T（M）代表声调终点的五度
值，M 代表时长。

这样我们可以得到松旺镇客家话每个声调的参照值：A 斜率（调型）、
C 调值、M 时长三个点的数组，见表 11－6。

表 11－6　松旺镇客家话声调参照数组数据

声调	参照值数组		
	调型 A（斜率）	调值 C	时长 M
阴平	0.0020	4.2324	398.0
阳平	0.0043	2.5084	396.9
上声	−0.0056	1.9637	349.3
去声	−0.0010	3.6294	416.1
阴入	−0.0050	2.7775	193.8
阳入	0.0018	4.7894	195.4

确定了参照值的斜率、调值、时长后，我们根据表 11－6 的参数构建
了声调变化演示图。

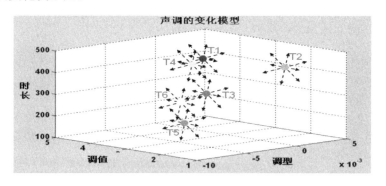

图 11－5　松旺镇客家话声调变化模型演示图

图 11－5 是松旺镇客家话构建的三维空间图例。图中 6 个点 T1－T6
是根据表 11－6 做出的松旺镇客家话的 6 个声调的参照点。我们可以看到，
参照点周围的箭头表示声调可能变化的方向和轨迹。无论声调的调型、调
值和时长发生什么变化，也无论其向哪个方向发展变化，其变化轨迹都可
以反映到这一模型上，通过与参照数组的比较，我们就能清晰地捕捉到其

变化的轨迹。这将会有助于我们对声调本质有更深刻的认识，也可以为声调演变提供解释的依据。

11.5 博白松旺镇客家话声调合成实验

基频同步叠加技术（PSOLA）是合成效果较好的一种算法，其特点是能够在时域上调节语音波形的音高、音长和音强。其算法步骤主要分为三步：首先进行基频同步分析，将原始语音信号与一系列基频同步的窗函数相乘，得到有重叠的短时信号；然后对这些短时信号进行适当的时域变换，得到相应的与目标基频曲线同步的一系列合成短时信号；最后将合成的短时信号重叠相加得到合成的语音。

为了检验松旺镇客家话声调模型的合理性和实用性，我们对松旺镇客家话声调模型进行合成实验测试。采用基频同步叠加的方法进行语音合成实验。

11.5.1 合成实验界面和合成样本

实验采用 Praat 软件进行语音合成，Praat 软件对基频处理的界面如图11-6：

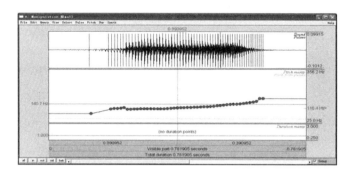

图 11-6 Praat 软件基频处理界面

图 11-6 是 Praat 软件处理基频的界面，上方是语音波形图，每条竖线是一个脉冲，两条脉冲间隔的时间表示声带一个开闭周期，这个周期的倒数就是基频值，对应下方图中的一个基频点。我们合成语音就是对下边的

基频点的位置按照声调模型的要求重新布置。

　　我们首先从 6 个调类各选出 5 个语音样本，一共得到 30 个语音样本，见表 11-7。然后用得到的松旺镇客家话单音节声调模型的参数来改变这些语音样本的音高，之后用基频同步叠加合成（PSOLA）的方法合成出 30 个新的语音文件，最后进行人工听辨实验并和真实的语料进行对比。

表 11-7　松旺镇客家话单音节语音合成样本

调类	字	音节	调类	字	音节	调类	字	音节
阴平	治	[i⁴⁵]	上声	哑	[a³¹]	阴入	鸭	[ap³]
	方	[faŋ⁴⁵]		府	[fu³¹]		一	[jit³]
	月	[nie⁴⁵]		雨	[ji³¹]		目	[muk³]
	该	[koi⁴⁵]		宝	[bo³¹]		黑	[xet³]
	低	[tei⁴⁵]		好	[xo³¹]		八	[pat³]
阳平	来	[loi²⁴]	去声	岸	[am³³]	阳入	服	[fut⁵]
	牛	[ŋeu²⁴]		雁	[jan³³]		蜡	[lap⁵]
	旋	[sian²⁴]		利	[li³³]		食	[sit⁵]
	苔	[tʰoi²⁴]		内	[nui³³]		笛	[tʰek⁵]
	还	[van²⁴]		次	[tsʰ³³]		物	[vut⁵]

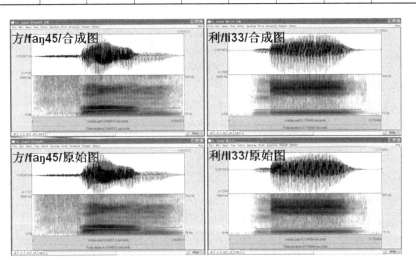

图 11-7　松旺镇客家话"方""利"合成语音与原始语音对比语图

图 11-7 是利用声调模型合成的松旺镇客家话"方"和"利"语图以及与其相应的原始语音语图。上方两幅子图分别是"方"和"利"合成语音的语图，下方两幅子图是相应的原始语音语图。从图 11-7 上可以看出，原始语音的基频曲线中间会有起伏波动，显得更加自然，而合成的基频曲线比原始语图的基频曲线显得光滑平直，不够自然。为了检验其自然度和合理性，我们对合成结果进行了听辨实验。

11.5.2　合成测试结果分析

实验目的：对 30 个合成音节的调值的准确度和自然度进行判断。

被试人：23 人，都会说客家话，听力正常。

方法：将 30 个合成音节与 30 个原始音节随即排序，每个音节之间有 2 秒的间隔，要求被试人在测试表上填写相应的结果，调值正确的在 1 处画圈，不正确的在 0 处画圈。自然度我们采用优、良、中、差四个等级，要求被试人在相应的等级处画圈。然后汇总进行统计分析。

表 11-8　松旺镇客家话基频语音合成测试结果

调类	调型	调值	合成调值 准确率	合成声调自然度 优	良	中	差
阴平	高升	45	87%	19%	81%		
阳平	中升	24	89%	10%	90%		
上声	中降	31	87%	13%	87%		
去声	中平	33	92%	9%	91%		
阴入	中	3	82%	9%	82%	9%	
阳入	高	5	79%	7%	79%	14%	

从听辨结果看，平调（去声）的合成效果最好，准确率为 92%，自然度优秀和良好分别为 9% 和 91%。其次为升调（阳平），准确率为 89%，自然度优秀和良好分别为 10% 和 90%。再次为降调（上声）。短促调阴入和阳入的合成效果不如舒声调。同为升调的阴平，合成效果也稍逊色于阳平，准确率和自然度都不如阳平。

合成语音声调调值的测试结果总体表明，我们构建的声调模型是有效可行的，但由于本实验中采用 Praat 软件进行语音合成，对基频参数的控制主要采取手工调制的办法，参数控制的精确性会受到很大限制，合成的音节自然度和基频参数控制的精度还有待提高。

11.6　小结

本文构建的声调模型，是根据松旺镇客家话声调基频数据构建的数学公式。它反映了声调的调型、调值和时长之间的关系特征。在这一模型中，我们通过"基频斜率－基频均值"构成的二维空间，可以形象地看到松旺镇客家话声调系统在二维空间中的分布情况。通过斜率（A）、调值（C）、时长（M）等指标作为量化声调的参照标准构建的声调变化轨迹三维模型，我们能清晰地捕捉到声调变化的轨迹。

为了检验松旺镇客家话声调模型的合理性和实用性，我们采用基频同步叠加的方法进行松旺镇客家话语音音高的合成实验，并对合成样本进行听辨测试。合成语音声调调值的测试结果总体表明，合成的音节自然度和基频参数控制的精度虽然还有待提高，但构建的声调模型基本有效可行。

附　录

一、蒙山底路话语音系统

1.1　蒙山底路话的声韵调

1.1.1　声母

声母共 21 个，包括零声母。

表 1-1　蒙山底路话声母

		部位	唇	齿/龈	腭前	软腭	零
	发声活动	方式					
	清不送气	爆发	p	t		k	ʔ
	清送气	爆发	pʰ	tʰ		kʰ	
	清不送气	塞擦		tsʰ	tʃʰ		
普	清送气	塞擦		tsʰ	tʃʰ		
	清	擦	f	s	ʃ	x	
通	浊	鼻	m	n	ȵ	ŋ	
	浊	边		l			
	清	边擦		ɬ			

1.1.2　韵母

韵母 77 个。

表 1-2　蒙山底路话韵母

阴声韵（21）				阳声韵（27）				入声（短）韵（29）			
-ø-	-j-	-w-	-ɥ-	-ø-	-j-	-w-	-ɥ-	-ø-	-j-	-w-	-ɥ-
	i	u	y	ŋ̍	im in iŋ	un uŋ	yn yŋ		ip it	ut uk	yr yk
a	ia	ua		am an aŋ	iam ian iaŋ	uan		a:p ap a:t at a:k ak	ia:p iap iat	ua:t uat ua:k	
ai		uai					uɐi				
ɐi		uɐi		ɐm ɐn							
au	iau										
ɐu	iɐu										
ε	iε			εm εŋ	iɐŋ	uɐŋ		ε:p ε:t ε:k εk	iε:k iεk	uε:k uεk	
				eŋ							
ɔ		ou		ɔn ɔŋ		uɔn		ɔ:t ɔ:k ɔk			
ɔi	iu	ui									

1.1.3　声调

蒙山底路话有 10 个声调，分别是阴平［51］、阳平［231］、阴上［41］、阳上［325］、阴去［45］、阳去［323］、上阴入［43］、下阴入［34］、上阳入［23］、下阳入［ᵇ314］。

蒙山底路话声调有如下特点：

（1）从调型看，蒙山底路话十个调类中有三个升调，三个降调，三个降升调，一个升降调。其中阴去、下阴入、上阳入为升调，上升的幅度都不大，仅仅是一度之差；阴平、阴上、上阴入为降调，其中阴平和阴上为高降调，降幅很大，上阴入的降幅很小，只有一度之差，听上去接近一个平调；阳上、阳去、下阳入为先降后升的曲折调，声调中间凹下去，降升幅度都比较大；阳平为先升后降的曲折调，声调中间凸起。非常有趣的是，曲折调都出现在阳调中，阳调类除了上阳入外，都是曲折调。

（2）蒙山底路话声调有两个声域，一个是正常音域，一个是发声的挤喉音音域。蒙山底路话的声调，平上去入各分阴阳，其中阴阳入声又各分上下两类，共十个声调，调值分两个声域确定，详见第四章。

（3）下阳入是一个基频非常低的先降后升的曲折调，其发声特性为挤喉嗓音。中间凹处段基频非常低，周期不规则，脉冲波形的幅度不太有规律，听上去有断裂感，形成一个"中折调"。

（4）入声保留完整的 ［p，t，k］塞音韵尾。上下入声的分类没有明显的规律，但是上类入声一般读音较短，下类入声读音较长。

1.2　蒙山底路话声韵特点

1.2.1　声母特点

（1）古并定澄崇群等全浊声母今读塞音和塞擦音时，不论平仄都读不送气清音，例如：

爬［pa］｜牌［pai］｜第［tɐi］｜谈［tam］｜跪［kɐi］｜群［kɐn］｜球［tsau］｜直［tsek］｜迟［ʧi］｜肠［ʧiaŋ］。古从母今读擦音［ɬ］。

（2）古非敷奉母字除个别字如"吠、捧"读重唇音［p、pʰ］外，其余大都读清唇［f］。

（3）古泥来母字今不相混，泥母今读［n］，来母今读［l］。

（4）古微母字今读同古明母［m］。如：

万微 ［man^{323}］＝慢明 ［man^{323}］　　　　物微 ［mat^{12}］＝蜜明 ［mat^{12}］

文微 ［mɐn^{231}］＝民明 ［mɐn^{231}］　　　　网微 ［mɔŋ^{325}］＝莽明 ［mɔŋ^{325}］

武_微［mu³²⁵］＝母_明［mu³²⁵］

（5）古精组不读塞擦音，精母读［t］，清母读［tʰ］，从心邪三母读成边擦音［ɬ］。例如：

精母：左[tɔ⁴⁵]　姐[tɛ⁴¹]　租[tu⁵¹]　灾[tɔi⁵¹]　子[ti⁴¹]　蒋[tɛŋ⁴¹]

清母：锉[tʰɔ⁴⁵]　初[tsʰɔ⁵¹]　菜[tʰɔi⁴⁵]　次[tʰi⁴⁵]　千[tʰin⁵¹]　抢[tɛŋ⁴¹]

从母：坐[ɬɔ³²⁵]　聚[ɬy³²⁵]　自[ɬi³²³]　曹[ɬɐu²³¹]　钱[ɬin²³¹]　墙[ɬɛŋ²³¹]

心母：锁[ɬɔ⁴¹]　写[ɬɛ⁴¹]　苏[ɬu⁵¹]　西[ɬɐi⁵¹]　丝[ɬi⁵¹]　箱[ɬɛŋ⁵¹]

邪母：谢[ɬɛ³²³]　徐[ɬy²³¹]　祠[ɬi²³¹]　旋[ɬun³²⁵]　习[ɬap¹²]　像[ɬɛŋ³²⁵]

（6）古精组精母、清母与端组合流，今都读［t］，［tʰ］。如：

最＝对［tui⁴⁵]　煎＝颠［tin⁵¹]　节＝跌［tit⁴³]　遵＝墩［tɐn⁵¹]

棕＝东［toŋ⁵¹]　脆＝退［tʰui⁴⁵]　催＝推［tʰui⁵¹]　千＝天［tʰin⁵¹]

切＝铁［tʰit⁴³]　聪＝通［tʰuŋ⁵¹]

（7）古知、章、庄三组声母合流，今洪音前读［ts］、［tsʰ］、［s］。细音前读［ʨ］、［ʨʰ］、［ɕ］。如：

珍_知［tsɐn⁵¹]＝真_章［tsɐn⁵¹]　　　织_章［tsei⁵]＝责_庄［tsei⁵]

桩_知［tsɔŋ⁵¹]＝妆_庄［tsɔŋ⁵¹]　　　沉_澄［tsɐm²³¹]＝岑_崇［tsɐm²³¹]

（8）古见组（不含疑母）大部分字今读［k］、［kʰ］。部分流、深、臻、通四摄开合口三等字今读［ts］、［tsʰ］。溪母字今读［kʰ］、［x］、［f］。例如：

见母：深开三：金今襟禁［tsɐm]

　　　臻开三：巾筋［tsɐn]

　　　流开三：鸠九久韭救究［tsau]

溪母：流开三：蚯邱［tsʰau]

　　　通合三：曲［tsʰok]

群母：深开三：琴［tsɐm]及［tsap]

　　　臻开三：近［tsɐn]

　　　流开三：球求舅旧臼柩［tsau]

（9）古疑母字今读［ŋ］、［n̠］和零声母［ø］。

（10）古溪、晓、匣母字小部分读同古非母，如：快［fai⁴⁵］｜苦
［fu⁴¹］｜宽［fun⁵¹］｜阔［fut⁴⁵］；花［fa⁵¹］｜训［fɐn⁴⁵］｜火［fɔ⁴¹］｜
虎［fu⁴¹］；缓［fun⁴¹］。

（11）古日母字大部分读［ȵ］，还有少数遇摄合口三等字读［x］，如：
如｜儒｜茹。

（12）古晓匣母字今大部分读［x］和零声母［ø］。少部分还有读［f］，
个别还读［ŋ］、［ȵ］、［n］、［ɬ］、［l］、［kʰ］、［pʰ］、［tsʰ］、［f］等。

（13）古影组声母影、云、以母字今大部分读零声母［ø］，少部分读
［x］，还有个别读［ŋ］，［ȵ］。

1.2.2　韵母特点

阴声韵：

（1）古果摄一等不论开合，今多读［ɔ］，匣母合口一等今读［uɔ］；三
等今读［u］。例如：

多开一［tɔ⁵¹］　　　河开一［xɔ²³¹］　　　罗开一［lɔ²³¹］　　　朵合一［tɔ⁴¹］

火合一［fɔ⁴¹］　　　和匣合一［øuɔ²³¹］　　祸匣合一［øuɔ³²⁵］

无合三［mu²³¹］　　武合三［mu³²⁵］

（2）假蟹效咸山江等摄开口二等见系字尚未腭化，仍读开口呼，例如：

假摄开二家［ka⁵¹］　假［ka⁴¹］　牙［ŋa²³¹］　夏［xa³²³］　芽［ŋa²³¹］
　　　　　虾［xa⁵¹］

蟹摄开二街［kai⁵¹］　界［kai⁴⁵］　揩［kʰai⁵¹］　鞋［xai²³¹］　崖［ŋa²³¹］

效摄开二交［kau⁵¹］　酵［xau⁴⁵］　敲［kʰau⁵¹］　校［xau³²³］　孝［xau⁴⁵］
　　　　　咬［ŋau³²⁵］

咸摄开二减［kam⁴¹］　甲［ka:p³⁴］　恰［x a:p³⁴］　咸［xam²³¹］
　　　　　岩［ŋam²³¹］　鸭［a:p³⁴］

山摄开二间［kan⁵¹］　简［kan⁴¹］　瞎［x a:t³⁴］　眼［ŋan³²⁵］　轧［ŋa:t³⁴］

（3）假摄开口三等疑母字读［iɛ］；合口二等见系字今读［ua］，其余读
［a］。古遇摄合口一等疑母字今读自成音节的［ŋ］，其余读［u］；合口三等
大部分读［y］，鱼韵精组、庄组清、崇、生等声母今读［ɔ］，虞韵非组今

读 [u]。

（4）古蟹摄开口一等今读 [ai] 和 [ɔi]，开口二等字读 [ai]，开口三四等字读 [ɐi]，开口四等帮组字和个别清母、疑母字读 [i]。

（5）蟹摄合口一等大部分读 [ui]，部分见组字读 [uɐi]；合口二等怪、御韵读 [ai]，卦、泰韵读 [ua]，皆、蟹、夬韵读 [uai]；合口三、四等大部分读 [ui]，非组字读 [i]，个别读 [ɐi]。蟹合一灰韵帮组字读洪音，与止开三支脂两韵帮组字不混；蟹开四齐读洪音，与止开三支脂之不混。例如：

蟹_{合一} 煤 [mui²³¹] ≠眉 [mi²³¹]　　　每 [mui³²⁵] ≠美 [mɐi³²⁵]

背（后背）[pui⁴⁵] ≠臂 [pi⁴⁵]　　　倍 [pui³²⁵] ≠被 [pi³²⁵]

背（背书）≠备 [pi³²³]

蟹_{开四} 批 [pʰɐu⁵¹] ≠披 [pʰi⁵¹]　　　第 [tɐu³²³] ≠地 [ti³²³]

礼 [lɐu³²⁵] ≠李 [li³²⁵]　　　犁 [lɐu²³¹] ≠梨 [li²³¹]

闭 [pɐu⁴⁵] ≠臂 [pi⁴⁵]

（6）止摄开口二、三、四等大部分读 [i]；开三帮组字读 [ui]；还有一小部分读 [ɐi]；合口三等见组字读 [ɐi]；非组字读 [i]；其余读 [uɐi]。

（7）效摄开一豪韵与开二肴韵不混。开一读 [ɐu]；开二大部分读 [au]；二等庄母字读 [a]；个别肴韵字读 [iau]；开口三、四等读 [iu]。例如：

宝 [pɐu⁴¹] ≠饱 [pau⁴¹]　　　帽 [mɐu³²³] ≠貌 [mau³²³]

高 [kɐu⁵¹] ≠交 [kau⁵¹]　　　毛 [mɐu²³¹] ≠茅 [mau²³¹]

好（爱好）[xɐu⁴⁵] ≠效 [xau⁴⁵]

（8）古流摄开一读 [ɐu]；开三读 [uɐ]；见系读 [iɐu]；还有部分三等幽韵字读 [iu]。

阳声韵：

（1）古咸摄开口一、二等读 [am]；见系字读 [ɐm]；开三、开四读 [im]；个别读 [ɛm]，如"钳"；合口三等读 [am] 和 [an]。

（2）古山摄开一、开二读 [an]；见系字读 [ɔn]；开三、开四读

[in]；个别读 [an]、 [un]；还有个别字与咸摄相混，读 [im]，如"演、蝉"。

（3）古山摄合口一等读 [un]；见系缓韵读 [uan]；桓元二韵读 [yun]；合口二等读 [uan]；合口三等大部分读 [un]；非组字读 [an]；见系字读 [yun]；个别读 [in]；合口四等读 [yun]。

（4）山开二山删帮组与山合一桓帮组不混同，如：

班 [pan⁵¹] ≠搬 [pun⁵¹]　　　攀 [pʰan⁵¹] ≠潘 [pʰun⁵¹]

盼 [pan⁴⁵] ≠判 [pʰun⁴⁵]　　　蛮 [man²³¹] ≠瞒 [mun²³¹]

（5）深摄读 [ɐm]；见系字读 [iɐm]；帮组字读 [ɐn]；个别读 [am]，如"渗"。

（6）臻摄开一、开三、合三合流，今读 [ɐn]；开三日组、晓、影组读 [iɐn]；合口一等读 [ɐn]、 [un]；影组、晓组读 [uɐn]；合口三等影、晓组读 [uɐn]。例如：

跟开1＝斤开3 [kɐn⁵¹]　　吞开1＝亲开3 [tʰɐn⁵¹]　　陈开3＝唇合3 [tsɐn²³¹]

神开3＝唇合3 [sɐn²³¹]　　民开3＝文合3 [mɐn²³¹]　　邻开3＝轮合3 [lɐn²³¹]

（7）宕摄开口一等读 [ɔŋ]；开口三等读 [ɛŋ] 和 [ɔŋ]；影以母字读 [iɛŋ]；合口一、三等读 [ɔŋ]；晓组影组字读 [uɔŋ]；个别字读 [aŋ]，如"框、筐"。

（8）古江摄读 [ɔŋ]，个别读 [ɛŋ]。

（9）曾摄开一、开三今读 [aŋ]；开口三等读 [eŋ]；以母字读 [ieŋ]。

（10）梗摄开口大部分都读 [eŋ]；开二帮系部分见系字读 [aŋ]；开三、开四匣母字读 [ieŋ]；合口读 [ueŋ]；个别读 [eŋ] 和 [ɔŋ]、 [uɛŋ]，如"横"。

（11）古通合一合三读 [oŋ]，合三见系字读 [ioŋ]。

入声韵：

（1）入声四类，阴阳入各分上下两类，有长短之别。上类入声是短音，下类是长音，完整保留了 [p、t、k] 尾。

（2）山摄开一开二读 [aːt]；其中见组字读 [ɔːt]；个别字读 [ɛːt]，

如"八"。开三开四读 [it]；个别读 [ɛːt]，如"楔"；合口一等读 [ut]；合口二等晓、影组读 [uaːt]；个别读 [aːt] 和 [ɔːt]；合口三等读 [iut]；非组字读 [aːt]。

由上可知，山摄入声一二等为长入，三四等为短入；合口一、四等为短入，二等为长入，三等非组字为长入，其余为短入。

（3）臻摄开合口均读 [at]。其中开口三等见系字、日组读 [iat]；合口见系读 [uat]；个别读 [it]、[et] 和 [ut]。总之臻摄都为短入。

（4）咸开一、二读 [aːp]；见系字读 [ap]；个别读 [ɛːp、iaːp]；开三开四读 [ip]；合口读 [aːt]。总之，开口一、二等与合口为长入，开三开四与开口见系字读短入。

（5）古咸摄合口三等与山摄合口三等唇音字不分，都读 [aːt] 或 [an]。如：

乏 [faːt^b314] ＝罚 [faːt^b314]　　　　法 [faːt^34] ＝发 [faːt^34]

凡 [fan^231] ＝烦 [fan^231]　　　　范 [fan^323] ＝饭 [fan^323]

（6）深摄读 [ap]，见系字读 [iap]。

（7）宕摄一等不论开合读 [ɔːk]，开二读 [ɛːk]，知系见系字读 [iɛːk]。

（8）江摄读 [ɔːk]。

（9）曾摄开一读 [ak]，开三读 [ek]，以母读 [iɛk]，还有个别读 [ak]；合口一等读 [uːak] 和 [ɔːk]，合口三等读 [uek]。

（10）梗摄开口二等读 [ek]，部分读 [ɛːk]，部分读 [aːk]；开三开四读 [ɛk]；以母读 [iɛk]；合口二等读 [uɛːk] 和 [uaːk]，合口三等读 [uɛk]。

（11）通摄合口一等读 [ok]，合口三等读 [ok]；见系字读 [yk]；合口四等读 [yk]。

1.3　蒙山底路话同音字汇

本字汇按蒙山底路话韵母、声母、声调的顺序排列。写不出本字的音

节用方框"□"表示，并加注释。释义、举例在字后用小字表示，在例子里
用"～"代替本字。

[a]

p 　[51] 笆疤粑巴

　　[231] 爬耙钯琶

　　[41] 把靶 　[45] 霸欛坝罢

p^h 　[45] 怕

m 　[51] 麻黑～～ 　 [231] 麻

　　[325] 马 　[323] 骂

f 　[51] 花

t 　[41] 打

n 　[51] 粘 　[41] 嬷 　[45] 那

k 　[51] 加家嘉痂袈瓜

　　[41] 假 　[45] 假架嫁价

k^h 　[51] 夸 　[45] 跨

x 　[51] 虾 　[231] 霞

　　[323] 夏

ts 　[51] 抓渣楂

　　[231] 查茶茬搽 　[45] 榨

ts^h 　[51] 叉差 　[45] 岔

s 　[51] 沙纱痧鲨 　[41] 耍

　　[45] 洒

ɬ 　[41] 洒

ŋ 　[231] 牙芽蚜衙 　[41] 哑痖

　　[325] 瓦

ǿ 　[51] 鸦

[ai]

p 　[231] 排牌 　[41] 摆

---

　　[45] 拜 　[323] 败稗

p^h 　[45] 派

m 　[231] 埋 　[325] 买

　　[323] 卖

f 　[45] 块快筷 　[41] 解

　　[325] □瓢

k 　[45] 戒芥疥介界怪

t 　[51] 呆 　[45] 带戴

　　[323] 大

t^h 　[45] 态太泰

n 　[325] 奶

l 　[51] 拉 　[323] 赖

n̩ 　[41] 踩 　[45] 嚼

k 　[51] 街

k^h 　[51] 揩 　[41] 楷

x 　[231] 鞋 　[325] 蟹

ts 　[51] 斋 　[45] 债

　　[231] 柴豺 　[323] 寨

ts^h 　[51] 猜

s 　[51] 筛 　[325] □舔

　　[45] 晒

ŋ 　[231] 崖挨 　[45] 爱

ǿ 　[51] 挨 　[41] 矮

　　[45] 茄□隘

[ɐi]

p 　[323] 币弊毙 　[45] 闭

pʰ [51] 批砒

m [325] 米美

t [51] 低 [231] 堤题蹄提

[41] 底抵 [325] 弟

[45] 帝祭济际 [323] 第递

tʰ [51] 梯妻凄 [41] 体

[45] 剃替涕剃屉

n [231] 尼泥

l [231] 犁黎 [45] □啳

[325] 礼

[323] 例厉励丽荔

k [51] 鸡龟闺 [231] 葵

[41] 鬼 [45] 计继桂贵

[323] 跪柜

kʰ [51] 溪 [41] 启 [45] 契

x [323] 系

ts [45] 制 [323] 事

s [41] 使 [45] 世势

[323] 誓

ɬ [51] 西 [231] 齐脐

[41] 洗 [45] 小细

ŋ [325] 蚁 [323] 卫艺毅

[au]

p [231] 雹 [41] 饱

m [231] 茅 [323] 貌

t [45] 斗 [45] □巢

n [323] 闹

k [51] 交郊胶 [41] 搞

[45] 告教 [45] 校校对

kʰ [51] 敲

x [323] 孝酵

ŋ [325] 咬

[əu]

p [231] 袍 [41] 宝堡

[325] 抱 [45] 报

[323] 爆暴瀑

m [231] 谋毛 [225] 亩

[323] 帽

t [51] 刀兜糟遭

[231] 头投桃逃

[41] 倒早枣酒斗走

[45] 奏到灶 [325] 导

[323] 豆痘道稻盗

tʰ [51] 偷秋鳅操

[41] 讨草 [45] 奏套透凑

n [41] 扭 [325] 纽脑

l [51] 捞□报

[231] 劳牢楼留刘流瘤

[325] 佬老柳 [323] 涝漏

[41] 篓

k [51] 高膏糕勾钩沟

[41] 狗 [45] 够

kʰ [41] 烤考 [45] 扣

x [41] 口好~多 [325] 厚后

[323] 浩号 [51] 薅

[231] 豪毫 [45] 好爱~

ŋ　[231] 熬　[325] 藕偶

ts　[51] 鸠州洲周舟

　　[231] 球绸筹求

　　[41] 九久韭　[325] 臼

　　[45] 救究　[323] 旧臼柩

tsʰ　[51] 抽蚯抽邱

　　[41] 丑　[45] 臭

s　[51] 收　[231] 愁仇酬

　　[41] 手首守　[325] 受

　　[45] 瘦

ɬ　[51] 修羞　[231] 愁槽曹

　　[45] 秀绣锈　[323] 就

　　[51] 骚搔　[41] 嫂扫

　　[325] 造

ø　[51] 欧瓯区　[41] 呕

　　[45] 沤　[231] 喉猴

[am]

f　[325] 犯

t　[51] 担耽眈叮

　　[231] 谈潭痰谭潭

　　[323] 啖　[41] 胆疸

　　[325] 淡　[45] 担石

tʰ　[51] 贪参　[41] 惨毯

　　[45] 探

n　[51] 喃　[231] 南楠男

　　[325] 腩　[41] □想

l　[51] □烧　[231] 蓝篮婪

　　[325] 揽　[41] 览榄

k　[41] 减　[51] 监

　　[45] 监鉴赣

kʰ　[41] 砍

x　[231] 咸含函衔

　　[323] 陷馅　[45] 喊衔

ts　[41] 斩　[325] 站

　　[45] 蘸湛站　[323] 赚

tsʰ　[51] 搀　[45] 杉

s　[51] 衫　[45] 渗

ɬ　[51] 三　[231] 痰蚕惭馋谗

　　[323] 暂

ŋ　[51] 啱　[231] 岩癌

ø　[45] 暗

[an]

pʰ　[51] 攀　[45] 盼攀扮瓣

p　[51] 班斑癍颁

　　[41] 板版　[45] □敷□扳

　　[323] 办

m　[231] 蛮　[325] 晚

　　[323] 慢万曼嫚

f　[51] 翻番

　　[231] 凡矾烦繁樊

　　[41] 反返　[45] 贩

　　[323] 范饭

t　[51] 敦单丹　[231] 坛弹

　　[45] 旦诞赞

　　[323] 蛋弹但蜑　[231] 檀

tʰ　[51] 摊瘫餐　[41] 坦

[45] 炭叹灿

n　[231] 难困难　　[323] 难苦难

l　[231] 兰栏拦澜阑□用竹子编的帽子

　　[41] □泥垢：一身都是～

　　[325] 懒　[323] 烂

k　[51] 间艰奸　[41] 茧碱

　　[41] 撵　[41] 茧简拣

　　[45] 间

x　[231] 闲娴　[41] 罕

　　[325] 限

ts　[41] 盏　[323] 栈

tsʰ　[41] 产铲

s　[51] 山　[45] 汕疝

ɬ　[231] 残　[41] 散

　　[45] 散　[323] 溅

ŋ　[231] 顽颜研　[325] 眼

　　[323] 雁

[aŋ]

p　[51] 崩　[231] 朋棚彭膨凭

pʰ　[51] 烹

m　[231] 萌盟

t　[51] 灯蹬登澄增

　　[231] 藤腾滕誊疼

　　[41] 等　[45] 凳甑

　　[323] 邓

n　[231] 能

l　[231] 棱

k　[41] 耿梗埂

kʰ　[51] 筐框坑眶

x　[51] 铿　[231] 衡恒

　　[41] 肯

ɬ　[51] 僧曾　[231] 层曾

　　[45] 擤　[323] 赠

[ɐm]

t　[45] 浸

tʰ　[51] 侵　[41] 寝

n　[41] □忖

l　[231] 林淋临霖

k　[51] 柑甘　[231] 擒

　　[41] 敢　[323] 揿□瞪

ts　[51] 金针斟今襟

　　[23] 琴沉岑　[41] 枕

　　[45] 禁

s　[51] 深森参　[41] 婶审沈

ɬ　[51] 心芯　[231] 寻

ŋ　[51] □蹲

[ɐn]

p　[51] 宾缤奔鬓斌彬濒

　　[231] 频贫　[41] 禀

　　[45] 畚　[51] 冰

pʰ　[45] 喷　[41] 品

　　[45] 喷

m　[231] 文蚊纹闻雯民

　　[325] 敏闽　[323] 问

f　[51] 分芬纷　[231] 焚坟

　　[41] 粉　[45] 粪训

[325]愤奋　[323]份

t　[51]墩敦遵臻榛

　　[45]进晋俊骏　[325]钝囤

tʰ　[51]吞亲饨　[45]褪

l　[51]抡　[41]□找

　　[231]鳞轮邻麟磷邻伦

　　[323]论

k　[51]根跟军君鞍斤

　　[231]裙群勤　[41]滚紧

　　[45]□冻棍

kʰ　[51]坤昆琨　[45]困

x　[231]□痒痕

　　[41]很狠恳垦　[45]睏

　　[323]恨

ts　[51]巾筋真珍

　　[231]陈唇　[41]准诊疹

　　[45]镇震振赈圳

　　[325]近　[323]阵

tsʰ　[51]春椿　[41]蠢

　　[45]衬趁

s　[51]身申伸　[325]□亘

　　[231]芹唇神绳晨辰纯醇臣尘

　　[325]肾朕肾　[45]瞬

　　[323]慎顺

ɕ　[51]新薪辛

　　[231]旬询循巡存

　　[41]笋损榫　[325]尽

　　[45]信讯迅

ŋ　[231]银垠龈

［aːp］

t　[34]搭答耷　[ᵇ314]踏沓

tʰ　[34]塔塌遏榻褐

n　[ᵇ314]纳

l　[ᵇ314]蜡腊□拉

k　[34]呷夹嘎鸭声叫

　　[ᵇ314]□挟；~菜

x　[34]恰　[ᵇ314]峡狭

ts　[ᵇ314]闸铡煠

tsʰ　[34]插

ɖ　[ᵇ314]杂　[34]□坂

ø　[34]鸭

［ap］

n　[43]□凹粒

l　[23]立笠

k　[43]鸽合

x　[23]盒阖

ts　[43]□摘汁执　[231]及

tsʰ　[43]吸级

s　[43]湿　[23]十拾

ɖ　[43]□骗；~人　[23]习集

ø　[23]熠

［aːt］

p　[34]八　[ᵇ314]拔跋魃

m　[ᵇ314]袜　[34]抹

f　[34]发法

　　[ᵇ314]阀筏罚乏

t　[ᵇ314] 达

tʰ　[34] 遢

n　[34] 捺

l　[ᵇ314] 辣

k　[34] 刮

x　[34] 瞎

ts　[34] 扎砸札

tsʰ　[34] 擦

s　[34] 杀煞刹

ɬ　[34] 撒

ŋ　[34] 轧

ø̀　[34] 压

[at]

p　[43] 笔不　[23] 弼

pʰ　[43] 匹

m　[23] 密蜜物勿

f　[23] 佛

t　[43] 卒　[23] 突凸

tʰ　[43] 七漆

n　[43] □揎

l　[43] 劙□嗑:~瓜子

　　[23] 栗律率

k　[43] 骨吉橘

kʰ　[43] 咳

x　[43] 乞　[23] 核

ts　[43] 质　[23] 侄

tsʰ　[43] 出

s　[43] 虱失室瑟

　　[23] 实　[23] 术秫

ɬ　[43] 戌膝悉　[23] 疾嫉

ŋ　[23] 屹

[aːk]

x　[34] 客赫

ts　[34] 窄

[ak]

p　[43] 北

m　[23] 墨默

t　[43] 得德则　[23] 特

l　[23] 剌勒肋

kʰ　[43] 刻

x　[43] 黑克　[23] 核

tsʰ　[43] 侧

ɬ　[43] 塞　[23] 贼鲫

[ε]

p　[51] 啤

k　[231] 瘸

t　[51] 爹　[41] 姐　[45] 借

tʰ　[41] 且

ȵ　[325] 惹

s　[51] 赊佘　[231] 蛇

　　[41] 舍　[325] 社

　　[45] 舍宿~　[323] 射

tʃ　[51] 遮　[41] 者　[45] 蔗

tʃʰ　[51] 车　[41] 扯

ɬ　[51] 些　[231] 斜邪

　　[41] 写　[45] 泻卸

[323] 谢

[εm]

k　[231] 钳

[εŋ]

t　[51] 将浆　　[41] 蒋

　　[45] 酱

tʰ　[51] 枪

　　[41] 抢腔 手脚掌的表面部分因摩擦起的硬皮：手、脚起～。

n　[51] 娘

l　[231] 梁粮粱凉量两

　　[41] 两 斤两

ȵ　[323] 酿　　[41] 壤

　　[325] 仰昂　　[323] 让

k　[51] 姜更　　[231] 强

　　[45] 更 更好　　[325] 强 倔强

kʰ　[51] 腔疆缰

x　[51] 乡香　　[231] 行 行为

　　[41] 响享饷　　[45] 向

tɕ　[51] 张樟章彰

　　[231] 长 长短 场肠

　　[41] 长 长大 涨掌仉 姓氏

　　[325] 丈仗　　[45] 帐胀

tɕʰ　[51] 昌　　[41] 厂

　　[45] 倡唱畅

ʃ　[51] 伤　　[231] 常裳嫦尝偿

　　[325] 上

ʑ　[51] 相箱镶湘厢浆

　　[231] 墙蔷详祥翔　　[41] 想

[45] 相 相片　　[325] 像象橡

[eŋ]

p　[51] 兵冰

　　[231] 平苹坪评屏瓶

　　[41] 饼丙禀炳

　　[45] 柄□椎　　[325] 并

　　[323] 病

pʰ　[45] 拼聘姘

m　[231] 名明鸣　　[323] 命

t　[51] 钉丁精睛晶菁

　　[231] 庭亭廷蜓婷霆停

　　[41] 顶鼎井　　[45] 钉订

　　[323] 定

tʰ　[51] 厅清青蜻

　　[41] 请　　[45] 听

n　[45] □拿　　[41] 箬

　　[231] 宁狞咛　　[45] 拎

l　[231] 零灵玲铃凌羚

　　[325] 冷领岭　　[323] 令另

k　[51] 耕惊经京庚羹

　　[41] 颈景警茎

　　[45] 镜竟境敬

　　[323] 劲竞痉

x　[51] 兴轻兄氢　　[231] 行

　　[45] 兴庆杏　　[323] 幸

ts　[51] 筝蒸侦争筝正征

　　[41] 整正　　[45] 正症证

　　[323] 郑

tsʰ [51] 撑称　[45] 称秤

s [51] 生甥升声牲笙

　[231] 城成程诚盛承乘绳

　[45] 剩胜圣　[323] 盛

ɬ [51] 星腥惺猩

　[41] 醒省　[231] 晴情

　[45] 性姓　[325] 静

　[323] 净

ŋ [231] 迎

∅ [51] 英应鹰鹦樱缨罂

　[41] 影映颖　[45] 应

[ɛːp]

k [ᵇ314] 夹夹子

x [ᵇ314] 狭

n [34] 镊

[ɛːt]

p [34] 八

ɬ [34] 楔

[ɛːk]

p [34] 伯

pʰ [34] 拍魄迫粕

t [34] 雀鹊爵嚼

m [34] □孭

n̠ [ᵇ314] 若扼

l [ᵇ314] 略掠

n [ᵇ314] 弱

k [34] 格脚革

kʰ [34] 却觉

ɬ [34] 削

tʃ [34] 酌责

[ɛk]

p [43] 逼百壁碧辟

　[23] 白帛

pʰ [43] 魄劈癖

m [43] □孭　[23] 麦陌脉

t [43] 滴积迹脊绩即

　[23] 笛敌迪狄翟

tʰ [43] 踢戚惕剔

n [23] 溺

l [43] □坒砾

　[23] 力历沥疬

k [43] 格隔击革

　[23] 剧极

x [43] 吃

ts [43] 只织职炙责

　[23] 直值殖宅择泽

tsʰ [43] 拆尺赤斥拆策测

s [43] 识色式拭释

　[23] 食石硕蚀

ɬ [43] 惜息熄悉夕

　[23] 席籍藉

ŋ [23] 逆额

∅ [43] 益亿忆

[ɔ]

p [51] 菠波　[231] 婆

　[41] 跛　[45] 播

pʰ [51] 坡 [45] 破剖

m [231] 磨 [323] 磨

f [41] 火伙 [45] 货

t [51] 多 [231] 驼砣

[41] 朵 [45] 左

tʰ [51] 拖 [45] 搓锉错锉

n [51] □搓

l [231] 罗萝螺

[41] □买□娶 [51] 笋

k [51] 歌锅 [41] 果

[45] 过个

kʰ [41] 可

x [51] 科 [231] 河荷

[323] 贺 [41] 可

ts [231] 锄 [323] 助

tsʰ [51] 初

s [51] 梳蔬

ɬ [51] 蓑 [41] 锁所

[325] 坐 [323] 座

[325] 舵 [323] 惰

ŋ [231] 鹅蛾 [325] 我

[323] 饿

ø [51] 荷

[ɔi]

p [45] 狈贝

t [51] 灾栽 [231] 台苔

[41] 宰载 [45] 再

[325] 贷 [323] 代袋

tʰ [51] 胎猜 [41] 彩

[45] 菜蔡

n [45] □累 [323] 耐奈

l [231] 来

k [51] 该 [41] 改

[45] 盖

x [51] 开 [41] 海

[325] 亥 [323] 害

s [51] 衰

ɬ [51] 腮 [231] 财才材裁

[325] 在

ŋ [323] 岳艾碍

ø [51] 哀

[ɔn]

k [51] 肝

[41] 杆秆赶竿

[45] 干

x [51] 刊 [231] 寒韩

[45] 汉看 [325] 旱

[323] 汗焊捍

tsʰ [41] 铲

ŋ [323] 雁岸

ø [51] 安鞍庵 [45] 案按

[ɔŋ]

p [51] 帮梆 [231] 旁

[41] 榜绑

m [231] 茫忙芒

[325] 莽网 [323] 望

f　[51] 方芳　[231] 防房
　　[41] 谎纺坊访　[45] 放

t　[51] 当赃　[231] 唐堂塘糖
　　[323] 荡　[41] 党
　　[45] 葬

tʰ　[51] 汤劏仓舱苍沧

n　[51] 裆　[231] 囊瓤

l　[231] 郎廊狼
　　[323] □敲浪

k　[51] 江缸光刚缸钢纲胱
　　[231] □急狂
　　[41] 广讲岗港　[45] 降

kʰ　[51] 康慷诓匡框筐眶
　　[45] 矿抗

x　[51] 慌糠　[231] 行航杭
　　[323] 巷

ts　[51] 桩装庄妆奘
　　[231] 床　[45] 壮
　　[323] 状撞

tsʰ　[51] 疮窗　[45] 闯创

s　[51] 霜双

ɬ　[51] 桑脏　[45] 丧葬
　　[323] 藏西~

[ɔːt]

k　[34] 葛割

x　[34] 渴喝

s　[34] 刷

[ɔːk]

p　[34] 剥搏驳博
　　[ᵇ314] 薄

m　[ᵇ314] 莫

t　[34] 作

tʰ　[34] 托

n　[b314] 诺

l　[b314] 落乐

k　[34] 角郭各国

kʰ　[34] 确

x　[34] 壳　[ᵇ314] 学

ŋ　[ᵇ314] 鹤

ts　[34] 桌捉　[ᵇ314] 浊

tsʰ　[34] 戳

s　[34] 嗍吸朔

ɬ　[34] 索　[ᵇ314] 凿

ø　[34] 恶

[ɔk]

n　[23] 虐

ɬ　[23] 昨

[i]

p　[51] 蓖悲　[231] 皮脾
　　[41] 比　[45] 痹
　　[325] 被　[323] 备鼻

pʰ　[51] 披　[41] □吐
　　[45] 屁

m　[231] 迷眉谜　[325] 尾
　　[45] 秘　[323] 未味

f [51] 非飞 [231] 肥

[41] 匪诽

[45] 肺费废 [323] 吠

t [51] 资咨姿滋孳

[41] 子紫仔籽姊梓

[323] 地

tʰ [45] 砌次刺砌

n [325] 你 [323] 腻

l [231] 梨离漓梨篱

[325] 李理鲤里

[323] 利痢

n̠ [51] □仔

[231] 儿宜疑而

[325] 耳饵 [323] 艺二贰

k [51] 基箕饥机肌

[231] 棋旗其奇骑鳍

[41] 几己 [45] 记寄季

[323] 忌技 [325] 倚

x [51] 欺希稀牺嬉

[231] 移姨遗 [41] 喜起

[45] 戏气汽器弃

[323] 易异

tʃ [51] 知蜘芝枝之肢

[231] 迟匙池持

[41] 脂纸指趾止址

[325] 雉峙

[45] 置智致痣志痣至智

[323] 治

tʃʰ [41] 齿 [45] 翅

ʃ [51] 诗师狮尸施

[231] 时 [41] 屎史驶

[325] 柿市是士 [45] 试

[323] 侍事

s [51] 师 [231] 时

ɬ [51] 丝思司撕斯

[231] 词饲糍瓷祠辞寺

[41] 死 [325] 似

[45] 四 [323] 自字牸

ø [51] 衣医依

[231] 姨夷移颐

[41] 椅 [45] 意

[im]

t [51] 尖 [231] 甜

[41] 点 [45] 店

tʰ [51] 添签笺 [41] 舔

n [323] 念 [51] 粘

l [231] 镰廉帘 [41] 脸

k [51] 兼 [231] 黔

[41] 检捡睑 [45] 剑

[325] 槛

x [51] 谦 [45] 歉欠

n̠ [231] 阎严阉 [325] 染

[45] 验 [323] 炎

tʃ [51] 沾占瞻 [45] 占

ʃ [231] 蝉 [41] 陕闪

ɬ [51] 尖

ø　[51] 阉　[231] 盐檐
　　[41] 演险冉掩□痈
　　[45] 淹嫌厌　[323] 腌

[in]

p　[51] 鞭边　[231] 骈
　　[41] 匾　[45] 变
　　[325] 辫　[323] 便卞

pʰ　[51] 偏编篇　[45] 片遍

m　[231] 棉绵眠　[41] 缅
　　[325] 勉　[323] 面

t　[51] 颠煎　[231] 填田
　　[41] 典剪　[45] 箭荐
　　[323] 电甸靛佃

tʰ　[51] 天千　[41] 浅
　　[51] 迁

n　[231] 年　[45] 奶

l　[231] 连莲鲢　[323] 炼练链

ȵ　[231] 燃言　[41] 碾轧

k　[51] 肩坚硬
　　[231] 权虔乾　[325] 件
　　[45] 见　[323] 健键腱

kʰ　[51] 牵掀　[45] 劝

x　[41] 显

ʧ　[51] 毡　[231] 缠
　　[41] 展　[45] 战

ʃ　[231] 婵蝉禅单　[45] 扇骟
　　[325] 善鳝禅　[323] 膳

ɬ　[51] 鲜先仙　[231] 钱前

　　[41] 癣　[45] 线
　　[323] 贱

ø　[51] 烟胭咽　[231] 堰贤弦
　　[45] 宪献咽燕砚
　　[323] 现谚彦唁

[iŋ]

ø　[231] 蝇赢形型刑邢

[ip]

t　[43] 接　[23] 蝶碟
tʰ　[43] 帖贴
n　[43] 聂
ȵ　[23] 业
l　[23] 猎
k　[43] 涩
x　[43] 协胁
ʃ　[43] 涉摄
ø　[43] 页　[23] 叶

[it]

p　[43] 鳖　[23] 别
pʰ　[43] 撇瞥
m　[23] 灭篾
t　[43] 节跌疖　[23] 秩
tʰ　[43] 铁切
ȵ　[23] 热
l　[23] 裂列裂烈
k　[43] 结洁　[23] 杰
kʰ　[43] 缺
x　[43] 歇

ʧʰ	[43] 撤彻	tʰ	[51] 挑　[45] 跳
ʧ	[43] 折浙哲	n	[325] 鸟　[323] 尿
ʃ	[43] 设　[23] 舌折	n̠	[231] 摇　[325] 绕
ɻ	[23] 截捷		[45] 要

[ia]

ǿ　[325] 下

[iau]

m　[45] 猫
k　[323] 撬　[41] 搅
l　[323] 廖
ɻ　[41] 悄

[ɐu]

n̠　[231] 牛柔　[45] □鼍
ǿ　[51] 优忧
　　[231] 由游邮油
　　[41] 朽　[325] 有友
　　[323] 又右　[45] 佑幼

[iu]

p　[51] 膘彪表手~
　　[231] 嫖瓢　[41] 表~姐婊裱
pʰ　[51] 飘漂　[45] 漂票
m　[231] 苗描瞄
　　[45] 秒　[325] 渺
　　[323] 庙
t　[51] 雕焦椒蕉憔
　　[231] 条调~解
　　[41] 屌男子之阴剿
　　[45] 钓吊　[323] 调声~,~动

l　[231] 辽嘹　[325] 了
　　[323] 料廖
k　[51] 娇骄　[231] 桥侨乔
　　[41] 缴矫　[45] 叫
　　[325] 薸酸~头　[323] 轿
kʰ　[41] 巧　[45] 翘窍
x　[51] 嚣　[41] 晓
ʧ　[51] 招朝~阳
　　[231] 潮朝~代
　　[325] 赵兆　[45] 照
　　[323] 召号~
ʧʰ　[51] 超
ʃ　[51] 烧　[231] 韶
　　[41] 少多~
　　[45] 少~年　[323] 绍邵
ɻ　[51] 肖箫消销宵
　　[41] 小　[45] 笑
ǿ　[51] 夭妖邀腰要
　　[231] 姚谣窑尧
　　[325] 舀　[323] 耀

[iam]

n̠　[231] 壬　[41] 饮
　　[323] 任
ǿ　[51] 钦鑫阴音　[45] 荫

[ian]

ȵ̊ [231] 人仁　[325] 忍
　[45] 刃韧纫　[323] 认闰

ø̃ [51] 因姻欣　[231] 匀寅
　[41] 隐□捏　[325] 引瘾蚓
　[323] 孕　[45] 印熨润

[iaŋ]

kʰ [41] 强勉强

ʃ [325] 绱将鞋帮与鞋底缝合

[ia：p]

ȵ̊ [34] □糙

ø̃ [34] □眨

[iap]

ȵ̊ [23] 入

ø̃ [43] 邑

[iat]

ȵ̊ [23] 日

ø̃ [43] 一　[23] 逸驿绎轶译

[iɛ]

m [45] □背

tʃ [45] 这

ø̃ [51] 爷　[325] 野
　[323] 夜　[41] 也

[iɛŋ]

ø̃ [51] 秧　[231] 羊洋杨扬阳
　[325] 养氧痒　[323] 样

[iɛ：k]

tʃ [ᵇ314] 着穿

ø̃ [ᵇ314] 药钥　[34] 约跃

[iɛk]

ø̃ [23] 翼易亦奕

[u]

p [231] 菩　[41] 补
　[325] 簿账~
　[45] 布　[323] 部步

pʰ [51] 铺~盖　[41] 蒲谱
　[45] 铺店~

m [231] 无　[325] 母武舞

f [51] 夫麸肤呼
　[231] 符浮扶
　[41] 府虎苦浒
　[45] 富裤库
　[323] 附

t [51] 都租　[231] 图途屠
　[41] 祖赌堵祖组
　[325] 肚猪~
　[45] 做　[323] 杜渡度镀

tʰ [51] 粗　[41] 土础
　[45] 兔吐醋

n [231] 奴　[323] 糯

l [231] 卢炉　[323] 露路

k [51] 姑孤　[41] 古鼓
　[45] 固故

kʰ [51] 箍枯

ɬ [51] 苏酥□喘
　[325] □攒　[45] 素

ø [51] 乌 [231] 胡湖糊壶芋

[325] 户 [323] 护互

[un]

p [51] 搬般 [231] 盘盆磐槃

[41] 本 [45] 半

[323] 伴 [325] 绊畔

pʰ [51] 潘 [45] 判叛

m [51] 瞒 [231] 门们

[325] 满 [323] 闷

f [51] 獾髋宽欢 [41] 缓款

t [51] 端蹲尊墩

[231] 团臀 [41] 短

[325] 断 [45] 钻

[323] 段缎锻

tʰ [45] 寸

n [325] 暖 [323] 嫩

l [231] 连缝栾孪銮峦

[325] 卵 [323] 乱

k [51] 官棺观冠

[231] 权颧拳 [41] 管莞

[45] 冠灌贯观 [323] 倦

kʰ [51] 宽圈

ts [51] 砖专 [231] 传

[45] 转 [323] 传~记

tsʰ [51] 川穿 [45] 串

s [231] 船

ɕ [51] 酸孙狲苏宣喧

[231] 全泉痊存 [41] 选癣

[45] 蒜算 [325] 旋

[323] 漩

ø [231] 桓 [41] 碗

[323] 换唤涣焕痪

[uŋ]

p [231] 溘溢

pʰ [41] 捧 [45] 碰

m [231] 蒙 [41] 猛

[323] 梦孟

f [51] 风封丰疯蜂

[231] 冯逢 [323] 奉凤

t [51] 东冬宗棕

[231] 同铜筒桐童茼瞳

[41] 懂董总 [325] 动

[45] 棕 [323] □拄洞栋

tʰ [51] 通葱聪囱

[41] 桶统 [45] 痛

n [51] 燶饭焦糊

[231] 农脓浓

l [51] 窿

[231] 聋龙隆胧咙茏

[41] 笼

k [51] 工功攻蚣宫公宫

[41] 拱巩 [45] 供汞

[323] 共

kʰ [45] 空 [41] 孔恐

x [51] 空 [231] 红红

[45] 空烘

ʦ　[51] 中终盅钟

　　[231] 穷虫重

　　[41] 肿种　[45] 种中

　　[325] 重　　[323] 仲

ʦʰ　[51] 充冲春　[41] 宠

ɕ　[51] 松　[231] 松崇

　　[4] 宋送　　[323] 颂诵讼

ø̇　[51] 翁　[45] 蕹

　　　　　[ut]

p　[43] 拨钵

pʰ　[43] 泼

m　[23] 沫抹末没

f　[43] 阔

t　[23] 夺

tʰ　[43] 脱撮

s　[23] 术秫

ø̇　[23] 活

　　　　　[uk]

p　[23] □缕

pʰ　[43] 趴~下去 扑

m　[23] 木目睦牧穆

f　[43] 复覆幅福蝠辐腹

　　[23] 服伏袱茯

t　[23] 毒读独

　　[43] 督笃足

tʰ　[43] 束速促秃

l　[43] □麓

　　[23] 六陆绿禄鹿麓戮碌

k　[43] 谷菊

kʰ　[43] 磕

x　[43] 哭

ʦ　[43] 竹烛粥筑祝触逐

　　[23] 局

ʦʰ　[43] 畜曲

　　[23] 熟孰塾属赎

　　[43] 叔缩菽

ɕ　[43] 肃粟宿

　　[23] 族俗续牍卒

ø̇　[43] 屋

　　　　　[ua]

k　[41] 寡剐　[45] 卦褂挂

ø̇　[231] 华　[45] 化

　　[323] 画话

　　　　　[uan]

k　[51] 关鳏　[45] 惯

ŋ　[231] 顽

s　[51] 栓

ø̇　[51] 湾弯豌

　　[231] 玩鲩顽还环

　　[41] 挽宛婉皖浣

　　[323] 患幻宦豢

　　　　　[ua:t]

ø̇　[34] 挖　[ᵇ314] 滑

　　　　　[uat]

ø̇　[23] 核　[43] 忽□熏 屈

[ua:k]

ø [ᵇ314] 划~去或惑

[uai]

k [51] 乖 [41] 蜮蚂~;青蛙

ø [51] 歪 [231] 怀淮

[323] 坏

[uɐi]

k [41] 轨

kʰ [45] 瑰愧

[51] 亏归规窥挥盔

[41] 傀

ŋ [231] 危巍

ɟø [51] 威 [231] 为围违韦

[41] 委 [325] 胃伟

[323] 魏为位

[45] 喂畏慰尉

[uɐn]

ø [51] 婚荤温瘟昏熏晕

[231] 云魂芸耘 [41] 稳揾

[325] 允 [45] 运韵

[uɛŋ]

ø [231] 营萤莹横

[325] 永咏泳

[uɛ:k]

ø [ᵇ314] 获

[uɐk]

ø [23] 域役阈疫

[uɔ]

ø [51] 蜗荷窝 [231] 禾和

[325] 祸 [45] 污

[uɔŋ]

ø [41] 枉 [231] 王黄蟥

[325] 往 [323] 旺

[ui]

p [51] 悲碑杯 [231] 赔陪

[45] 背 [323] 背

[325] 倍 [323] 吠

pʰ [51] 灰坏 [45] 配佩

m [231] 梅煤媒霉

[325] 每 [323] 妹

f [41] 诲悔

t [51] 堆 [41] 嘴

[45] 对最醉 [323] 队兑

tʰ [51] 推催摧

[41] 腿 [45] 退脆

n [323] 内

l [231] 雷 [41] 垒磊

[325] 屡累 [323] 类

ȵ [325] 蕊

ts [51] 追锥 [231] 锤捶

[323] 坠

tsʰ [51] 吹

s [41] 水 [45] 税说

[323] 睡

ɬ [51] 虽 [231] 随

[45] 碎岁帅　[325] 罪

ŋ　[323] 外

ǿ　[51] 煨　[231] 回茴蛔遗

[323] 会汇惠慧

[y]

tʰ　[51] 蛆　[41] 取

[45] 趣

n　[325] 女

l　[231] 驴　[325] 吕屡旅

[323] 虑滤

ȵ　[231] 鱼渔愚娱

[325] 语　[323] 御驭寓遇

k　[51] 居车　[231] 渠

[41] 举矩　[325] 距巨拒

[45] 句锯　[323] 具惧

kʰ　[51] 区驱

x　[51] 虚圩　[231] 如茹儒于

[41] 许浒　[325] 雨宇羽

[45] 去　[323] 裕预誉豫

ʧ　[51] 猪蛛朱珠株蛛

[231] 薯除厨橱

[41] 主煮　[325] 柱

[323] 树住箸　[45] 著注蛀

ʧʰ　[45] 处　[41] 处相~

ʃ　[51] 书输舒　[41] 鼠数~数

[325] 竖　[45] 暑数~学,~目

ɬ　[51] 需须荽　[231] 储徐

[325] 聚序叙绪　[45] 嗉絮

ɬ′ø　[41] 瘀

[yn]

ȵ　[231] 原源沅

[325] 软　[323] 愿

ǿ　[51] 冤鸳渊裷

[231] 园圆铅丸完元芫袁猿辕援缘悬

[325] 远　[45] 怨劝

[323] 院县

[yŋ]

ȵ　[41] □闹,人多

[45] □袄　[325] □训

ǿ　[51] 胸凶壅埋凶邕匈雍

[231] 荣溶榕蓉绒融熔熊

[323] 勇拥　[323] 用

[yt]

ʃ　[43] 说

l　[23] 捋

ȵ　[23] 月

ɬ　[43] 雪　[23] 绝

ǿ　[43] 血乙　[23] 穴越粤阅

[yk]

ȵ　[23] 肉钰玉

ǿ　[43] 蓄育郁旭煜

[23] 欲狱

[ŋ]

ǿ　[231] 梧吴蜈　[325] 五伍午

二、永福百姓话语音系统

2.1　永福百姓话的声韵调

2.1.1　声母

永福百姓话的声母包括零声母共 19 个，声母系统中塞音三分：普通的清不送气，清送气，涉及喉头气流机制的内爆音。

表 2-1　永福百姓话声母

发声		部位 方式	唇	齿/龈	腭前	软腭	零
特殊	内爆	爆发音	ɓ	ɗ			
普通	清不送气	爆发音	p	t		k	∅
	清不送气	塞擦音		ts			
	清送气	爆发音	pʰ	tʰ		kʰ	
	清送气	塞擦音		tsʰ			
	清声	擦音	f	s		x	
	带声	鼻音	m	n	ȵ	ŋ	
	带声	近音		l			

2.1.2　韵母

永福百姓话的阳声韵今全部鼻化，入声韵塞尾大部分脱落，共有 41 个韵母，见表 2-2：

表 2-2　永福百姓话韵母

阴声韵 (19)				阳声 (鼻化) 韵 (19)				入声 (短) 韵 (3)			
—ø—	—j—	—w—	—ɥ—	—ø—	—j—	—w—	—ɥ—	—ø—	—j—	—w—	—ɥ—
ɿ	i	u	y	ŋ̃	ĩ		ỹ				
a	ia	ua	ya	ã	iã		yã	aʔ	iaʔ	uaʔ	
e	ie	ue			iẽ		yẽ				
æ				æ̃		uæ̃					
o	iou			õ	iõ	uõ					
ɔ				ɔ̃							
ə				ə̃		uə̃					
				ɤ̃	iɤ̃	uɤ̃					
ɔu	iɔu		yu								

2.1.3　声调

表 2-3　永福百姓话调类演变及例字

中古调类		阴平 ♯453	阳平 342	上声 52	阴去 44	阳去 41	阴入 54	阳入 33
古平声	清	家刀粗						
	次浊		泥来鹅					
	全浊		爬查提					
古上声	清			火口纸				
	次浊							
	全浊				抱罪舅			
古去声	清				布到菜			
	次浊					夜卖面		
	全浊					地树事		
古入声	清			刮割缺			刻福踢	
	次浊							热六木
	全浊							十读合

罗田百姓话声调今 7 个，舒声调 5 个，入声调 2 个。阴平 [♯453]①，阳平 [342]，上声 [52]，阴去 [44]，阳去 [41]，阴入 [54]，阳入 [33]。阴平、阳平来源于古清平和古浊平；上声来源于古清上和一部分古清入，阴去来源于古清去和古浊上；阳去来源于古浊去；阴入来源于古清入；阳入来源于古浊入。各调类之间的具体分合情况如下：

（1）阴平调读 [♯453]，是一个非常高的升降调，其嗓音特性见第五章。

（2）阳平调读 [342]，有几乎一半的阳平调与阳去调合并，今读 [41]。

（3）阴上调读降调 [52]，大部分来源于古清入调的字与阴上调合并，今读 [52] 调。

（4）阳上调与阴去合并，今读 [44]。

（5）阴去调读 [44]，主要来源于古清去和古全浊上，还有一部分清上字和少部分清平字。

（6）阳去调读 [41]，但古浊平、全浊上、全浊入各个调类均有相当一部分今读 [41]。

（7）阴入调仅在 [aʔ]、[iaʔ]、[uaʔ] 三韵中保留轻微的喉塞尾，今读 [54]，大部分字的喉塞韵尾脱落，脱落喉塞韵尾的阴入字一部分仍保留阴入调值，今读 [54]，一部分归入阴上调，今读 [52]，还有一小部分归入阳入，今读 [33]。

（8）阳入字的喉塞尾全部脱落，仅保留阳入调类，今读 [33]，其调值与阴去调调值 [44] 仅差一度，非常接近，有合并到阴去的趋势。还有一部分归入阳去，读 [41]。

2.2 永福百姓话声韵特点

2.2.1 声母特点

（1）古帮、端母字今读内爆音 [ɓ、ɗ]。

---

① 声调调值的确定方法见 5.6。

（2）古全浊声母今读塞音塞擦音时基本上念为不送气清音。

（3）古微母字大部分今读 [m]，与明母字合并。如：袜＝骂 [ma⁴¹]｜望＝梦 [mõ⁴¹]｜蚊＝瞒 [mɯ̃³⁴²]。

（4）古知组字部分和古定母少部分字今读如 [ɖ] 或 [t]，与端组相混，如：猪 [ɖue#⁴⁵³]｜朝 [ɖiu#⁴⁵³]｜知 [ɖe#⁴⁵³]｜张 [ɖiə̰#⁴⁵³]｜转 [ɖɯ⁴⁴]｜竹 [ɖuaʔ⁵⁴]｜胀 [ɖiə̰⁴⁴]｜杜 [ɖu⁴⁴]｜队 [ɖy⁴⁴]｜兑 [ɖy⁴⁴]。

（5）分尖团，精组见组不相混，如：箱 [ɕiə#⁴⁵³] ≠ 香 [xiə#⁴⁵³]｜墙 [tɕiə̰³⁴²] ≠ 强 [kiə̰³⁴²]｜箭 [tsĩ⁴⁴] ≠ 见 [kĩ⁴⁴]｜千 [ɕʰi#⁴⁵³] ≠ 牵 [x#⁴⁵³]｜酒 [tɕio⁵²] ≠ 九 [kio⁵²]｜秋 [tɕio#⁴⁵³] ≠ 蚯 [kʰio#⁴⁵³]。

（6）古晓匣合口一二等字今部分读 [f]，与非敷奉母相混，如：飞 [fe#⁴⁵³]｜富 [fu⁴⁴]｜肺 [fe⁴⁴]｜蜂 [fõ#⁴⁵³]｜肥 [fe³⁴²]｜扶 [fu³⁴²]｜灰 [fi#⁴⁵³]｜火 [fu⁵²]｜花 [fa#⁴⁵³]｜胡 [fu³⁴²]｜画 [fa⁴¹]｜划 [fua⁴¹]。

（7）古疑母字逢洪音今读 [ŋ]，逢细音读 [ɲ]，如：我 [ŋu³³]｜饿 [ŋo³¹]｜岩 [ŋã²³²]｜瓦 [ŋua³³]｜儿 [ɲi³⁴²]｜牛 [ɲio³⁴²]｜愿 [ɲy⁴¹]｜硬 [ɲiɐ̃⁴¹]。

（8）日母字今读 [ɲ]，部分字与疑母相混，如：人＝银 [ɲiẽ³⁴²]｜耳＝蚁 [ɲi⁴⁴]｜二＝义 [ɲi⁴¹]。

（9）古匣母合口一、二等字部分读为零声母，如：魂 [uə̰³⁴²]｜黄 [uõ³⁴²]｜禾 [u³⁴²]｜换 [uɯ⁴¹]｜话 [ua⁴¹]｜滑 [ua³⁴²]｜还 [uã³⁴²]｜横 [yɐ̃³⁴²]。

（10）古知组、章组、庄组字今逢洪音读 [ts]，细音读 [tɕ]，与精组字合流；但知母有部分字读如 [ɖ]，与端母合流。如：丝＝师 [se#⁴⁵³]｜焦＝召 [tɕiu#⁴⁵³]｜借＝蔗 [tɕiu⁴⁴]｜扯＝拆 [tɕʰiu#⁴⁵³]｜小＝舍 [ɕiu⁵²]｜写＝少 [siu⁵²]｜腮＝筛 [sɐ#⁴⁵³]｜再＝债 [tsɐ⁴⁴]｜嘴＝主 [tɕy⁵²]｜追＝珠 [tɕy#⁴⁵³]｜知＝低 [ɖe#⁴⁵³]｜朝＝雕 [ɖiu#⁴⁵³]。

2.2.2　韵母特点

阴声韵：

（1）假、蟹、效、咸、山、江诸摄开口二等见系字没有腭化。

（2）古假摄开口二等今读开口呼 [a]；开口三等今读齐齿呼 [iou]，少部分读 [ia]，个别字读 [y]，如"谢"；合口二等见母、晓母、溪母今读开口呼 [a]，如"花、跨"，见母、疑母读合口呼 [ua]。

（3）古效摄开口一等豪韵今读合口呼 [u]，开口二等肴韵今读开口呼 [ɔ]，没有合并；如：高 [ku$^{\sharp453}$] ≠ 胶 [kɔ$^{\sharp453}$] ｜宝 [ɓu^{52}] ≠ 饱 [ɓɔ^{52}] ｜报 [ɓu^{44}] ≠ 爆 [ɓɔ^{44}] ｜毛 [mu^{342}] ≠ 茅 [mɔ^{342}] ｜帽 [mu^{41}] ≠ 貌 [mɔ^{41}] ｜稿 [ku^{52}] ≠ 搞 [kɔ^{52}]。

（4）效开口三、四等今读齐齿呼 [iou]，与假开三麻韵相混。如：照 = 借 = [tɕiou^{44}] ｜烧 = 佘 = [ɕiou$^{\sharp454}$] ｜小 = 舍 = [ɕiou^{52}] ｜少 = 写 = [siou^{52}] ｜笑 = 社 [siou^{44}]。

（5）古流摄开口一等今读开口呼 [ɔu]，开口三等今读齐齿呼 [iɔu]，精组、知系、影组今读开口呼 [ɔu]，如"州、绸、抽、臭、收、瘦"。

（6）古果摄开口一等今部分读开口呼 [o]，部分读合口呼 [u]，个别字读 [a]，如"大、哪、那"，开口三等今读齐齿呼 [ia]，合口一等戈韵今读合口呼 [u]。

（7）古遇摄合口一等模韵今读合口呼 [u]，合口三等今读撮口呼 [y]，少部分字读 [u]。遇合一模、果合一戈、效开一豪都读 [u]，如：

肚[ɗu^{52}] = 朵[ɗu^{52}]　虎[fu^{52}] = 火[fu^{52}]　　裤[fu^{44}] = 货[fu^{44}]

素[su^{44}] = 锁[su^{44}]　布[ɓu^{44}] = 报[ɓu^{44}]　杜[ɗu^{44}] = 到[ɗu^{44}]

图[tu^{342}] = 桃[tu^{342}]　祖[tsu^{52}] = 早[tsu^{52}]　破[p^{h}u^{44}] = 堡[p^{h}u^{44}]

坐[tsu^{44}] = 灶[tsu^{44}]　锅[ku$^{\sharp453}$] = 高[ku$^{\sharp453}$]　多[ɗu$^{\sharp453}$] = 刀[ɗu$^{\sharp453}$]

（8）蟹摄开口一等帮、端、见系今读 [e]，精组、泥组今读 [æ]，开口二等今读 [æ]，三、四等今主要读开口呼 [e]，开口四等有少部分字读齐齿呼 [i]，如"梯、儿、妻、计"。合口一等大部分读撮口呼 [y]，个别读齐齿呼 [i] / [iou]，如"灰、会/赔、梅"；合口二等部分读开口呼 [æ]，部分读合口呼 [uæ] / [ua]；合口三等今读齐齿呼 [ie]，如"岁、脆"。

（9）止摄开口三见系今读齐齿呼［i］，非见系读开口呼［e］，与蟹摄读［e］的字相混，如：

披＝坏＝［pʰe#453］｜披＝批＝［pʰe#453］｜皮＝莐＝［pe41］｜地＝第＝［te41］｜利＝荔＝［le41］｜李＝礼＝［le44］｜欺＝开＝［xe#453］｜知＝低＝［ɗe#453］｜迟＝提＝［te342］。

（10）止摄合口三等见系今读合口呼［ue］，非组读开口呼［e］，如"飞、肥、尾"，非见系今读撮口呼［y］，与遇合三鱼虞、蟹合一部分字相混，如：追＝珠＝［tɕy#453］｜嘴＝主＝［tɕy52］｜水＝鼠＝［ɕy52］｜吹＝崔＝［tɕʰy#453］｜累＝雷＝［ly342］｜醉＝柱＝罪＝［tɕy44］。

阳声韵：

古阳声韵今全部鼻化。具体分合情况如下：

（1）山摄开口一等非见系今读［æ̃］、见系读［uæ̃］，开口二等今读开口呼［æ̃］，开口三、四等今读［ĩ］；此外，开口字有个别读［iẽ］，如"战、茧、闲"。合口一等今读［ɤ̃］，见系字读［uɤ̃］，合口二等读合口呼［uæ̃］，合口三等读撮口呼［ỹ］，非组字读开口呼［æ̃］，合口四等读齐齿呼［ĩ］。

（2）咸摄开口一等、二等与山摄开一、开二合流，读［æ̃］，开三、开四与山摄开三、开四合流，读［ĩ］；合口三等读开口呼［æ̃］。如：毯＝坦［tʰæ̃52］｜［南＝难 næ̃342］｜剑＝件［kĩ44］｜犯＝贩［fæ̃44］｜馋＝蝉［tsæ̃342］｜闪＝散［sæ̃52］｜三＝山＝［sæ̃#453］｜咸＝寒＝［hæ̃342］｜甜＝田＝［tĩ342］｜添＝天＝［tĩ#453］｜尖＝煎＝［ɕĩ#453］｜腌＝烟＝［ĩ#453］。

（3）山开二山帮组与山合一帮组大体不混同，如：扮［pæ̃41］≠半［6ɤ̃44］｜蛮［mæ̃231］≠瞒［mɤ̃41］｜班［6æ̃#453］≠搬［6ɤ̃#453］｜办［pæ̃41］≠盘［pɤ̃41］｜慢［mæ̃41］≠满［mɤ̃44］。

（4）臻摄开口一等今读开口呼［ə̃］，开口三等字见系、章组、日组今读齐齿呼［iẽ］，其余读开口呼［ə̃］；合口一等见系字今读合口呼［uə̃］，非见系字读开口呼［ə̃］；合口三等知系、见系字今读撮口呼［ỹ］或

［yẽ］，帮系端系今读开口呼［ə̃］。

（5）深摄开口三等见系、章组字今读齐齿呼［iẽ］，其余读［ə̃］。

（6）曾摄开口一字今读开口呼［ə̃］；三等今读齐齿呼［iẽ］和开口呼［ə̃］。

（7）臻摄开口合口读［ə̃］韵的字与曾、深、宕、江这四摄读［ə̃］韵的字有相互混淆现象。

（8）梗摄开口二等大部分读开口呼［ã］，泥组字读齐齿呼［iã］；开口三、四今读齐齿呼［iẽ］，合口字较少。

（9）深、臻、曾、梗四摄中读［iẽ］的字和山、咸两摄中个别读［iẽ］的字相互混淆，如：针＝真＝征＝精＝［tsiẽ^{#453}］｜茧＝碱＝紧＝茎＝［kiẽ⁵²］｜深＝升＝腥＝［siẽ^{#453}］｜禁＝近＝尽＝［kiẽ⁴⁴］｜印＝应＝影＝［iẽ⁴⁴］｜枕＝正＝［tsiẽ⁴⁴］｜金＝经＝［kiẽ^{#453}］｜婶＝醒＝［siẽ⁵²］｜战＝静［tsiẽ⁴¹］｜兴［xiẽ^{#453}］＝轻［xiẽ^{#453}］。

（10）通摄合口一等三等今读开口呼［ō］，但通摄合口三等端系、见系字今读齐齿呼［iō］，如"浓、龙、供、穷、用"。

（11）宕摄开口一等今读开口呼［ɔ̃］，开口三等今读齐齿呼［iɤ̃］，合口一等读见母读合口呼［uɤ̃］，匣母读［uō］，晓母字读［ō］；合口三等影组今读合口呼［uō］，非组读开口呼［ō］。因此宕摄合口一、三等与通摄合口一、三等读［ō］的部分字相混。

（12）江摄今读［ə̃］和［ɔ̃］。

入声韵：

（1）入声韵塞尾大部分脱落，只有［aʔ、iaʔ、uaʔ］三个韵有轻微喉塞，零散分布在深、臻、曾、梗、通、江、宕几摄中。

（2）山摄入声韵塞尾基本上全部脱落。开二今读开口呼［a］，开三开四今读齐齿呼［i］，开一读开口呼［o］、［a］，还有个别字读合口呼，如"渴［hu⁵²］"；合一大部分今读合口呼［u］，合二今读［ua］，合三非组读［a］，其余读［ɿ］，个别读［y］，合四读撮口呼［y］。

①山摄入声合三、合四读如［y］的字与遇摄合口三等相混，如：月＝鱼＝［ȵy³⁴²］｜血＝许＝［xy⁵²］。

②山摄入声今读 ［a］韵的字与假摄开口二等 ［a］韵字相混，如：八
＝把＝ ［ɓa^{52}］｜抹＝麻 ［ma^{41}］｜杀＝洒＝ ［sa^{52}］｜袜＝骂＝ ［ma^{41}］。

③山摄入声合口三等今读 ［a］韵的字与蟹摄合口二等部分字相混，
如：罚 ［fa^{41}］＝画 ［fa^{41}］。

④山摄入声今读 ［a］韵的字与咸入读 ［a］韵的部分字相混，如：扎
＝眨＝ ［tsa^{44}］｜擦＝插＝ ［ts^{h}a^{52}］｜发＝法＝ ［fa^{52}］。

⑤ 今读 ［ua］韵的山入字与假合二、蟹合二的部分字相混，如：刮＝
寡＝ ［kua^{52}］｜滑＝话＝ ［ua^{41}］。

⑥山摄入声今读 ［i］韵的字与止摄、咸入、梗入部分字相混，如：热
＝耳＝ ［ȵi^{44}］｜歇＝起＝ ［hi^{52}］｜舌＝石＝ ［ɕi^{41}］｜节＝接＝ ［ɕi^{52}］
｜铁＝贴＝ ［t^{h}i^{52}］。

从调类看，山入字派入的声调也比较复杂，有阳平 ［342］，上声
［52］，阴去 ［44］，阳去 ［41］。说明永福百姓话入声不仅喉塞韵尾脱落，
而且派入的调类也非常分散，呈现出复杂的情况。

（3）咸摄入声韵尾基本上全部脱落。开一今读开口呼 ［a］，见系读
［ua］，开二今读开口呼 ［a］，开三、开四今读齐齿呼 ［i］；合三今读开口呼
［a］。

①今读 ［a］韵的咸入字除了与山入混淆外，还与假开二、梗开二的部
分字相混，如：夹＝假＝ ［ka^{52}］｜狭＝夏＝ ［xa^{41}］｜鸭＝哑 ［a^{52}］｜搭
＝打＝ ［ɖa^{52}］。

②今读 ［i］的咸入开三字与止摄开三的部分字相混，如：叶＝意＝
［i^{44}］｜接＝纸＝ ［tɕi^{52}］。

（4）深摄入声韵尾大部分脱落，仅保留一小部分喉塞尾，今主要读
［ia］、［iaʔ］。读 ［ia］的深入字与臻入、宕入部分字相混，如：十＝实＝
［ɕia^{33}］｜入＝日＝ ［ȵia^{41}］｜急＝脚＝ ［kia^{54}］。

（5）臻摄入声韵尾有一半脱落，今主要读 ［a］、［aʔ］、［ia］、［iaʔ］；合
口今主要读 ［ua］。读 ［a］的臻入字与江摄、曾摄入声字部分相混，读
［ua］韵的字与通摄部分字相混，如：笔＝剥＝北＝ ［ɓa^{52}］｜骨＝谷＝
［kua^{54}］。

（6）宕摄入声韵塞尾基本上全部脱落，开一今读开口呼［o］，开三今读齐齿呼［ia］和撮口呼［yu］。今读［o］韵的宕入字与遇摄字部分相混。

（7）江摄入声韵塞尾基本上全部脱落，今主要读开口呼［a］。通摄入声韵尾有一半脱落，今主要读［ua］、［uaʔ］。

（8）曾摄入声韵保留塞尾较多，今主要读［a］和［ia］。与深摄［a］韵字有个别相混。

（9）梗摄入声韵尾有一半脱落，开二今读［ie］韵，开三、开四今读齐齿呼［iaʔ］、［ia］、［ie］韵。

2.3　永福百姓话同音字汇

本字汇按永福百姓话韵母、声母、声调的顺序排列。写不出本字的音节用方框"□"表示，并加注释。释义、举例在字后用小字表示，在例子里用"～"代替本字。又读、文白异读等一字多音的现象在字的右下角用数码表示，一般用"1"表示最常用或最口语化的读音，"2"次之，依次类推。

［ɿ］

ts　［33］绝

s　［52］雪

［i］

p　［33］别

ɓ　［52］鳖

pʰ　［52］撇

m　［33］篾

f　［♯453］灰　［41］会

tʰ　［♯453］梯　［52］铁贴

n̠　［342］儿　［44］耳

　　［33］热

k　［342］棋旗　［52］几己

　　［44］记寄　［52］揭

　　［33］结

x　［♯453］溪　［52］喜起歇

　　［44］戏气汽

tɕ　［♯453］芝枝脂

　　［44］紫纸指趾节接

　　［44］置翅

tɕʰ　［52］齿切　［342］辞

ɕ　［♯453］诗　［342］匙

　　［52］屎　［44］是试

　　［33］舌石

s　［♯453］西

ø　［♯453］衣依　［342］移

　　［44］蚁意　［33］叶

　　［44］椅

［u］

p　［44］不₂抱

　　[342] 婆　　[41] 部步

ɓ [52] 宝　　[52] 拨

　　[44] 补布报

pʰ [♯453] 扑铺　　[52] 谱泼剖

　　[44] 堡破　　[41] 菩

m [342] 毛磨　　[41] 帽

f [342] 扶胡

　　[52] 斧火虎苦阔

　　[44] 伙富货裤　　[41] 祸

t [342] 图桃　　[41] 道

ɗ [♯453] 多刀　　[52] 朵肚

　　[44] 倒到赌杜

tʰ [♯453] 拖　　[52] 土

　　[44] 吐兔套　　[52] 脱

n [342 挪　　[44] 脑

　　[41] 糯

l [44] 老□疮　　[41] 露路

k [♯453] 锅高膏糕

　　[52] 古鼓　　[44] 过

kʰ [♯453] 枯　　[52] 可

x [52] 渴　　[41] 号

ts [♯453] 租糟　　[41] 捉

　　[342] 槽　　[52] 早祖

　　[44] 坐灶

tsʰ [♯453] 搓粗初　　[52] 草

s [♯453] 梳　　[52] 嫂数动

　　[44] 锁素数名

ŋ [342] 熬　　[44] 我

ø [♯453] 窝　　[342] 禾

　　　　　　　[y]

ɓ [44] 倍背辈

pʰ [44] 配

t [342] 锤

ɗ [♯453] 堆　　[44] 对队兑

tʰ [♯453] 推　　[52] 腿

　　[44] 退

ȵ [342] 月鱼

l [342] 雷累

k [52] 举　　[44] 锯句

kʰ [52] 缺

x [52] 许血　　[44] 去

ts [♯453] 追珠锥椎

　　[52] 嘴主煮　　[44] 挂罪柱醉

　　[41] 谢卒

tsʰ [♯453] 催吹　　[44] 处

　　[41] 橱储

s [♯453] 书输　　[52] 鼠水

　　[41] 树　　[44] 碎

ø [♯453] 淤　　[44] 雨

　　[41] 遇芋冤

　　　　　　　[ŋ̩]

ø [44] 五伍

　　　　　　　[a]

p [342] 爬耙　　[41] 罢

ɓ [♯453] 疤　　[52] 把八

　　[54] 笔剥北

pʰ [44] 怕

m [342] 抹麻　　[44] 马

[41] 骂袜　[33] 墨木

f [♯453] 花　[44] 化

　[41] 画罚　[52] 发法

t [33] 直　[44] □时

ɖ [52] 打搭　[54] 得

tʰ [52] 塌踏

n [52] 哪　[41] 那

l [♯453] 拉　[33] 力立

k [♯453] 加家　[52] 假夹甲

　[44] 跨架嫁　[33] 隔

　[54] 角

kʰ [52] 掐　[54] 咳

x [♯453] 虾　[52] 瞎

　[44] 下　[41] 夏狭

　[33] 学

ts [342] 查茶　[52] 扎眨

　[33] 贼　[54] 织撮

tsʰ [♯453] 叉差　[52] 擦插

　[44] 岔

s [♯453] 沙　[52] 洒杀

　[41] 杉

ŋ [41] 牙

ø [♯453] 鸦　[52] 哑鸭

[ia]

t [33] 失着

n̠ [41] 日入

k [41] 茄　[54] 脚急

ts [33] 摘　[33] 席

tsʰ [54] 尺

s [33] 实十拾　[44] 野

　[41] 夜　[33] 药

[ua]

t [33] 读毒独

l [33] 六陆绿

k [♯453] 瓜　[52] 寡刮

　[44] 挂□抓　[54] 骨谷

x [54] 哭　[33] 合盒

s [33] 刷　[33] 赎熟

ŋ [44] 瓦

ø [41] 话滑划　[52] 挖

[ya]

n̠ [33] 肉

[e]

p [342] 皮匹　[44] 被

　[41] 蓖脾

ɓ [♯453] 杯碑　[52] 比

pʰ [♯453] 坏披　[44] 屁

m [44] 尾

f [♯453] 飞　[342] 肥

　[44] 肺

t [342] 提蹄台苔迟

　[44] 弟　[41] 堤袋第地

ɖ [♯453] 低知　[52] 底抵

　[44] 帝带戴

tʰ [♯453] 胎

　[44] 剃替剃

n [342] 泥　[44] 你

　[41] 腻

l [342] 来　[52] 蔫
[44] 理礼李鲤
[41] 梨离荔利痢

k [♯453] 鸡该　[52] 改
[44] 盖

x [♯453] 欺开　[52] 海
[41] 害

ts [41] 字自

tsʰ [44] 次刺

s [♯453] 丝师　[52] 洗
[44] 世　[41] 事

tɕ [342] 齐脐　[52] 挤

tɕʰ [44] 砌

ŋ [44] 爱

[ie]

p [52] 白

ɓ [44] 闭　[52] 百

pʰ [♯453] 批

m [44] 米　[41] 溺/□

ɗ [33] 滴

tʰ [44] 体

l [342] 犁

x [52] 客

tsʰ [44] 脆

s [52] 死　[44] 四

[ue]

t [41] 住

ɗ [♯453] 猪

n [44] 女

k [♯453] 龟归　[52] 鬼
[44] 贵　[41] 跪柜

kʰ [♯453] 亏

ts [44] 坠

tsʰ [♯453] 蛆

ø [♯453] 威　[342] 围
[44] 喂　[41] 回位

[æ]

p [342] 排牌　[41] 败

ɓ [52] 摆　[44] 拜

pʰ [52] 瓣　[44] 派

m [342] 埋　[44] 买
[41] 卖

f [44] 块快　[41] 坏

t [41] 大

n [44] 奶耐

l [41] 赖癞

k [♯453] 街　[52] 解
[44] 戒

x [♯453] 揩　[342] 鞋

ts [♯453] 斋　[342] 财裁柴
[44] 在再债寨

tsʰ [♯453] 猜　[44] 菜

s [♯453] 腮筛　[44] 晒岁

ŋ [52] 矮

[o]

t [52] 戳

l [33] 辣　[41] 萝箩螺

k [♯453] 歌　[52] 割

[33]鸽　[44]个

x [41]荷

ʦ [52]左　[44]做

　　[33]作　[41]凿

ʦʰ [52]错　[44]锉

s [41]索　[52]□吮

ŋ [342]鹅　[41]饿

[iou]

p [342]赔瓢

ɓ [♯453]膘彪　[52]表

pʰ [♯453]飘　[44]漂票

m [342]梅苗　[52]秒

　　[41]庙

t [342]条

ɗ [♯453]雕朝　[52]鸟

　　[44]钓调

tʰ [♯453]挑　[44]跳

n [41]尿

n̠ [52]惹

l [44]了　[41]料

k [342]桥　[52]缴

　　[44]叫

kʰ [52]巧　[44]翘

ʦ [♯453]椒蕉召焦

　　[342]斜　[44]借蕉照

ʦʰ [♯453]锹超车　[52]扯拆

s [♯453]赊烧　[342]蛇

　　[52]小舍写少

　　[44]笑社　[41]射

ŋ [♯453]腰邀　[44]舀

[ɔ]

ɓ [♯453]包胞　[52]饱

　　[44]爆

pʰ [♯453]抛　[52]跑

　　[44]泡炮

n [41]闹

l [342]捞

k [♯453]交胶　[52]搅

　　[44]教

kʰ [♯453]敲　[52]烤

　　[44]靠

x [44]孝

ʦ [44]罩

ʦʰ [♯453]抄

s [41]讨

ŋ [44]咬

[ə]

p [33]薄

m [41]脉麦没外

[ɔu]

m [342]谋　[52]亩

f [342]浮

t [342]头投　[41]豆痘

ɗ [♯453]兜

tʰ [♯453]偷　[44]透

l [342]楼　[41]漏

k [♯453]勾钩　[52]狗

　　[44]够

kʰ [♯453] 抠

x [52] 口　[44] 厚
　[41] 后

ts [♯453] 州洲　[342] 绸
　[52] 走

tsʰ [♯453] 抽　[44] 凑臭

s [♯453] 收　[52] 手首
　[44] 瘦

ŋ [52] 藕

[iɔu]

m [41] 猫

ȵ [342] 牛

l [342] 刘　[44] 柳

k [♯453] 鸠　[342] 球求
　[52] 九久　[44] 韭舅救
　[41] 旧

kʰ [♯453] 蚯

ts [52] 酒

tsʰ [♯453] 秋

s [41] 就

ø [♯453] 忧　[342]
　油 [44] 有　[41] 佑

[yu]

ȵ [41] 虐

ø [41] 约

[ĩ]

p [41] 便

ɓ [♯453] 鞭　[44] 变

pʰ [♯453] 偏　[52] 品

　[44] 辫骗片

m [41] 棉面

t [342] 田甜　[41] 电

ɗ [52] 点　[44] 鼎

tʰ [♯453] 天添　[52] 舔

n [342] 年　[44] 撵
　[41] 念

ȵ [342] 燃　[44] 染

l [342] 连莲镰　[52] 辆

k [44] 件见剑
　[41] □嵌钳

kʰ [41] 芹琴

x [♯453] 牵　[41] 显县

ts [♯453] 煎尖沾　[342] 钱前
　[44] 剪箭　[41] 贱

tsʰ [♯453] 千迁签铅
　[52] 浅

s [♯453] 鲜先　[52] 癣
　[44] 善扇线

ø [♯453] 烟腌　[342] 檐盐嫌
　[44] 燕

[ỹ]

ȵ [33] 肉　[44] 软
　[41] 愿

k [342] 拳

kʰ [41] 裙群

x [♯453] 熏圈　[44] 劝

s [342] 全传

ts [♯453] 砖

tsʰ ［♯453］川穿　［44］串

s ［342］船

ø ［342］园　［44］远

［ã］

k ［♯453］更

x ［♯453］坑

tsʰ ［44］撑

s ［♯453］生甥

［iã］

ȵ ［41］硬

l ［44］冷

k ［52］梗

x ［342］行

［yã］

ø ［342］横

［iẽ］

p ［342］平瓶　［41］病

ɓ ［♯453］兵　［52］饼

m ［342］名明　［41］命

t ［41］定

ɗ ［♯453］钉　［52］顶

tʰ ［44］听

ȵ ［342］赢营人银

　［44］忍　［41］认

l ［342］零　［44］领

k ［♯453］巾斤筋经金茎

　［52］茧颈碱紧

　［44］近禁劲镜　［342］勤

x ［♯453］兴轻　［41］闲

［44］欠

ts ［♯453］精真针征

　［342］晴　［52］井诊

　［44］正枕　［41］静战净

tsʰ ［♯453］清青　［52］请

s ［♯453］腥升声深星

　［342］神　［52］醒婶

　［44］性

ø ［♯453］阴音　［44］应影印

［yẽ］

k ［♯453］军

kʰ ［342］权

ts ［52］准

tsʰ ［♯453］春椿

ø ［342］云　［41］匀

［æ̃］

p ［41］扮办

ɓ ［52］板

m ［342］蛮　［44］晚

　［41］慢

f ［44］犯贩　［41］饭

　［342］谈痰潭

t ［52］掸　［44］淡

　［41］蛋

ɗ ［♯453］单担　［52］胆

tʰ ［♯453］摊　［52］坦毯

　［44］炭

n ［342］难南

l ［342］篮蓝　［44］懒

[41] 烂

k [♯453] 间　[52] 敢

　　[44] 鉴

kʰ [52] 坎

x [342] 寒咸　　[52] 喊

ts [342] 蚕馋蝉

　　[52] 攒展盏　[44] 蘸

tsʰ [♯453] 餐　[52] 产

　　[41] 喘

s [♯453] 三山　[52] 散闪

　　[44] 伞

ŋ [342] 岩　[44] 庵眼

　　　　　[uæ̃]

k [♯453] 乖肝竿关

　　[52] 拐　[44] 怪惯

x [44] 看旱　[41] 汗岸

s [♯453] 栓

ŋ [44] 案

ø [♯453] 安湾　[342] 还

　　[41] 万

　　　　　[õ]

p [342] 棚　[41] 朋

m [♯453] 蒙　[44] 网

　　[41] 梦望

f [♯453] 方风封慌蜂

　　[342] 房　[44] 放

　　[41] 兄

t [342] 同铜筒　[44] 幢动

ɗ [♯453] 东冬　[52] 懂

[44] 冻

tʰ [♯453] 通　[52] 桶

　　[44] 痛

n [41] 铛　[342] 脓

l [342] 聋　[41] 弄

k [♯453] 公

kʰ [52] 恐

x [♯453] 空　[342] 红

　　[52] 孔　[♯453] 烘

ts [♯453] 中终盅　[342] 丛重

　　[52] 肿种　[44] 种粽

tsʰ [♯453] 葱充冲　[44] 铳撞

　　[41] 聪　[41] 窗

s [♯453] 松　[44] 宋送

　　　　　[iõ]

t [342] 虫　[44] 重

n [342] 浓

l [342] 龙

k [♯453] 供　[342] 穷

ø [41] 用

　　　　　[uõ]

ø [342] 王黄蟥旺　[52] 枉

　　　　　[ɔ̃]

ɓ [♯453] 帮

t [342] 唐堂塘糖

ɗ [♯453] 当

tʰ [♯453] 汤

n [342] 囊

l [342] 浪

x 〔♯453〕糠

ts 〔♯453〕桩装　〔342〕床

　　〔41〕葬

tsʰ 〔52〕闯

s 〔♯453〕霜双

〔ə̃〕

p 〔342〕盆　〔41〕拌

ɓ 〔♯453〕崩　〔52〕本

　　〔44〕柄

pʰ 〔44〕喷胖

m 〔342〕门　〔41〕问蚊

f 〔♯453〕分莘　〔52〕粉

　　〔44〕粪　〔41〕份

t 〔342〕沉　〔342〕藤

ɗ 〔52〕等　〔44〕凳

　　〔♯453〕墩灯

tʰ 〔♯453〕吞

n 〔342〕能　〔41〕嫩

l 〔342〕鳞林淋　〔41〕论轮

k 〔♯453〕跟缸江根　〔52〕讲

kʰ 〔52〕啃肯

x 〔41〕恨

ts 〔♯453〕蒸蹲　〔342〕层

　　〔44〕震浸〔52〕尽疹

tsʰ 〔♯453〕称村亲秤

　　〔44〕寸衬

s 〔♯453〕孙僧心新

　　〔342〕绳　〔52〕笋

　　〔44〕信　〔41〕晨

〔uə̃〕

k 〔52〕滚

x 〔342〕含

ø 〔♯453〕温瘟　〔342〕文魂

　　〔52〕稳　〔44〕□和

〔ɤ̃〕

p 〔342〕盘

ɓ 〔♯453〕搬　〔44〕半

pʰ 〔♯453〕潘　〔44〕判

m 〔44〕满　〔41〕瞒

f 〔41〕欢

t 〔342〕团　〔44〕断

ɗ 〔52〕短　〔44〕转

n 〔44〕暖

l 〔342〕连缝　〔41〕乱

k 〔41〕柑

ts 〔41〕挣　〔44〕钻

s 〔♯453〕酸　〔52〕选

　　〔44〕蒜算

〔iɤ̃〕

t 〔342〕长　〔44〕丈

ɗ 〔♯453〕张　〔44〕胀

ȵ 〔♯453〕娘　〔342〕瓤

　　〔44〕仰　〔41〕让

l 〔342〕梁粱　〔44〕两

　　〔41〕粮

k 〔♯453〕姜　〔342〕强

x 〔♯453〕乡香　〔44〕向

　　〔52〕响

ʦ　［♯453］张将浆

　　　［342］墙常场

　　　［52］蒋掌　　［44］涨酱帐账

　　　［41］樟像壮匠

ʦʰ　［♯453］枪　　［52］抢厂

　　　［44］唱

s　［♯453］箱镶伤　［342］裳

　　　［52］想　　［44］上

　　　［41］上唇

ø　［♯453］秧鹰　　［342］羊阳

　　　［44］痒　　［41］样剩

　　　　　　　　［uɣ̃］

k　［♯453］光　　［44］广

　　　［♯453］官冠　　［52］管碗

　　　［41］换

　　　　　　　　　［aʔ］

pʰ　［54］拍

m　［54］密

f　［54］福

l　［54］粒

kʰ　［54］刻

x　［54］黑壳

ʦ　［54］鲫

ʦʰ　［54］七

s　［54］塞

ø　［54］一壹

　　　　　　　［iaʔ］

ɓ　［54］逼

tʰ　［54］踢

x　［54］吃

ʦ　［54］只侧

ʦʰ　［54］戚出

s　［54］虱湿

　　　　　　　［uaʔ］

ɗ　［54］竹

ʦ　［54］足粥

s　［54］削叔

ø　［54］屋

三、恭城直话语音系统

3.1　恭城直话的声韵调

3.1.1　声母

　　声母共 27 个，包括零声母。

表 3-1　恭城直话声母

方式		唇	齿/龈	腭前	软腭	零
清不送气	爆发音	p	t		k	ø
清送气	爆发音	pʰ	tʰ		kʰ	
浊不送气	爆发音	b	d		g	
清不送气	塞擦音		ts	tʃ		
清送气	塞擦音		tsʰ	tʃʰ		
浊不送气	塞擦音		dz	dʒ		
清	擦音	f	s	ʃ	x	
浊	擦音		z	ʒ	ɣ	
浊	鼻音	m	n		ŋ	
浊	近音		l			

说明：①〔k、kʰ、g、x、ɣ〕在齐齿呼、撮口呼前面均带有腭化色彩，音值接近后硬腭音〔c、cʰ、ɟ、ç、j〕。但与〔k、kʰ、g、x、ɣ〕不发生对立关系，所以统一记作〔k、kʰ、g、x、ɣ〕。

②〔f〕只出现在合口呼前，带有双唇摩擦色彩，实际音值接近双唇擦音〔ɸ〕。

下面按声母顺序分别举例如下：

〔p〕簿布步分放　　〔b〕排盘爬肥房　　〔pʰ〕铺剖襻蜂捧

〔m〕麻门买尾问　　〔f〕夫呼合血挥　　〔t〕待袋带猪竹

〔d〕同徒台虫迟　　〔tʰ〕天推坦太铁　　〔n〕南人蚁影赢

〔l〕来连礼路聋　　〔ts〕租爪砖接渣　　〔dz〕瓷曹巢随重

〔tsʰ〕迁粗吵串七　　〔s〕三沙水字旋　　〔z〕全茶床船钱

〔tʃ〕焦争召铡井　　〔dʒ〕锄潮朝剿仇　　〔tʃʰ〕抽清初臭擦

〔ʃ〕写书山就宅　　〔ʒ〕才松柴蛇墙　　〔k〕家姑舅旧结

〔g〕奇拳桥骑芹　　〔kʰ〕圈欺劝巧缺　　〔ŋ〕牛牙五鱼饿

〔x〕方火咸苦雨　　〔ɣ〕鞋猴敷含凡　　〔ø〕文一学瓦友

3.1.2　韵母

韵母 30 个，包括自成音节的鼻音〔n̩〕。

表 3-2　恭城直话韵母

阴声韵（22）				阳声韵（8）			
—ø—	—j—	—w—	—ч—	—ø—	—j—	—w—	—ч—
ɿ	i	u	y				
a	ia	ua	ya	aɲ	iaɲ	uaɲ	
e	ie	ue	ye	eɲ	ieɲ		
ɔ			ɔi				
o	io	ou		oɲ	ioɲ		
ɤ							
ei		uei					
ou	iou						ŋ̍

说明：① [e、ie、ue、ye] 中的 [e] 的实际音值是半低元音 [ɛ]。

② [eɲ] 中的 [e] 实际音值是央元音 [ə]。

③ [ei] [uei] [ieɲ] 中的 [e] 实际音值是半高元音 [e]。

④舌面中鼻音 [—ɲ] 韵尾的字，主要元音有不同程度的鼻化。

下面按韵母顺序分别举例如下：

[ɿ]资次世舌实　　　[i]心人门直薄　　　[u]多错吵落割　　　[y]过渠林村脚

[a]躲礼离入七　　　[ia]破排筛插八　　　[ua]第含方兄同　　　[ya]堆嘴会发啄

[o]爬麻妇抹白　　　[io]茄车贫冰明　　　[uo]大家南单客

[ɔ]朵骚头走毒　　　[ɔi]流收球竹肉

[ɤ]步低荔接木

[e]猪跳尖全绿　　　[ie]初骑表生急　　　[ue]圈劝完滚槐　　　[ye]官翻横犯雀

[ei]皮笔米鳖笔　　　[uei]外鬼越月桔

[ou]扶刀帽浮磕　　　[iou]包咬榴约学

[aɲ]甘断笨光窗　　　[iaɲ]张墙讲中鞭　　　[uaɲ]筐狂王凰矿

[eɲ]染忍啃羹梗　　　[ieɲ]碱蟾琴芹敬

[oɲ]鹤胖彭懂拢　　　[ioɲ]龙恭穷鬃绒　　　[ŋ̍]吾唔

3.1.3　声调

声调 7 个。轻声在外。

表 3-3　恭城直话声调

调类	阴平	阳平	阴上	阳上	阴去	阳去	阴入
调值	33	21	35	55	24	41	53
调型	平	降	升	平	升	降	降

说明：①轻声除外。②阳入归阳去。

声调举例：

阴平［33］　多家租梯碑刀沟柑心千津张窗灯星东

阳平［21］　罗爬壶抬皮毛头南年林泉神人朋平同

阴上［35］　火写补改纸草手胆枕伞本广讲等领懂

阳上［55］　坐雨在罪被李理耳厚舅友暖近冷重动

阴去［24］　货嫁兔带四笑救探沁遍棍放凳降正冻

阳去［41］　大卖利冒念面样病，叶辣落学贼白读

阴入［53］　答鸭夹涩割节笔出索剥北百尺哭百黑

3.2　恭城直话声韵调特点

3.2.1　声母特点

（1）古全浊声母今逢阳平有轻微浊流，塞音和塞擦音一部分读不送气，一部分读为送气。今逢阳上、阳去读清音，声母清化，塞音和塞擦音今读不送气清音。

（2）古非、敷、奉母今多读双唇音。例如：分［pi³³］｜反［p³⁵］｜蜂［pʰu³³］｜捧［pʰua³⁵］｜肥［ba²¹］｜房［baɲ²¹］。少部分字读［x、ɣ］，例如：方［xua³³］｜凡［ɣie²¹］。还有少部分字在合口呼前读［ɸ］，例如：夫＝呼＝［ɸu³³］｜飞＝挥＝［ɸuei³³］｜方＝慌＝［ɸuaɲ³³］。

一部分非组字的声母与晓母、匣母、溪母、云母合流为［x］，例如：

非组：方［xua³³］｜翻［xye³³］｜发［xya⁵³］｜粉［xy³⁵］｜痱［xou²⁴］｜烦［ɣye²¹］｜法［xiou⁵³］

晓母：喊［xie³⁵］｜兄［xua³³］｜瞎［xia⁵³］｜豁［xya⁵³］｜火［xy³⁵］｜耗［xou²⁴］｜戽［xɣ⁴¹］｜虾［xuo³³］

匣母：话［xua⁴¹］｜害［xia⁴¹］｜会［xya⁴¹］｜夏［xuo⁵⁵］｜厚［xɔ⁵⁵］｜壶［xɤ²¹］｜号［xou⁴¹］

溪母：起［xie³⁵］｜空［xua³³］｜掐［xia⁵³］｜枯［xɤ³³］｜客［xuo⁵³］｜口［xɔ³⁵］｜苦［xɤ³⁵］｜壳［xiou⁵³］

云母：雨［xɤ⁵⁵］｜芋［xɤ⁴¹］

古非组还有一部分字的声母在合口呼前读［f］，可能是借用官话的结果。［f］带有很明显的双唇摩擦色彩，实际音值接近双唇擦音［ɸ］。非组读［f］的字与晓、匣母读［f］的字相混。例如：

夫＝呼＝［fu³³］　符＝荷＝［fu²¹］　傅＝户＝［fu²⁴］　服＝合＝［fu⁴¹］

飞＝挥＝［fuei³³］废＝惠＝［fuei²⁴］方＝慌＝［fuãŋ³³］访＝谎＝［fuãŋ³⁵］

（3）古微母字今读［m］和零声母，例如：［m］的如尾［ma⁵⁵］｜蚊［mua²¹］｜望［maŋ⁴¹］｜网［maŋ⁵⁵］｜问［mi⁴¹］｜文［y²¹］｜万［ye⁴¹］｜袜［ya⁵³］｜雾［u²⁴］｜味［uei⁴¹］。

（4）古知母、澄母字大部分与端、透、定母合流，读［t、d］。例如：猪［te³³］｜柱［te⁵⁵］｜癫［te³³］｜迟［da²¹］。

古精母、从母、邪母个别字也读如中古端母，例如：精母，挤［ta⁴¹］；从母，自［tɤ⁴¹］；邪母，寻［tɤ⁴¹］。

古知母还有一部分字的声母与精母、庄母、章母一样今洪音念［ts］，例如：追［tsei³³］｜展［tse³⁵］｜转［tse³⁵］｜摘［tsuo⁵³］｜置［tsʅ²⁴］；今细音念［ʨ］，例如：罩［ʨie²⁴］｜珍［ʨi³³］｜智［ʨi²⁴］。

（5）中古泥母、来母字互不相混。例如：

泥［nɤ²¹］　耐［nia⁴¹］　你［na⁵⁵］　念［ne⁴¹］　南［nuo²¹］　　年［ne²¹］

农［nua²¹］　犁［lɤ²¹］　赖［lia⁴¹］　李［la⁵⁵］　练［le⁴¹］　　蓝［luo²¹］

莲［le²¹］　笼［lua²¹］

（6）中古精组、庄组、章组在大合土话中合流，洪音前读［ts、tsʰ、s、z］，细音前读［ʨ、ʨʰ、ʃ、ʒ］。古精组字与见组字在今细音前分尖团有区别。如：

精［ʨʃio³³］≠京［kio³³］　　井［ʨʃio³⁵］≠颈［kio³⁵］　清［ʧio³³］≠轻［kʰio³³］

墙[ʒiãŋ²¹]≠强[kʰiãŋ²¹] 焦[tʃie³³]≠娇[kie³³] 酒[tʃiɔ³⁵]≠九[kiɔ³⁵] 津[tʃi³³]≠斤[ki³³] 将桨[tɔiãŋ³³]≠姜江[kiãŋ³³]

（7）古彻母与清母、初母、昌母合流，洪音念 [tsʰ]，细音念 [tʃʰ]。

（8）古溪母字声母在恭城直话中变为擦音和塞音，分化为 [x、kʰ]。一三等和入声二四等主要读 [x]，如：库苦库哭空糠口肯开起｜去墟｜客壳揩，与晓、匣母合流。二四等主要读 [kʰ]，如：快、块、跨、夸、敲、巧、缺。

（9）古日母字白读 [n]，如：二、耳、揉、染、入、燃、热、软、人、忍、日、肉。来自官话的文读为零声母，如：如、儒、乳、润、闰、让。

（10）古疑母开口一等果摄、遇摄、流摄在大合土话读 [ŋ]，个别读零声母，二等除假摄"芽、牙"，梗摄"额"读 [ŋ] 以外，其余读 [n]，三四等除流摄"牛"读 [ŋ] 以外，其余读 [n]，如：宜、蚁、验、银、研。合口一三等一部分白读 [ŋ]，如：蜈、五、鱼，其余为文读，读为合口呼和撮口呼的零声母。

（11）古晓母匣母字在大合土话中读 [k]，在 [u] 前读 [f]。[x] 在细音前有个腭化色彩，实际音值为舌面中擦音 [ç]，[f] 在 [u] 前有明显的双唇摩擦色彩，实际音值是个双唇擦音 [ɸ]；匣母阳平字保留浊音，读 [ɣ]，分别与非、敷、奉溪母合流。部分合口一二等字读为零声母。如：禾 [ɣ²¹] ｜回 [ua²¹] ｜还环横 [ɣe²¹] ｜完丸 [ue²¹] ｜王 [uaŋ²¹] ｜吴 [u²¹] ｜滑 [ɣa⁴¹]。

（12）古影母、云母、以母字在大合土话中读零声母，个别读 [x]、[n]、[l]、[kʰ]，例如：云母，雨 [xɣ⁵⁵] ｜芋 [xɣ⁴¹]；影母，影 [nio³⁵] ｜蔫 [liou³³]；以母，赢 [nio²¹] ｜柚 [kʰiɔ²⁴]。

3.2.2　韵母特点

（1）阳声韵中除江摄外，其余各摄都不同程度地读开尾韵。这是恭城直话的一个重要特点。具体情况如下：

①咸摄山摄鼻音韵尾脱落。咸山两摄大部分韵母合流，如 [uo]、[e]、[ie]、[ye]：

咸开:耽[tuo³³]　谈[duo²¹]　南[nuo²¹]　毯[tʰuo³⁵]　探[tʰuo²⁴]　蓝[luo²¹]

山开:单[tuo³³]　弹[duo²¹]　难[nuo²¹]　坦[tʰuo³⁵]　炭[tʰuo²⁴]　兰[luo²¹]

咸开:添[tʰe³³]　甜[de²¹]　镰[le²¹]　尖[tse³³]　签[tsʰe³³]　闪[se³⁵]

山开:天[tʰe³³]　田[de²¹]　连[le²¹]　煎[tse³³]　千[tsʰe³³]　选[se³⁵]

咸摄:凡[ɣie²¹]　喊[xie³⁵]　犯[xye⁵⁵]

山摄:闲[ɣie²¹]　乾[xie³⁵]　贩[xye²⁴]

②深臻两摄鼻音韵尾脱落,两摄大部分韵母合流。如 [i]、[y]、[io]:

深摄:心[ʃi³³]　深[ʃi³³]　针[tʃi³³]　金[ki³³]　林[ly²¹]　临[lio²¹]

臻摄:新[ʃi³³]　身[ʃi³³]　津[tʃi³³]　根[ki³³]　轮[ly²¹]　邻[lio²¹]

③曾梗通三摄鼻音韵尾都有不同程度的脱落,三摄韵母之间,三摄韵母与深臻山咸四摄韵母之间互有交错合流现象,具体可以分为四种。

④梗摄开口三四等与曾深臻开口三等的帮系韵母 [io] 合流。例如:

曾摄:菱[lio²¹]　　冰[pio³³]　　澄[tio⁴¹]

梗摄:灵[lio²¹]　　兵[pio³³]　　平[bio²¹]　　整[tʃio³⁵]　　定[tio⁴¹]

臻摄:邻[lio²¹]　　槟[pio³³]　　贫[bio²¹]　　诊[tʃio³⁵]

深摄:临[lio²¹]

⑤曾臻深三摄开口三等、通摄合口三等与梗摄开口部分字 [i] 韵合流。例如:

臻摄:真[tʃi³³]　亲[tʃʰi³³]　身[ʃi³³]　津[tʃi³³]　斤[ki³³]　银[ni²¹]

深摄:针[tʃi³³]　沁[tʃʰi²⁴]　心[ʃi³³]　枕[tʃi³⁵]　金[ki³³]　音[i³³]

曾摄:蒸[tʃi³³]　秤[tʃʰi²⁴]　升[ʃi³³]　症[tʃi²⁴]　剩[ʒi²¹]　称[tʃʰi³³]

通摄:种[tʃi³⁵]　肿[tʃi³⁵]　种[tʃi³³]　重[ti⁵⁵]　松[ʒi²¹]　浓[ni²¹]

梗摄:征[tʃi³³]　更[ki³³]　经[ki³³]　鹦[i³³]　吃[i⁴¹]

梗山二摄开口二等 [ie] 韵合流。例如:

梗摄:行[ɣie³³]　生[ʃie³³]　撑[tʃʰie³³]　硬[nie⁴¹]　争[tʃie³³]

山摄:闲[ɣie²¹]　山[ʃie³³]　铲[tʃʰie³⁵]　眼[nie⁵⁵]　盏[ʃie³⁵]

通摄合口一三等、曾摄开口一等 [ua] 韵合流。梗摄宕摄个别字也读 [ua] 韵。例如:

通摄:风[xua³³]　东[tua³³]　同[dua²¹]　冻[tua²⁴]　枫[pua³³]　送[sua²⁴]

曾摄:肯[xua³⁵]　灯[tua³³]　藤[dua²¹]　凳[tua²⁴]　崩[pua³³]　层[ʒua²¹]

梗摄:兄[xua³³]

宕摄:方[xua³³]

（2）保留鼻音韵尾的阳声韵中，山摄、臻摄、宕摄、江摄、通摄的[-n]、[-ŋ]两个鼻音韵尾合并为舌面[-ȵ]韵尾，且主要元音也有不同程度的鼻化。古宕摄开口一等、三等，合口一等，与江摄开口二等、山摄合口一等见系都读为[ã]。

（3）古入声韵尾消失，变成开音节。有的与同摄同等的舒声韵脱落鼻音韵尾具有相同的韵母，有的与阴声韵合流。例如：插咸[tʰsia⁵³]｜答咸[tuo⁵³]｜八山[pia⁵³]｜滑山[ya²¹]｜急深[kie⁵³]｜骨臻[kua⁵³]｜落宕[lu⁴¹]｜北曾[pua⁴¹]｜脉梗[mua⁴¹]｜六通[liɔ⁴¹]｜角江[kiou⁴¹]。具体情况如下：

①梗摄开口三四等大部分入声字脱落塞音韵尾后与该摄同等舒声韵母脱落鼻音韵尾结果一样，具有相同的韵母，读如[io]韵，与假摄开口三等字[io]合流。例如：

梗入开:壁[pio⁵³]　石[ʃio⁴¹]　尺[tʃʰio⁵³]　历[lio⁴¹]　炙[tʃio⁵³]　锡[ʃio⁵³]

梗舒开:兵[pio³³]　星[ʃio³³]　挺[tʰio³⁵]　令[lio⁴¹]　惊[kio³³]　声[ʃio³³]

假舒开:借[tʃio²⁴]　写[ʃio³⁵]　车[tʃʰio³³]　蔗[tʃio⁴¹]　谢[ʃio⁴¹]　夜[io²⁴]

个别字读如止摄[i]韵，如：惜[ʃi⁵³]｜吃[i⁵³]。

②梗摄开口二等大部分入声字读如假摄开口二等字[uo]、[o]韵。例如：

梗入开:坼[tsʰuo⁵³]　客[xuo⁵³]　摘[tsuo⁵³]　隔[kuo⁵³]　格[kuo⁵³]　轭[uo⁵³]

假舒开:杈[tsʰuo³³]　虾[xuo³³]　榨[tsuo²⁴]　假[kuo³⁵]　家[kuo³³]　牙[ŋuo²¹]

梗入开:百[po⁵³]　伯[po⁵³]　拍[pʰo⁵³]　白[po⁴¹]　麦[mo⁴¹]

假舒开:爬[bo²¹]　耙[bo²¹]　麻[mo²¹]　马[mo⁵⁵]　码[mo⁵⁵]

个别字读如[io]韵和[ua]韵，如：宅[ʃio⁴¹]｜脉[mua⁴¹]。

③咸摄开口一等端系、二等影组狎韵的入声字，脱落塞音韵尾后与该

摄一等端系舒声韵母脱落鼻音韵尾结果一样，具有相同的韵母［uo］。例如：

咸入开:答[tuo⁵³]　搭[tuo⁵³]　腊[luo⁴¹]　鸭[uo⁵³]　押[uo⁵³]　压[uo⁵³]

咸舒开:耽[tuo³³]　担[tuo²⁴]　蓝[tuo²¹]　南[nuo²¹]　毯[tʰuo³⁵]　探[tʰuo²⁴]

④咸、山二摄开口二等大部分入声读如蟹摄开口一二等［ia］韵。例如：

咸入开:八[pia⁵³]　杀[ʃia⁵³]　瞎[xia⁵³]　插[tʃʰia⁵³]　夹[kia⁵³]　掐[xia⁵³]

蟹舒开:拜[pia²⁴]　在[ʃia⁵⁵]　台[dia²¹]　猜[tʃʰia³³]　改[kia³⁵]　海[xia³⁵]

⑤咸、深二摄开口三等，山摄开口四等的见系入声字，通摄合口三等精组、章组的部分入声字读如效摄开口三等、遇摄合口三等庄组章组［ie］韵。如：

咸入开:劫[kie⁵³]　叶[ie⁴¹]　　腌[ie⁵³]

山入开:结[kie⁵³]　噎[ie⁵³]

深入开:急[kie⁵³]

通入合:粟[ʃie⁵³]　赎[ʃie⁴¹]

效舒开:笑[ʃie²⁴]　招[tʃie³³]　赵[tʃie²⁴]　娇[kie³³]　潮[dʒie²¹]

遇舒合:书[ʃie³³]　鼠[ʃie⁵⁵]　初[tʃʰie³³]　煮[tʃie³⁵]　锄[dʒie²¹]

⑥山摄合口一二等见系字、三等唇音入声字读如蟹摄合口一二等。如：

山入合:豁[xya⁴¹]　滑[ya⁴¹]　挖[ya⁵³]　刮[kya⁵³]　发[xya⁵³]　罚[xya⁴¹]

蟹舒合:堆[tya³³]　退[tʰya²⁴]　雷[lya²¹]　内[nya⁴¹]　罪[ʃya⁵⁵]　快[kʰya²⁴]

⑦ 曾摄开口一等入声韵尾脱落后，跟同摄韵母脱落塞音韵尾后具有相同的韵母。如：

曾入开:北[pua⁵³]　墨[mua⁴¹]　肋[lua⁴¹]　贼[sua⁴¹]　塞[sua⁵³]　黑[xua⁵³]

曾舒开:崩[pua³³]　灯[tua³³]　眷[dua²¹]　等[tua³⁵]　凳[tua⁴¹]　层[zua²¹]

⑧ 江摄开口二等入声读如效摄开口二等帮组字。如：

江入开:剥[piou⁵³]　驳[piou⁵³]　雹[piou⁴¹]　角[kiou⁵³]　壳[xiou⁵³]　学[iou⁴¹]

效舒开:包[piou³³]　饱[piou³⁵]　豹[piou²⁴]　抛[pʰiou³³]　　炮

［pʰiou²⁴］　猫［miou²¹］

　　个别字读如蟹摄［ya］韵和果摄开口一等的［y］韵。如：啄［tʃya⁵³］｜捉［tsu⁵³］。

　　⑨ 通摄合口三等的大部分入声读如流摄开口三等［iɔ］韵。如：

　　通入合：六［liɔ⁴¹］　竹［tiɔ⁵³］　粥［tʃiɔ⁵³］　宿［ʃiɔ⁵³］　叔［ʃiɔ⁵³］　肉［niɔ⁴¹］

　　流舒开：流［liɔ²¹］　九［kiɔ³⁵］　周［tʃiɔ³³］　手［ʃiɔ³⁵］　朽［xiɔ³⁵］　友［iɔ⁵⁵］

　　个别字读如效摄开口四等的［e］韵和假摄开口二等［uo］韵。如：绿＝料＝［le⁴¹］｜蜡［luo⁴¹］。

　　（4）中古假摄开口二等在大合土话中读为合口呼［uo］。如：茶［zuo²¹］｜岔［tsʰuo²⁴］｜沙［suo³³］｜家［kuo³³］｜牙［ŋuo²¹］｜下［xuo⁵⁵］｜哑［uo³⁵］。

　　（5）中古蟹摄开口一等二等在大合土话中读为齐齿呼［ia］。如：

　　蟹开一：台［dia²¹］　　太［tʰia²⁴］　　来［lia²¹］　　耐［nia⁴¹］　　再［tʃia²⁴］　　腮［ʃia³³］　　该［kia³³］　　开［xia³³］　　害［xia⁴¹］

　　蟹开二：排［bia²¹］　　败［pia⁴¹］　　买［mia⁵⁵］　　奶［nia⁵⁵］　　斋［tʃia³³］　　筛［ʃia³³］　　鞋［ɣia²¹］　　街［kia³³］　　矮［ia³⁵］

　　（6）中古蟹摄合口一等（不含帮组）和合口二等部分字在大合土话中读为撮口呼［ya］。如：

　　蟹合一：堆［tya³³］　　退［tʰya²⁴］　　雷［lya⁴¹］　　内［nya⁴¹］　　罪［ʃya⁵⁵］　　会［xya²⁴］　　灰［xya³³］　　煨［ya³³］

　　蟹合二：块［kʰya24］　　怪［kya²⁴］　　拐［kya³⁵］　　快［xya²⁴］　　歪［ya³³］

3.2.3　声调特点

　　（1）恭城直话声调共有 7 个：古平上去依古声母清浊各分为两类，清声母今读阴调类，浊声母今读阳调类。古清声母入声字今读入声，古浊声母入声字今读阳去。表 3-4 为恭城直话与中古声调对应的情况。

表 3-4　恭城直话调类演变及例字

中古调类		阴平 33	阳平 21	阴上 35	阳上 55	阴去 24	阳去 41	阴入 53
古平声	清	包多该						
	次浊		人来名					
	全浊		皮盆桥					
古上声	清			火土水				
	次浊				马你友			
	全浊				后柱罪			
古去声	清					字住蔗		
	次浊						夜饿路	
	全浊						对拜做	
古入声	清							只接八
	次浊						蔑栗日	
	全浊						毒石射	

（2）大合土话声调，在一定程度上受到官话的影响，调值呈现出较复杂的情形。详细情况如下：

①古阴上字今读阴上，调值为［35］，阳上字今读阳上，调值为［55］。一部分阴上字和阳上字读如当地官话上声的调值［53］，可能是直接借用当地官话的结果。

②阳上字读音最复杂，除了读土话原有阳上调值［55］外，还读［35］、［24］、［41］、［53］四个调值。大合土话一部分次浊上声读如阴上调值［35］，这可能是受官话次浊上声并入阴上影响的结果；部分全浊上声读如阴去调值［24］和阳去调值［41］，这大概是受官话"全浊上声归去"的变化规律影响所致；［53］调值是直接借用当地官话上声调值的结果，当地官话上声调值为［53］。下面是上声读如［35］、［24］、［41］调值的例字：

次浊上［35］垒脑舀柳碾辇很往领懵拢暑

全浊上［24］蟹祸户社杜序绪拒缕倍技痔市鳔赵限强项汞

全浊上［41］竖亥跪拌裸也像

③古阴去字今读阴去，调值为［24］，阳去字今读阳去，调值为［41］。一部分次浊和全浊去声字读如阴去字调值［24］，可能是受官话"去声不分阴阳"变化规律的影响，也可能是直接借用当地官话去声的结果，当地官话

去声调值为［24］，与土话阴去调值一致。例如：

　　次浊去［24］慕募怒悟虑滤预誉遇裕谜妹荔易腻肆累伪类未貌贸柚岸孟

　　全浊去［24］贺薄（荷）镀互助械队兑坏惠慧避稚示视治穗校掉枢恨郑

　　还有一部分阳去字读为阳上调值［55］，例如：座坐在罪袖。

　　④古阴入字今读阴入，调值为［53］，古阳入字今归入阳去，调值为［41］。但是一些古阴入字"杂、猎、页、协、局"，阳入字"级、恶、逼、滴"今读阳平调值［21］，可能是直接借用当地官话的结果，因为官话入声合并到阳平，官话阳平的调值为［31］，恰好跟土话阳平的调型一致，都是降调。

3.3　恭城直话同音字汇

　　本字汇按恭城直话韵母、声母、声调的顺序排列。写不出本字的音节用方框"□"表示，并加注释。释义、举例在字后用小字表示，在例子里用"～"代替本字。又读、文白异读等一字多音的现象在字的右下角用数码表示，一般用"1"表示最常用或最口语化的读音，"2"次之，依次类推。

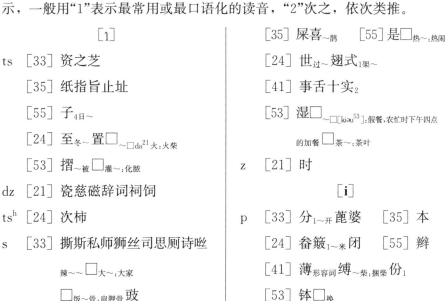

b　[21] 朋盆

pʰ　[24] 破~案剖

　　[53] 泼~水菜,~水

m　[21] 门迷　[41] 磨~盘问~路

　　[53] □□□ma33ma33~~;唠唠叨叨

t　[35] 点2差~

　　[55] 重子1裤~里屋~

　　[41] 直着3沿~□~□tʰa24:打喷嚏

d　[21] 虫

tʰ　[33] 锑~壶

n　[33] 人银浓~茶疑尼宜便~

　　[55] 你2~们那□量词,一~人:一个人

l　[41] 力

k　[33] 鸡斑~:斑鸠饥基机箕经1念~

　　　金斤筋髻根更三~:半夜

　　[35] 紧几~个　[55] 近襟连~

　　[24] 寄记继季计

g　[21] 旗棋□~□kio41:玩儿

kʰ　[24] 契器汽气□xa41~:现在

x　[33] 希　[35] 恐害怕晨

　　[24] 喂~猪戏

tʃ　[33] 针津珍真蒸征椒1辣~

　　[35] 肿枕~头种~子　[55] 最

　　[24] 种□N21~声;别出声智志

　　[41] 蛰惊~侄□打3~:打仗值

　　[53] 鲫织

tʃʰ　[33] 亲称~重　[24] 秤沁~水田

　　[53] 戚□揭:~锅盖

ʃ　[33] 心深芯辛新薪身申~冤

　　　胂升尸

　　[35] □~股:屁股

　　[24] 信势试式2~样□~油:酱油

　　[41] 息利~食伙~　[53] 惜识

ʒ　[21] 神匙剩唇□~木树:松树

ø　[33] 医衣依音观~阴荫

　　　檐廊~:底;屋檐鹦

　　[21] 姨缯　[24] 印肆~业意

　　[41] 任吃　[53] 一

　　　　　　[u]

b　[21] 蒲~扇

m　[33] 模~子

f　[33] 夫2姐~呼

　　[21] 何荷~包豆湖符

　　[35] 好有~意;怀孕

　　[55] 腐豆~　[24] 傅付富副

　　[41] 服~气盒合大~村

　　[53] 渴蠚□~mo21~:忘记

t　[33] 多都　[55] 舵沓一~钱

　　[24] 剁

d　[21] 驼~子砣

tʰ　[33] 拖　[53] 脱托着2睡~

n　[33] 捅~衣裳

　　[35] □~~:小孩语,猪

　　[55] □老~:母亲(背称)　　[41] 糯

l　[33] 乐平~:地名

　　[21] 螺脶手指文锣箩驴

庐□~麻;黄麻

[41] 落1~雨　捋~肠子:用手握住肠子向一端
滑动达到洗净的目的

k　[33] 哥歌姑2老客~:老姑娘

　　[53] 割各葛~麻

ŋ　[41] 饿

ts　[35] 爪左姓□两~;□nu55:母子俩

　　[24] 做　[41] 凿戳

　　[53] 捉灼□~水;用竹筒吸水

tsʰ　[35] 吵炒　[24] 锉~镰;镰刀 糙

　　[53] 撮~斗;撮箕

s　[33] 襄筲苏酥~落花生2;炸花生

　　[35] 锁　[55] 坐座

　　[24] 溯素诉塑

　　[53] 索朔缩~鼻涕

ø　[33] 屙　[21] 吴

　　[55] 握武　[24] 雾恶

[y]

t　[33] 墩砧~板 跺

　　[53] 着1~衣;穿衣

n　[35] □酒糟~;粉刺

　　[55] 软1　[41] 嫩

l　[21] 林淋鳞轮　[35] □搅拌

k　[33] 车2~马炮 居　[35] 举动词

　　[55] 菌1伞把~

　　[24] 过瞿棍拐~据　[53] 脚

g　[21] 裙渠圆1~鱼;全鱼

kʰ　[33] 区　[24] 货

x　[33] 虚嗅婚荤份2一~合同分2一~
钱□鸡~:鸡窝

　　[35] 粉火许~愿 伙~计暑

　　[53] 宽

ɣ　[21] 魂和~气

tɕ　[35] 准　[24] 注炷~香 蛀著

tɕʰ　[33] 村椿春皱手开~ 蛆

　　[35] 蠢□~~棍:拐杖　[24] 寸处

ɕ　[33] 孙舒输须需

　　[35] 笋榫□□Sie33:食物不柔软

　　[24] 漱~鼻:擤鼻涕

　　[41] 嚼□水~:竹筒做的舀水用具

　　[53] 削

ø　[33] 温晕瘟

　　[21] 匀云禾文斯~ 娱于余如儒
渔~鼓

　　[35] 稳

　　[24] □~起来:关起来 遇裕誉预

　　[41] 运润闰药

[a]

p　[33] □巴2乡~佬 芭~蕉 疤

　　[24] 沸~水:滚水 霸

　　[53] □~人:掐人

b　[21] 肥~肉

m　[33] □~□mi53:唠叨
糜~烂 □奶奶□~□fu53:脏

　　[35] □了~:了结

　　[55] 尾1白尾狗;狐狸

　　[53] 汩 打2~子;潜水

t　[33] 知　[55] □~鸡;野鸡

　　[24] 大爸爸

　　[41] 地裌背~子,毛背心。

　　　　躱子2盘~□~轭;牛轭

　　[53] □拥挤

d　[21] 迟□ti4~火;火柴

tʰ　[24] □ti41;打喷嚏

n　[55] 你1 哪

　　[41] 二入日1~子4□saN35~;干净

l　[21] 梨篱栗2板~

　　[35] □量词,一~柴;一捆柴 缕

　　[55] 李1姓,行~里理鲤礼得助词

　　[41] 厉利~息痢俐立笠

k　[33] □我~;我的

kʰ　[53] □~~□te35;乌鸦

x　[53] 现~□kʰi24;现在这~□pə53;这里

ts　[35] 姐紫子3父~

　　[53] 眨□~~密密;密密麻麻

tsʰ　[53] 七漆生~

s　[35] 死　[24] 四肆

　　[41] 字秄□齐浸~谷种

z　[21] □糍粑

[ia]

p　[33] ~子;瘌子　[35] 摆

　　[55] □大~瓜;大腿

　　[24] 拜　[41] 稗败

　　[53] 八□打2~;打破

b　[21] 排牌

pʰ　[35] □白~鬼;小银鱼　[24] 派

m　[21] 埋　[55] 买

　　[41] 卖

t　[55] 待~客　[24] 戴带

　　[41] 代袋贷

d　[21] 台苔抬

tʰ　[33] 胎□后缀□ma33~;烂

　　[24] 太　[53] □~~鞋;板鞋

n　[21] 揑研~墨

　　[55] 奶~牛

　　[24] 茶精神不振　[41] 耐

l　[21] 来　[55] □~子家;小孩

　　[41] 赖癞

　　[53] □剪~头发□一~;一共~等一~;等一下

k　[33] 该街　[35] 改解~开

　　[24] 介界芥戒盖尬械

　　[53] 夹1~袄挟袷

kʰ　[33] 揩~手帕

x　[33] 开　[35] 海~碗蟹

　　[55] 稀~饭　[41] 害狭

　　[53] 瞎掐

ɣ　[21] 鞋

tʃ　[33] 斋吃~　[24] 再□装;~东西

　　[41] □煮,~□kua41kua;煮鸡蛋(连皮)

　　　　□敲击~镲镲□扇;~耳光

　　[53] 闸铡溅扎驻~□~~;妈妈

tʃʰ　[33] 猜差出~掫~面粉

[35] 彩~头 镲一种打击乐器

[24] 菜蔡

[53] 擦插獭鱼~ □~头:低头

∫ [33] 腮鳃筛~茶:倒茶

　　　□拉,~胡琴 锯,~木头

[55] 在　[24] 晒

[41] 寨　[53] 杀~猪

ʒ [21] 才材财裁豺柴

ø [35] 矮　[24] 爱亚

[ua]

p [33] 枫崩倒塌□指某些食物纤维少

　　　而柔软:芋头很~

[35] □~口裤:开裆裤 □~塘:深水塘

[41] □竖:~碑 卜萝~ □丛

[53] 北

b [21] □溢:水~了

pʰ [35] 捧

m [33] 摸磨~~蹭蹭□词缀,表程度深:黑~

[21] 蚊

[35] □~棍子:一根棍子 □痛~,词缀,表程度深

[55] 母词缀,缸母:水缸

[24] □扔　[41] 梦墨脉

t [33] 灯东冬□量词,颗/粒,一~星星

[35] 等　[55] 凼水坑 动~来~去

[24] 凳冻　[41] 第邓峒~田

[53] □~面子:给面子

d [21] 同铜桐筒藤誊峒

tʰ [35] 桶筒~~鞋,水鞋

[24] 痛　[53] □~火:烧火

n [21] 农脓~包　[53] □~水:浑水

l [21] 笼聋

[55] 笼~箱 □后缀,识~:认识

[24] 弄一~屋

[41] 肋~骨 □~bei21:得到

[53] 劣~骨田;劣质田 □词缀,识~:认识

k [33] 工做~夫 公1爷爷

　　　蚣瓜根竹~:须;竹跟后~

[35] 寡□矮:好~睁

[55] □抓:~痒

　　　□一~花生:一捧花生

　　　瓜词缀,耳~:耳朵

　　　□~春猫发情时的喊叫

[24] 卦褂挂~纸:扫墓 □~水:凉水

[41] □~落:丢失 □~~蛋 □~bei21:摔倒

[53] 骨股屁~国□~□ts线疙瘩,竹节疙瘩

kʰ [33] □吞 夸跨

[53] 咳卡骨卡在喉

x [33] 风疯兄封方1北~ 空~屋 花

[35] 肯

[24] 空有~ 化缝1门~

[41] 划画话

[53] 黑井~水:井水

ɣ [21] 红含衔□鸡嗉

ts [35] 崽　[55] □~kiəu33:柿子

[24] 挣~开粽　[53] 侧~边

tsʰ [33] 葱

s [35] 使₁用　[24] 送宋

[41] 贼

[53] 塞色虱膝俗刷□扫:~地

z [21] 层

ø [33] □~□sa²¹:打糍粑　营大~村:地名

[21] 回₁~屋:回家

[55] 瓦□门角~:门角落

[24] 蕹□应答:~一声　黄口~村:地名

[41] 骂□眼睛~子₂:眼珠子

[53] □砍:~脑壳~甘蔗

[ya]

t [33] 堆　[24] 对~一耳环;死~头　兑队

tʰ [33] 推　[35] 腿

[24] 退蜕□用水漂洗:~衣裳

n [41] 内~衣

l [33] 勒笼头:牛嘴~

[21] 雷□词级,表程度深:黑~

[35] 垒名词:~沟

[55] 垒~祖:特指为祖先休整坟墓

[41] 拉~筋:抽筋

k [35] 拐~子₂:小偷□□lou²⁴~子₂:疥疮

[24] 怪

[53] 刮草~:刮草的耙子　□半~风:偏瘫　□词级,东边:~东边

kʰ [24] 会~计　快块

x [33] 灰　[41] 会开~罚

[53] 发钝豁~嘴:兔唇　缺~牙

tʃ [33] 抓~脉:把脉

s [35] □量词:一~葡萄,一~头发

[24] □黑头~:黑头翁

[53] 嘴啄

tʃʰ [33] □~柜:书桌

ʃ [55] 罪　[24] 碎

[53] □骗:~人

ø [33] 歪煨□酒:酒壶

[21] 回₂~信,~乡

[55] □张开,~tʃya⁵³:打哈欠

[41] 滑

[53] 挖袜□量词,一~柚子:一瓣柚子

[ɔ]

p [33] □蹲

t [33] 兜一~菜:一颗菜

[35] 朵量词斗漏~陡坡

[55] 斗笠~:斗笠

[41] 豆痘毒道~师公公:法师

d [21] 头□~□IF²¹:事情

tʰ [33] 偷　[35] 敨~凉

[24] 透

n [24] 皱起~

l [33] □□ba²¹:阳沟

[21] 楼劳~改

[35] □连词:我~你　□翻动:~谷

[41] 漏陋

k [33] 勾钩大~耙:四齿耙

[35] 狗　[24] 够

g [21] □抠:~泥鳅

kʰ [33] 抠铐₁手~

[24] 扣铐₂~起来

x [35] □量词:一~锄头 [55] 后厚

ɣ [33] 喉猴毫银~

n [21] 牛 [55] 藕

ts [35] 走

tsʰ [33] 抽₁~尿 [24] 凑燥

s [33] 馊骚 [24] 嗽瘦

ø [33] 瓯欧 [35] 呕

[24] 沤久浸水中 抠

[iɔ]

t [41] 挑~担 [53] 竹

d [21] 绸

tʰ [33] 鳅塘角鱼

n [21] □垂:~下来

[55] □~□ lua⁵³:没有

[41] 肉₂泛指人身上的肉

l [33] 溜直~ [21] 流刘留硫

[35] 柳楝苦~树

[24] □~□kuo³⁵:丢面子

[41] 六陆姓

k [35] 九久韭 [55] 舅

[24] 救叫₂~化佬

[41] 旧搅~糠潲

g [21] 求球□词缀,指程度深:壮~,很壮

kʰ [24] 柚

x [35] 朽 [24] 较酵校

tʃʰ [33] 周州 [35] 酒

[24] 皱~眉头 [41] □~水:踩水

[53] 粥□扭:~干揪

dʒ [21] 仇□嘈杂

tʃʰ [33] 抽₂~水 秋鳅~猪佬

[24] 臭

ʃ [33] 修收 [35] 手守首

[55] 受

[24] □词缀,表程度深:清~

[41] 寿就₁将~熟

[53] 宿叔熄

ø [21] 游油邮鱿 [55] 有友

[24] □词缀,表程度高:直~

[41] 右

[o]

p [33] 巴₁下~ 笆□~luo³³针:发簪玻菠波

[55] 妇媳~

[24] 把刀~ □~意:特意

[41] 白 [53] 拨百伯剥

b [21] 爬耙钯

pʰ [24] 帕 [53] 拍

m [33] □背:~东西 蜢

[21] 麻□~□fu⁵³:忘记

[55] 马码蚂□~子₂:子弹□~□lɔ³³怙:石头

[41] 抹~桌子麦

[io]

p [33] 槟冰兵 [35] 饼

[41] 病 [53] 壁

b [21] 贫平坪晒谷~:晒谷场评瓶

pʰ [33] 拼烟~:晒烟叶用的器具

m [21] 明名　[41] 命

t [33] 丁钉~子蜇

　 [35] 顶~嘴,楼~

　 [24] 钉~东西　[41] 澄订定笛

tʰ [35] 挺~胸

　 [24] 听~任□量词;一~屋堂屋

　 [53] 踢

n [33] 粘挨□麻~;麻线团

　 [21] 赢　[35] 影~子

l [21] 临邻灵零铃伶~俐

　 [35] 领名词,量词一~衣服;一件衣服

　 [55] 岭

　 [41] 令栗1~木镇 历~本;日历

k [33] 京惊荆镜

　 [35] 颈□tɕ³³~;公水牛最成熟,体力最好时

　 [55] 舔

　 [41] □□ɡi²¹:玩拃量词;一~

　 [53] 涩

ɡ [21] 茄

kʰ [33] 轻

tʃ [33] 精~明 晴正~月 遮

　 [35] 井整诊~病　[55] 蔗

　 [24] 正正当 借肉1泛指动物的肉

　 [53] 只炙~火;烤火 脊背~

tʃʰ [33] 车清青 [35] 请

　 [24] 斜 [53] 尺赤打₂~脚

ʃ [33] 赊佘声星腥

　 [35] 写舍醒傻~里~气

　 [55] 袖社~日□请~;拜神

　 [24] 锈姓泻

　 [41] 麝射石实1~乐村;地名

　　 宅上~村;地名谢席就2~来

　 [53] 锡腋~毛

ʒ [21] 蛇情成城恭~县

ø [33] 爷同年~　[55] 野

　 [41] 夜也

[uo]

t [33] 担~任 耽~心 丹单药~

　　 □□te³³~;明天

　 [35] 胆他　[55] 淡生意~

　 [24] 担~子　[41] 大春~米

　 [53] 答搭达□词缀,表程度深;苦~;很苦

d [21] 谈~白;聊天 痰弹

tʰ [33] 滩瘫风~ 摊塔

　 [35] 毯坦平~　[24] 探炭叹

n [33] □词缀,表复数;我~;我们

　 [21] 南男难~看　[41] 难灾~

l [33] 啰

　 [21] 蓝篮~球

　　 拦栏落2~花生;花生 兰罗

　 [55] 懒伸~腰

　 [41] 辣腊蜡□~尿;屙尿

　 [53] 卵~石;鹅卵石

k [33] 家~婆傢痴加嘉

　 [35] 假~装 假放~

贾□量词:一~香蕉 □lio^{24}:丢面子

[24] 价嫁架~子

[53] 格隔夹2~生饭 肩换~

x [33] 虾

[55] 夏下~面 化叫~佬

[53] 客嚇

ɣ [21] 咸何

ŋ [21] 牙芽蛾鹅 [55] 我2~们

[41] 额 [33] 渣蚱

[35] 酢~米 攒

[24] 榨炸拃~拳;握拳

[53] 摘

tsʰ [33] 餐差~不多 权叉~腰

[24] 岔

[53] 测濯~米;淘米 拆坼

s [33] 三纱沙杉裳痧发~ 梭唆

[35] 伞 [24] 散排~

[53] 洒~水 撒~娇

z [21] 茶查

ø [33] 凹山~~;山坳 [35] 哑

[53] 鸭押压厄~脚村 轭牛~

[e]

p [35] 扁匾反1~头来;回来

[55] □动词,搞:~好

[24] 变便2顺~边桌~

[41] 饭便1方~

b [21] 便~宜

pʰ [24] 骗片遍篇

m [21] 棉绵□秤尾低 [41] 面

t [33] 猪朱癫羊~风 □~tuo^{33}:明天

[35] 鸟点1~头 这~;这些

[55] 柱 [24] 钓吊调~动

[41] 箸住电垫 [53] □吃

d [21] 田填甜条调~狮子;舞狮

tʰ [33] 挑~牙 天添

[24] 跳调~皮

n [21] 燃年□跟;~我来

[35] 碾擀;~面皮 撵捏

[55] 女软2~肋

[41] 尿念~经;验□词缀,表程度深:细~;很细

l [33] □词缀,表程度深:长~;很长

[21] 帘镰连联鲢莲撩;招惹

[55] 了~□ma^{35}:了结

[41] 料练炼链绿

[53] □转;转弯

ts [33] 砖尖楔煎粘~禾米 煎~茶;油茶

[35] 转剪展~开 碾~米 战打1冷~

[24] 箭□生育;特指动物

tsʰ [33] 千笺迁~坟 川佘钎~刀;签

[35] 浅

[24] 串一~葡萄 □~血;淤血

s [33] 先鲜仙伸~腰

[35] 选癣闪打3;闪电

[24] 线扇搧1~风穗

[41] 贱旋~圈;毛发呈旋涡状处

z [21] 前钱泉全船椽传~票

ø　[24] 要

[ie]

p　[33] 般搬$_1$ 膘班斑扳镖标~枪

　　　□水溅出来

　　[35] 表老~;表弟 婊版板$_1$石~

　　[24] □山蛙

　　[41] 办拌畔~田 □词缀,表程度深;湿~,很湿

b　[21] 屄女阴

pʰ　[33] 泡$_1$—~尿

　　[24] 攀□词缀,表程度深;狭~,很窄

m　[33] □羊姑~~;蜻蜓

　　[55] 尾$_2$老~;排行最小

　　[41] 庙慢

t　[35] 打$_1$~跟跄 □打$_2$;打架

　　[24] 扯~秧　[41] 震

n　[21] 岩别~人　[35] □~ka;什么

　　[55] 蚁耳眼　[41] 硬稠

l　[35] □羞;好~　[55] 冷

k　[33] 娇撇~ 啮□ni⁵⁵;那么

　　[35] 缴绕~线 饺绞

　　[55] 徛站立 菌$_2$~木树

　　[24] 句锯间~门;堂屋灶屋与之间的门叫

　　　　$_1$特指动物的喊叫

　　[41] 轿撬翘$_2$~屁股

　　[53] 急劫结吉□田埂

g　[21] 桥骑□翘;~二郎腿

kʰ　[33] 欺

x　[33] 墟

[35] 起~栏;指猪牛发情

　　□形容词,干,~鱼,干鱼 启

[24] 喊

ɣ　[21] 闲行凡

tʃ　[33] 焦招争椒$_2$白胡~

　　[35] 煮主盏

　　[24] 照赵罩□鸡~;未下蛋的鸡

　　[53] 崭新~□~~;伯母

dʒ　[21] 锄潮朝~南 剿动词;刺

tʃʰ　[33] 初蹭撑□炒菜锅

　　　□词缀,表程度深;短~,很短

　　[35] 铲拄　[53] 逞~能

ʃ　[33] 梳书消宵霄硝销箫

　　烧~烟;抽烟 须荽荒~ 山衫

　　生$_1$~意 牲甥鞘薯红~

　　　□指某些食物纤维多不柔软;芋头~□Sy35

　　[35] 省鼠数动词 小$_1$~满

　　[24] 绍笑　[41] 树竖赎

　　[53] 粟□崩~裤;开裆裤

ø　[33] 腰名词,量词,一~裤子;一条裤子

　　[21] 窑移　[35] 舀

　　[41] 摇鹞~鹰 叶　[53] 噎腌

[ue]

k　[35] 滚卷试~　[41] 柜

g　[21] 权拳□弯;~腰,弯腰

kʰ　[33] 圈　[24] 劝

ø　[33] 冤

　　[21] 完丸药~ 圆$_2$~圈 铅原源

元~宵袁援园芫~荽沿~着

[55] 远阮　　[24] 怨

[41] 县愿院

[ye]

k　[33] 关官1~刀　　[24] 惯

x　[33] 翻　　[35] 反2~了

　　[55] 犯　　[24] 贩

ɣ　[21] 烦

ʧ　[41] 鹊喜~

ʃ　[33] 闩　　[53] □飞~;风筝

ø　[33] 湾小~村;地名环耳~

　　[21] 横还~愿　　[41] 万

[ɤ]

p　[33] 午夫1工~

　　[35] 补斧~头府1

　　[55] 簿作业~□两~;妯娌俩

　　[24] 布

　　[41] 步部埠长~村;地名

　　[53] □xa41;这里

b　[21] □双手捧;~茶

pʰ　[33] 铺~路　　[35] 浦

　　[24] 簸2~箕铺店~　　[53] 扑

m　[41] 木

t　[33] 低

　　[35] 堵赌底抵肚鱼~

　　[55] 肚~子弟帝

　　[41] 度渡杜独~人;自己

　　读□~□bei21;找到

d　[21] 徒屠提

tʰ　[33] 梯　　[35] 土体~面;漂亮

　　[24] 兔替剃

　　[53] 铁贴帖□酒~;酒坛

n　[21] 奴泥　　[41] 热日2~头

　　[53] □拣;~骨□鼓;翻绳

l　[33] □mo33~牯;石头

　　[21] 卢炉芦犁噜□dəl~;事情

　　[35] □词缀,表程度深;圆~

　　[55] 李2~子

　　[41] 露1~水露2~身;裸体路荔

　　[53] 烙□背;背脊□铁~;鼎锅

k　[33] 姑1两~侄;姑侄俩箍孤估

　　[35] 古讲~牯鼓~眼睛;瞪眼

　　[24] 顾

　　[53] 壳脑~;脑袋谷□词缀,鼻~;鼻子

g　[21] 嗝□舀东西的用具,汤~

kʰ　[35] 苦2工作~　　[24] 库

x　[33] 麸枯

　　[35] 苦1味道~□词缀,表程度深;咸~府2虎

　　[55] 雨　　[24] 裤去

　　[41] 戽瓠芋~头　　[53] 哭

ŋ　[21] 胡壶葫糊浆~

　　伏三~天□敷;~药头;熬药

n　[21] 鱼蜈

　　[55] 五伍午端~鹉

ts　[33] 租　　[35] 祖

　　[24] 祭~文

〔53〕接节疖截

tsʰ 〔33〕粗　　〔24〕醋砌~刀
　　〔53〕切

s 〔33〕西疏行距~
　〔35〕洗使₂让₂搧₂ 小₂~女人家:小老婆
　〔24〕细数₂词婿

z 〔21〕齐到~

ø 〔33〕乌　〔35〕□~头鼻:青鼻涕
　〔53〕屋

〔ou〕

p 〔33〕煲~药:煨药　　〔35〕保宝
　〔55〕抱　〔24〕报~□tsʰei⁵³:告诉
　〔41〕菢~小鸡

b 〔21〕浮~颈:大脖子病

pʰ 〔33〕蜂黄~泡₂灯~鳔
　　〔24〕炮用油炸

m 〔21〕毛矛茅谋　〔55〕某
　〔41〕帽

t 〔33〕刀　〔35〕倒~水
　〔55〕道名词,量词,一~:一遍
　〔24〕到斗

d 〔21〕桃逃淘陶绹用绳子捆投~篮

tʰ 〔35〕讨　〔24〕套直~:性格直爽

n 〔35〕脑　〔55〕恼恨
　〔41〕闹

l 〔21〕牢痨~病
　〔55〕老公~:父亲佬
　〔24〕□~家:串门 □~kya³⁵子₂疥疮

k 〔33〕高膏篙竹~糕　〔35〕稿
　〔24〕告~状　〔53〕蛤~蟆

kʰ 〔33〕敲蒿　〔24〕靠
　　〔53〕瞌打₂眼;打盹

x 〔33〕薅　〔35〕好₁
　〔24〕□~子:瘫子
　〔41〕号候~伺□xa⁵³~:这些

ɣ 〔21〕扶

ŋ 〔21〕熬~夜

ts 〔33〕糟　〔35〕早枣蚤
　〔24〕灶　〔53〕□抓

dz 〔21〕曹槽巢朝

tsʰ 〔55〕草

s 〔33〕臊羊~　〔35〕嫂
　〔24〕扫~杆:扫帚
　〔41〕□~肥:干粪与草灰搅拌的肥料

ø 〔35〕袄
　〔53〕□~肚:将鞋底烧热敷肚子,治疗肚痛

〔iou〕

p 〔33〕包胞苞　〔35〕饱
　〔24〕豹爆暴趵~井　〔41〕雹
　〔53〕剥驳

b 〔21〕嫖

pʰ 〔33〕抛漂飘打₂~:发抖
　　〔24〕票泡₃水~炮鞭~

m 〔21〕苗茅猫□~刀:割草刀

n 〔55〕咬

l 〔33〕蔫

[21] 捞~鱼 撩捯 榴石~

[53] 搂~手:双手交叉放在胸前

k [33] 交胶~鞋 教茭□tsua53~:柿子 跤

[24] 觉教窖枢扶~

[53] 角2~落 角1八~

　　□si35~:假餐,农忙时下午四点的加餐

　　□八~鸟:八哥 □白~:白果

kʰ [35] 巧考赶~ [24] 翘1~牙齿

x [24] 孝 [53] 壳法犯~

ø [41] 学~手艺 [53] 约~客

[ei]

p [33] 坝碑 [35] 比

[55] 贝被

[24] 背1~脊:后背 辈□~子1:棉花 倍

[41] 背2~书 鋻~刀 鼻筻~子

[53] 笔髪鼍□吐:~痰

b [21] 陪匹2一~马

　　赔皮啤□词缀,□lua41~:摔倒

pʰ [33] 坏批一~ [24] 屁配

[53] 匹1一~布

m [21] □~病:看病 煤梅媒眉蛾~豆 霉

[55] 米□脑~心

[41] 妹篾密蜜□词缀,手头~:手指头

[53] □挀:~嘴 瘪~谷 灭

d [21] 锤槌捶挨~:挨打 □扇:~耳光

n [53] □谁

l [53] □~母:泥鳅 □田~:田埂

ts [33] 追锥 [24] 醉

[41] 绝

[53] □用吸管吸

dz [21] 随

tsʰ [33] 催崔吹 [24] 衬脆翠

[53] 出□报:~告诉

s [35] 水 [24] 岁 [41] 睡

[53] □~:喝水 雪薛~家坪村

[uei]

f [33] 挥辉徽飞 [21] 回量词

[35] 悔毁 [24] 废肺费

[53] 血出~

k [33] 龟归规□~尾骨:尾椎骨

[35] 鬼轨诡 [24] 桂鳜贵癸

[41] 跪

[53] 桔打3~招呼:打招呼

kʰ [33] 亏 [24] 愧

[53] 缺~少

s [24] 税过~:交税

ø [33] 为难~威

[21] 危维唯围违

[35] □折断 [24] 畏胃未卫

[41] 外~婆 为位味月1~亮越

[53] 月2一个~

[aȵ]

p [33] 帮搬2 板2台~:矮桌 梆词缀

[35] 绑榜中~ [55] 伴

[24] 放半 [41] 棒笨~头~脑

b [21] 旁螃房防庞盘

pʰ [35] □醀;肉起~

m [21] 芒~种 忙茫

[55] 满小~ 网~鱼 □~~婶婶

[41] 望 [53] 莽大;很~

t [33] 端~午 当2~面 [35] 短挡

[55] 段断~绝 □词缀,表程度深;光~,很亮

[24] 当1~铺

[41] 缎打2打;~渔鼓 □~kua⁴¹kua⁴¹;寡蛋

[53] □铛,乐器名;敲~

d [21] 唐糖塘堂祠~ 团~围;周围

tʰ [33] 汤词缀,表程度深,衣服湿~

[35] □~竹;毛竹 倘~江村;地名

[24] 烫

n [33] 裆囊词缀,表程度深;泡~,非常松软

[55] 暖

l [33] 晾□谈,~天;聊天

[21] 狼郎廊

[35] □~瓜;丝瓜 [55] □男阴

[41] 乱

k [33] 缸观~音 肝甘官2吃~;司 光1天~ 刚钢

[35] 广1~西 杆秆赶~闹子敢减 管馆

[24] 虹灌

g [21] 昂~头

kʰ [24] □下~;指棺材入土

x [33] 欢荒糠龈牙~□屠~佬;杀猪佬

[55] 旱 [24] 炕烘项

[41] 汗换~肩

ɣ [21] 黄蝗皇行~被;缝被子

ŋ [24] □傻

ts [33] 钻动词樟装桩妆

[24] 壮钻~子葬

[41] 撞~见;遇见;碰见

tsʰ [33] 仓疮窗昌倡 [24] 唱

s [33] 酸霜双~生桑

[35] 赏□~□na⁴¹;干净

[55] 上2~山 [24] 算蒜丧

[41] 上1山~尚~好状肠

z [21] 床尝

ø [33] 安鞍庵 [35] 碗

[33] 岸案~板

[iaŋ]

p [33] 鞭毛竹~,竹根

t [33] 张量词中1~心

[35] 涨长生长

[55] 丈岳丈 [24] 胀

d [21] 长

n [33] 嬢姑姑 [35] 仰

[55] 两1~个

[24] 腻□~水地

l [33] □蚊;蚊帐

[21] 凉洗~量梁瓦~梁粮 □介~包;鳞鱼~;痔

[35] 两2二~ [24] 跟~跄

[41] 亮~光脑壳,秃头 量大~;大方

k　　[33] 姜江　　[35] 讲

　　　　[24] 降_{下~}

g　　[21] 强_{~旺;强健}

kʰ　　[33] 腔疆

x　　[33] 香乡　　[35] 响_{~雷}享

　　　　[24] 向

ɣ　　[21] 降_{投~}

ʧ　　[33] 将浆_{泥~}章

　　　　[35] 蒋奖桨掌

　　　　[24] 酱帐浆_{~糊}

dʒ　　[21] 藏_{蒙蒙~;捉迷藏}

ʧʰ　　[33] 枪　　[35] 抢厂

　　　　[24] 跄□_{~~眼睛:斜眼睛}

ʃ　　[33] 箱镶厢商伤□_{词缀,表程度深;险~}

　　　　[35] 想　　[24] 相

　　　　[41] 像匠

ʒ　　[21] 墙祥常

ø　　[33] 秧殃□_{词缀,表程度深;嫩~}

　　　　[21] 羊洋烊阳_{~面}杨_{~梅}

　　　　　　融鹰_{~母,老鹰}

　　　　[55] 养痒　　[41] 酿样让

　　　　　　[uaɲ]

f　　[33] 方_{2四~八面;四面八方}慌

　　　　[21] 凰　　[35] 访谎

k　　[33] 光_{2副词}

　　　　[35] 广_{2~火;酒菜丰富}

g　　[21] 狂

kʰ　　[33] 筐眶诓_{~小孩,骗小孩}

　　　　[24] 矿

ø　　[21] 王　　[35] 往_{~年}

　　　　[55] 枉　　[41] 旺

　　　　　　[eɲ]

t　　[33] □_{词缀,表程度深;熟~}□_{~kio35;}

　　　　　　公水牛最成熟、体力最好时

　　　　[55] 忍染

k　　[33] 羹_{调~}　　[35] 梗_{菜~}

kʰ　　[35] 啃

x　　[35] □_{~虫母:蚯蚓}

s　　[33] 生_{2学~}　　[24] □_{~仔;傻子}

　　　　　　[ieɲ]

k　　[33] 经_{2~过}

　　　　[35] 碱枧_{大~;地名}

　　　　[24] 见敬

g　　[21] 芹琴勤

kʰ　　[33] 牵　　[24] 欠歉

x　　[33] 掀□_{鹌~母;鹌鹑}

ɣ　　[21] 嫌形

ʧ　　[24] 占尽_{~力}症郑证

dʒ　　[21] 陈尘

ʧʰ　　[33] 擒_{用爪子抓,老鹰~鸡}伸_{~手}

ʃ　　[55] 善鳝　　[24] 骟_{~牯}

ø　　[33] 烟咽鹰殷_姓

　　　　[21] 盐沿_{帽~}

　　　　[35] □_{~壳:蚌壳}

　　　　[24] 燕毽_{踢~子}应淹_{~水}堰_{~塘村;地名}

[oɲ]

p [41] □土地～公:土地神

　[53] □～～琴:吉他

b [21] 彭膨棚篷蓬刺～

pʰ [33] 胖肿～,后缀

m [33] □～～藏:捉迷藏

　[21] 蒙～年

　[35] 猛□～～心憷　[24] 孟

t [35] 懂董

tʰ [33] 通囱

l [35] 拢

[ioɲ]

l [21] 龙

k [33] 恭～城 弓　[41] 供

g [21] 穷

x [33] 胸

ɣ [21] 雄熊

tʃ [33] 钟盅鬃中2～药□～嘴:噘嘴

　[24] 种芒～中射～

tʃʰ [33] 春泥～屋　[24] 铳

ø [21] 绒～～毛

ŋ

ø [21] 唔不　[55] 我

k [33] 公2相～　[35] 拱汞

x [55] 奉～神:供神

　[24] 俸缝2开～　[41] 凤

ts [35] 总～起来

dz [21] 重～阳

tsʰ [33] 聪

s [33] 松～开

ø [33] 鹌～□xie33母:鹌鹑

　[24] 瓮～琴,二胡

中文参考文献

A

A．G．奥德里古尔，1959，《历史和地理怎样可以解释某些语音上的发展》，《语言研究》第 4 期。

B

白云，2007，《灵川县大圩镇毛村话语音》，《桂林师范高等专科学校学报》第 2 期。

鲍怀翘，周值志，1990，《佤语浊送气声学特征分析》，《民族语文》第 2 期。

鲍怀翘，吕士楠，1992，《蒙古语哈尔话元音松紧的声学分析》，《民族语文》第 1 期。

闭克朝，1985，《桂南平话的入声》，《方言》第 4 期。

闭克朝，1991，《横县平话中的韵随调转现象》，《华中师范大学学报》第 1 期。

闭克朝，1994，《广西横县平话词汇》（一）（二）（三），《方言》第 1 期，第 2 期，第 3 期。

闭思明，1998，《广西横县那阳平话的音变现象》，《西南民族学院学报》第 1 期。

闭思明，1998a，《横县那阳平话的语音特点》，《右江民族师专学报》第 3 期。

闭思明，1998b，《广西横县平话"儿"尾词记略》，《梧州高等专科学校学报》第 4 期。

闭思明，2003，《记广西横县平话的语缀》，《梧州高等专科学校学报》第 2 期。

　C

曹志云，2006，《桂北"资全灌"土话记略》，《方言》第 6 期。

陈波，1986，《谈海南方言"波""刀"的声母性质》，《海南大学学报》第 1 期。

陈嘉猷，鲍怀翘，郑玉玲，2002，《普通话中塞音、塞擦音嗓音起始时间（VOT）初探》，《中国声学学会 2002 年全国声学学术会议论文集》。

陈然然，2007，《灵川县江尾平话音系》，《桂林师范高等专科学校学报》第 2 期。

陈忠敏，1988，《论南汇方言的缩气音》，《语言研究》第 1 期。

陈忠敏，1989，《汉语、侗台语和东南亚诸语言先喉塞音对比研究》，《语言研究》第 1 期。

陈忠敏，1995，《作为古百越语底层形式的先喉塞音在今汉语南方方言里的表现和分布》，《民族语文》第 3 期。

陈忠敏，2010，《吴语清音浊流的声学特征及鉴定标志——以上海话为例》，《语言研究》第 3 期。

　D

邓玉荣，1994，《广西贺县（莲塘）客家话音系》，《方言》第 4 期。

　G

关英伟，2012，《广西平乐同安镇土话的内爆音》，《玉林师范学院学报》第 6 期。

关英伟，2013，《永福百姓话的高音调嗓音》，汉语方言类型研讨会论文，北京。

关英伟，2013，《蒙山陈塘话的挤喉音》（未刊稿）。

H

横县县志编纂委员会，1989，《横县县志》，广西人民出版社。

侯兴泉，2006，《广东封开罗董话的浊内爆音》，《民族语文》第 5 期。

黄海瑶，2008，《广西横县百合平话音系》，《桂林师范高等专科学校学报》第 2 期。

K

孔江平，1993，《苗语浊送气的声学研究》，《民族语文》第 1 期。

孔江平，1996，《哈尼语发声类型声学研究及音质概念的讨论》，《民族语文》第 1 期。

孔江平，1997a，《中国少数民族语言发声类型研究》，《中国民族年鉴》。

孔江平，1997b，《凉山彝语松紧元音的声学研究》，《彝缅语研究》，四川人民出版社。

孔江平，1997c，《阿细彝语嗓音声学研究》，《中国民族语言论丛》，云南民族出版社。

孔江平，1997d，《汉藏语发声类型研究》，第 30 届国际汉藏语会议论文，北京。

孔江平，1998，《中国民族语言嗓音发声类型研究 1996－1997 卷》，《中国民族研究年鉴》。

孔江平，2001a，《论语言发声》，中央民族大学出版社。

孔江平，2001b，《语言发声研究及相关领域》，《新世纪的现代语音学——第五届全国现代语音学学术会议论文集》。

孔江平，2003，《嗓音发声类型的声学性质及参数合成》，《第六届全国现代语音学术会议论文集（上）》。

孔江平，2005，《论景颇语的松紧元音及发声类型的声学研究方法》，《汉藏语系语言研究》，云南民族出版社。

孔江平，2006a，《语音学田野调查的一些基础理论问题》，载《语音乐律研究报告》，北京大学。

孔江平，2006b，《现代语音学研究与历史语言学》，《北京大学学报》

第 2 期。

孔江平，2008，《语言发声研究的基本方法》，《语音乐律研究报告》，北京大学。

L

李方桂，1977，《水话研究》，《史语所专刊之七十三》。

黎曙光，2004，《略论横县平话语音特点》，《广西民族学院学报》第 3 期。

李未，1987，《广西灵川平话的特点》，《方言》第 4 期。

李小凡，2004，《汉语方言连读变调的层级和类型》，《方言》第 1 期。

李永宏，2008，《现代语音学仪器及生理语音学研究》，《技术与应用》第 6 卷。

梁福根，2005，《桂北平话与推广普通话研究——阳朔葡萄平声话研究》，广西民族出版社。

梁金荣，1998，《桂北平话语音特征的一致性与差异性》，《语言研究》第 2 期。

梁敏，张均如，1999，《广西平话概论》，《方言》第 1 期。

梁猷刚，1964，《海南方言中的喉塞音》，《中国语文》第 6 期。

林亦，2004，《高尚土话系属初探》，桂北平话及周边方言学术研讨会论文。

刘村汉，1985，《广西蒙山语言图说》，《方言》第 4 期。

刘村汉，1998，《广西的语言宝藏》，《梧州师专学报》第 1 期。

刘俐李等，2007，《江淮方言声调实验研究和折度分析》，巴蜀书社。

龙国贻，2009，《瑶语中的内爆音》，《民族语文》第 5 期。

罗常培，王均，2004，《普通语音学纲要》，商务印书馆。

M

麦耘，2007，《广西贺州八步区八都话入声的语音分析》，《桂林师范高等专科学校学报》第 1 期。

麦耘，2008，《广西藤县岭景方言的去声嘎裂声中折调》，中国语音学第八次学术讨论会论文，北京。

蒙山县志编撰委员会，1993，《蒙山县志》，广西人民出版社。

明茂修，2007，《灵川县青狮潭（岩山）土话语音研究》，硕士学位论文，广西师范大学。

明茂修，2012，《毕节方言声调实验研究》，四川大学出版社。

P

盘美花，2003，《永福县"百姓话"考察报告》，《广西民族学院学报（人文科学专辑）》。

彭春芳，2010，《彝语全浊音的语音分析》，《民族语文》第 2 期。

彭建国，朱晓农，2010a，《岳阳话中的假声》，《当代语言学》第 1 期。

彭建国，2010b，《湘语爆发音的类型》，《语言科学》第 5 期。

平乐县地方志编纂委员会，1995，《平乐县志》，方志出版社。

平悦铃等，2001，《吴语声调的实验研究》，复旦大学出版社。

平悦玲，2006，《汉语方言爆发音声学特征研究》，《语言科学》第 3 期。

Q

覃远雄，2004，《桂南平话的声调及其演变》，《方言》第 3 期。

R

冉启斌，2002，《汉语送气声母的弱势倾向与"异动"》，《语言研究》第 2 期。

冉启斌，石锋，2008，《塞音的声学格局分析》，《第八届中国语音学学术会议暨庆贺吴宗济先生百岁华诞语音科学前沿问题国际研讨会论文集》。

任念麒，2006，《上海话发声类型和塞辅音区别特征》，上海辞书出版社。

S

沈炯，1985，《北京话声调的音城和语调》，《北京语音实验录》，北京大学出版社。

石锋，1983，《苏州浊塞音的声学特性》，《语言研究》第 1 期。

石锋，1990，《语音学探微》，北京大学出版社。

石锋，廖荣蓉，1994，《语音丛稿》，北京语言学院出版社。

石锋，2002，《北京话的元音格局》，《南开语言学刊》第 1 辑。

石锋，周德才，2005，《南部彝语松紧元音的声学表现》，《语言研究》第 1 期。

石锋，冉启斌，2007，《中和水语四套塞音的声学考察》，《民族语文》第 2 期。

石锋，2008，《语音格局——语音学与音系学的交汇点》，商务印书馆。

石锋，2009，《实验音系学探索》，北京大学出版社。

W

汪峰，孔江平，2009，《武定彝语松紧音研究》，《中国语言学（第二辑）》，山东教育出版社。

王福堂，2001，《平话、湘南土话和粤北土话的归属》，《方言》第 2 期。

王辅世，1979a，《广西龙胜伶话纪略（上）》，《方言》第 2 期。

王辅世，1979b，《苗语方言声韵母比较》，第十二届国际汉藏语言学会会议论文。

王蓓，2011，《彝语塞音清浊对声调实现的影响》，《民族语文》第 4 期。

王定康，2007，《灵川县大圩镇高桥平话研究》，硕士学位论文，广西师范大学。

王莉宁，2007，《桂北方言帮、端母的次浊化现象》，《桂林高等专科学校学报》第 4 期。

王琼，2011，《平话中古知组、精照组读音研究》，《安徽理工大学学报》第 4 期。

王士元，彭刚，2003，《语言、语音与技术》，上海教育出版社。

王士元，沈钟伟，1987，《方法、理论与方言研究——语言研究的客观性和合理性》，第一届粤方言会议报告论文。

王文敏，陈忠敏，2011，《维吾尔语的内爆音》，《民族语文》第 6 期。

韦树关，2002，《古帮、端、心母在广西汉语方言中的特殊音读》，《广西民族学院学报》第 1 期。

吴宗济，1982，《普通话语句中的声调变化》，《中国语文》第 6 期。

吴宗济，1985，《普通话三字组变调规律》，《中国语言学报》第 2 期。

吴宗济，林茂灿，1989，《实验语音学概要》，高等教育出版社。

X

肖万萍，2005，《广西永福桃城平话音系》，《桂林师范高等专科学校学报》第 2 期。

谢建猷，2001，《广西平话研究》，博士学位论文。

许颖秀，2013，《潮汕澄海方言的内爆音》，《中山大学研究生学刊》第 1 期。

Y

杨锋，2008，《标准壮语单音节、双音节基频曲线建模研究》，硕士学位论文，广西大学。

杨焕典，梁振仕，李谱英，刘村汉，1985，《广西的汉语方言（稿）》，《方言》第 3 期。

杨焕典，1998，《广西通志·汉语方言志》，广西人民出版社。

杨若晓，孔江平，2007，《毛南语声调的实验研究》，《第九届全国人机语音通讯学术会议论文集》。

杨顺安，1987，《五度字调模型在合成汉语语音中的应用》，《方言》第 2 期。

姚建伟，2008，《灵川县定江土话语音研究》，硕士学位论文，广西师范大学。

尹基德，2010，《汉语韵律的嗓音发声研究》，博士学位论文，北京大学。

游汝杰，1984，《老派金山方言中的缩气音》，《中国语文》第 5 期。

Z

赵元任，1930，《一套标调的字母》，《方言》第 2 期。

赵元任，1935，《中国方言当中爆发音的种类》，《历史语言研究所集刊》第五本第四分册。

张桂权，2002，《资源、全州土话初探》，《桂林高等师范专科学校学报》第 4 期。

章婷，朱晓农，2012，《苏北连云港方言的三域声调系统》，《方言》第 3 期。

郑张尚芳，1988，《浙南和上海方言中的紧喉浊音声母 ʔɓ 、ʔɗ 初探》，载《吴语论丛》，上海教育出版社。

周烈婷，2000，《玉林话的语音系统及语音特点》，《方言》第 2 期。

周学文，2010，《内爆音发音机理的声学表现——壮语内爆音的声学分析》，《南开语言学刊》第 1 期。

朱晓农，寸熙，2003，《韶关话的小称调和嘎裂声》，《汉语语法研究和探索——首届国际汉语方言语法学术研讨会论文集》，黑龙江人民出版社。

朱晓农，2004，《台州方言的嘎裂声中折调》，《方言》第 3 期。

朱晓农，2005，《上海声调实验录》，上海教育出版社。

朱晓农，2006a，《论分域四度标调制》，载《音韵研究》，商务印书馆。

朱晓农，2006b，《内爆音》，《方言》第 1 期。

朱晓农，2009a，《发声态的语言学功能》，《语言研究》第 3 期。

朱晓农，洪英，2009b，《潮州话中来自清爆音的内爆音》，载《音法演化：发声活动》，商务印书馆。

朱晓农，刘泽民，徐馥，2009c，《自发新生的内爆音—来自赣语、闽语、哈尼语、吴语的第一手材料》，《方言》第 1 期。

朱晓农，关英伟，2010，《桂北全州文桥土话音节的四分发声活动》，《方言》第 4 期。

朱晓农，刘劲荣，洪英，2011，《拉祜语紧元音：从嘎裂声到喉塞尾》，《民族语文》第 3 期。

英文参考文献

A

Abramson, A. S. 1979. "The Noncategotical Perception of Tone Categories in Thai. " In *Frontiers of Speech Communication*, edited by B. Lindblom, S. Ohman, London: Academic Press.

B

B. Roubeau, N. Henrich, M. Castellengo. 2009. "Laryngeal Vibratory Mechanisms: The Notion of Vocal Register Revisited. " *Journal of Voice*: 425 – 438.

C

C. Bickley. 1982. "Acoustic Analysis and Perception of Breathy Vowels, Speech Communication Group Working Papers. " *Research Laboratory of Electronics*, MIT (1).

Cao Jianfen, I. Maddieson. 1992. "An exploration of phonation types in Wu dialects of Chinese. " *Journal of Phonetics*, 20 (1).

E

EDMONDSON, J. A. and Li, Shaoni. 1994. "Voice quality and voice quality change in the Bai language of YunnanProvince. " *Linguistics of Tibeto—Burman Area* 17. 2:49 – 68.

F

Fant，G. 1960. "Acoustic Theory of Speech Production: With Calculation Based on X-Ray Studies of Russian Articulation. " Mouton，The Hague.

Fry，D. B. Abramson，A. S. Eimas，P. D and Liberman，A. M. 1962. "The Identification and Discrimination of Synthetic Vowels. " *Lang Speech* 5: 171 –189.

G

Gandour，J. 1983. "Tone Perception in Far Eastern Language. " *Journal of Phonetics* 11: 149 – 175.

H

Hardcastle，W. J. and J. Laver. 1999. "The Handbook of Phonetic Sciences. " *Blackwell Publishing.*

Hollien，H. 1974. "On Vocal Registers. " *Journal of Phonetics* 2: 125 – 143.

K

Keidar，A，1986. "Vocal register change: An Investigation of Perceptual and Acoustic Isomorphism. " PhD Dissertation，University of Iowa.

Keidar，A. ，Hurtig，R. ，& Titze，I. 1987. "The Perceptual Nature of Vocal Register Change. " *Journal of Voice* 1 (3): 223 – 233.

P

P. L. Kirk，et al. 1984. "Using a spectrograph for measures of phonation types in a natural language. " UCLA Working Papers in Phonetics.

Peter Ladefoged. 2001. "Vowels and Consonants. " Blackwell Publishers.

Peter Ladefoged. 2001. "A Course In Phonetics. " Harcourt College Publishers.

L

Laver，John. 1980. "The Phonetic Description of Voice Quality. "

Cambridge University Press.

Ladefoged P. Maddieson I. 1996 . "The Sounds of the World's Languages. " Oxford: Blackwell.

Lee, Yuh-Shiow, Vakoch, Douglas A. and Wurm, Lee. H. 1996. "Tone Perception in Cantonese and Mandarin: A Cross-Linguistic Comparison. " *Journal of Psycholinguistic Research* 25: 527 – 542.

Liberman, A. M, Harris, K. S, Hoffman, H. S, and Griffith, B. C. 1957. "The Discrimination of Speech Sounds Within and Across Phonemic Boundaries. " *J. Exp. Psychol* 54: 358 – 368.

Liske. L. & Abrmson. A. 1964 . "A Cross-Language Study of Voicing in Initial Stops: Acoustical measurement. " *Word* 20: 384 – 422.

M

M. Espostio. 2010. "The Effects of Linguistic Experience on The Perception of Phonation. " *Journal of Phonetics* 38: 306 – 316.

M. Latinus, P. Belin. 2011. "Human Voice Perception. " *Current Biology*: 143 – 145.

T

Titze IR. 1994. "Principles of Voice Production. " Englewood Cliffs, New Jersey: Prentice Hall.

W

William S-Y. Wang. 1976. "Language Change. " 《王士元语音学论文集》, 世界图书出版公司, 2010: 268 – 283.

Wolfe. V. , Ratusnik. D. 1988. "Acoustic and Perceptual Measurements of Roughness Influencing Judgments of Pitch. " *Journal of Speech and Hearing Disorders* 53: 15 – 22.

后　记

　　第一次接触实验语音学是 2005 年春天，那时我在北京语言大学做访问学者，跟北京语言大学的一些语言学博士生去北京大学听课。听说北京大学开设有语音分析与编程课，就冒昧地跑到北大语音实验室去旁听。课堂上不到十个学生，有本科生、研究生，也有博士生。授课的教授是孔江平老师，他给我的印象是儒雅、平易近人。没有任何理科背景的我担心地问孔老师："我想来听课，但我没有基础，不知道能否听懂您的这门课。"没想到孔老师和蔼地说："欢迎你来听课，只要你坚持下来，就一定会有收获。"这给了我很大的信心。一个学期下来，孔老师并没有因为我是旁听生而另眼相看，反而给予我更多的关照。他把他上课的讲义和 matlab 分析软件拷贝给我，又把他的学术专著《论语言发声》赠送与我，邀我参加语音实验室的各种学术活动和讲座。他一视同仁地对待所有的学生，不论亲疏、不论学术背景、不论学历层次，只要你热爱语音学习，他都是有教无类，倾囊相授。他的宽厚的学术胸怀令人敬佩。一门课，一本《论语言发声》把我带进了丰富多彩的实验语音学殿堂。

　　从北京回来后，我把研究方向转到了实验语音学方面，2006 年我参加了"第七届中国语音学学术会议暨语音学前沿问题国际论坛"，我的第一篇用声学实验研究的参会论文《越南学生汉语单字调习得的实验研究》入选发表在《中国语音学报》（创刊号 2008 年第 1 辑）上。2010 年我申报的国家社科基金西部项目"广西方言的发声研究"获得了立项。带着课题，我再次来到北京，如愿以偿地成为孔老师的学生。孔江平教授长期从事中国民族语言发声类型的实验语音学、言语声学和嗓音生理学方面的研究，有着丰富的语言田野调查经验和丰硕的嗓音发声类型的研究成果。在北京大学短短一年的访学生涯中，孔江平教授给予我精心指导。我学习了实验语音学、现代语音学研究方法、语音分析与编程以及各种语音学实验仪器设备的操作等理论和技术；完成了广西5个方言点发声类型的样本采集和嗓音参数的提取工作，这些对我的研究和课题的完成起了重要的作用。在此，我要真诚地感谢引领我入门，指导我研究的孔江平教授。

该书是我的中国社会科学基金西部项目"广西汉语方言的发声类型"（批准号10XYY003）的最终成果。我的课题组成员都是由我的研究生组成，梁晓丽、姚云、王晨骢、王丽莎、吴晶、李征、李赛、李立宁、武俪衫、邓宏丽、孙祥愉等，他们在研究生学习的不同阶段相继参与到了我的课题研究中。此外，我的其他一些研究生也间接参与到本课题的研究中。他们是一群年轻有为、勤奋好学的年轻人。为了使他们尽快上手，进而掌握语音调查和语音研究的方法，从查阅和整理方言文献、制作方言文献目录到确定方言调查点，从音系调查表和语音实验字表的设计到实地进行方言调查，从学习归纳音系到数据的处理，从语音软件的使用到逐个音标的输入，我都一步一步地传授和指导。我充分发挥他们每个人的特长，鼓励他们将研究课题与毕业论文结合起来。本书的部分章节就是与他们合作撰写而成的。第三章中关于塞音的统计由李赛完成；王晨骢擅长数学，第四章和第五章的计算部分由他完成；梁晓丽的母语是横县陶圩平话，在她对横县方言音系描写的基础上，我们通过各种声学实验和听辨实验证实了横县陶圩平话上下类入声属于不同的发声类型，于是有了第六章和第七章；姚云入学前的本科学科背景是计算机，第十一章《博白松旺客家话声调模型构建》中利用计算机技术构建的声调模型由他完成；第十章《灵川灵田话的元音格局》中的实验部分由王丽莎完成。

课题组的所有成员不畏辛苦跟随我一起去调查方言，足迹遍布广西桂北地区；跟着我一起处理各种语音数据，讨论钻研语音软件的功能。通过参与我的研究，学生们在学业上也获得了丰收；我在指导学生的同时，也从他们那里得到了启发和灵感，真正体会到了"教学相长"的深刻含义。在此，我要感谢我的课题组成员——可爱的孩子们。

我还要感谢我的家人，感谢他们对我的支持和鼓励。在方言调查阶段，我先生和儿子常常会陪我同行，我先生充当我的司机和后勤保障。记得暑假期间，儿子跟我到恭城栗木调查方言，我们住在乡镇几十元一晚的小旅店里，没有空调，晚上蚊虫出没，湿热难耐，每天吃着几元的简单饭菜，可我们丝毫不觉得艰苦，有儿子的陪伴，其乐融融。记得先生跟我到全州文桥调查方言，直到大年三十才往家里赶，年夜饭是在回家路上的一个乡村小饭店里吃的，回到家已是灯火阑珊。先生打趣地说，如果不到乡下来，在市里还吃不到这么好吃的年夜饭呢。2014 年课题结题，我在国外任教，所有的结题材料的上报以及结题成果的检测、打印等工作都是由儿子代为完成。有关结题的各种信息在南半球和北半球之间传递，儿子为我往返奔走于学校各个部门之间。

研究成果得以出版，我还要感谢中国社会科学基金委员会的资助，感谢广西社会科学基金委员会的资助，感谢广西人民出版社。

课题虽然历经四年完成，但之前的研究和积累为课题的完成奠定了扎实的基础。书中所涉及的方言语料都来自多年的第一手田野调查，后期的音系整理和实验数据处理分析工作繁重而艰巨。如今成果虽然得以出版，但由于自己水平有限，仍有许多遗憾和不足，有许多问题值得今后进一步去探讨和研究。

关英伟

2018 年 2 月 26 日